TRAITÉ

du Contentieux

POUR

LES DOUANES DE TERRE.

Sera réputé contrefait tout exemplaire qui ne serait pas revêtu de la signature de l'un des auteurs.

TRAITÉ

DU CONTENTIEUX

POUR

les Douanes de terre,

PAR

J. B^{te} et P. E. GUILGOT,

RECEVEURS DES DOUANES.

IMPRIMERIE DE AL. FAIVRE FILS.

MARS 1840.

Préface.

Depuis quelques années, il a déjà paru tant et de si bons ouvrages sur les Douanes que nous osons à peine livrer le nôtre à la publicité; mais le titre qu'il porte, les matières utiles qu'il renferme, et surtout l'accueil favorable que nos devanciers ont reçu, tout nous encourage, et nous fait espérer quelques succès.

Nous avons trouvé la tâche par nous entreprise, difficile, ardue : malgré nos efforts, nos soins et nos veilles de chaque jour, elle eût peut-être été au-dessus de nos forces, si, dans notre marche à travers ce dédale de lois et de réglemens dont notre législation se trouve hérissée, nous ne nous étions senti au cœur une pensée forte qui nous poussât à nous instruire d'abord, puis à communiquer aux autres le fruit de nos recherches pénibles et laborieuses.

N'osant compter sur nous-mêmes, car nous sommes bien peu expérimentés encore, nous nous sommes aidés de la collection de Lille, des circulaires imprimées et des registres d'ordre ; nous avons puisé dans tous les savans auteurs d'ouvrages de douane ; nous nous sommes éclairés des bons et utiles avis de nos camarades, à qui nous témoignons ici notre vive gratitude. De tous les documens que nous avons recueillis, nous avons formé un tout que nous avons arrangé avec méthode et par chapitres ; nous avons rapproché les unes des autres toutes les instructions ayant trait au même objet, et nous avons fait suivre chaque article de tous les jugemens, décisions et arrêts qui s'y rapportent. Notre plan est neuf et facile à suivre : les cinq divisions qu'il renferme, nous semblent réunir et aplanir toutes les difficultés en ce qui touche nos rapports avec les tribunaux.

Le but que nous nous proposons en mettant au jour notre traité, est non seulement d'aider nos jeunes confrères dans l'étude de notre Contentieux, mais encore d'être de quelque utilité, soit aux agens du service actif, en leur donnant des formules pour les actes qu'ils peuvent être appelés à rédiger, — soit au commerce, en le guidant dans ses relations avec la Douane, — soit enfin aux juges des tribunaux civils et de paix, en mettant sous leurs yeux le texte des lois dont ils auront à faire l'application. Nous serons heureux si nous avons réussi, et si nous obtenons les suffrages de nos collaborateurs et du public.

Première partie.

1° De la Douane.
2° Instructions sur les rapports.
3° des Ventes.

4° Des Transactions.
5° De l'inscription de faux.
6° Droits d'enregistrement.
7° Des prévenus.

Chapitre premier.

DE LA DOUANE.

«L'administration des douanes sera dirigée, à l'avenir, par un directeur assisté de quatre sous-directeurs formant avec lui le conseil d'administration qu'il présidera. » (Ord. du 5 janvier 1831, art. 2.)

Le directeur de l'administration est nommé par le roi. Le ministre des finances nomme aux places de sous-directeurs. (Même ord. art. 5.)

M. Fasquel, dans son résumé analytique, donne les détails suivans sur l'organisation des douanes dans les départemens :

« Les côtes et frontières sont partagées en 26 directions, dont les chefs-lieux sont : Dunkerque, Valenciennes, Charleville, Metz, Strasbourg, Besançon, Belley, Grenoble, Digne, Toulon, Marseille, Montpellier, Perpignan, Toulouse, Bayonne, Bordeaux, la Rochelle, Nantes, Lorient, Brest, Saint-Malo, Cherbourg, Rouen, Abbeville, Boulogne, Bastia. Dans chaque direction il y a un directeur chargé de correspondre avec l'administration sur toutes les parties du service.

« Des commis payés par l'état sont placés auprès des directeurs ; ils sont au nombre de 139.

« Dans les douanes de l'intérieur, il existe un inspecteur chef de service chargé de diriger toutes les opérations qui ont lieu dans la localité, et correspond directement avec l'administration.

« Les douanes rangées dans cette classe sont : Lyon, Orléans, Toulouse, Paris (arrêté du 25 ventôse, an 8).

« Le service des douanes se partage en deux branches distinctes : le *service sédentaire*, ou de bureau, établi pour opérer les vérifications, assurer la perception des droits d'importation et d'exportation, et délivrer tous les actes propres à garantir les intérêts du fisc, et *le service des brigades*, destiné à empêcher, par une surveillance permanente des côtes et frontières, les introductions et les expéditions faites en fraude des droits ou au mépris des prohibitions (loi du 1 mai 1791).

SERVICE SÉDENTAIRE.

« Les employés attachés au service sédentaire, continue M. Fasquel, sont tous à la nomination du chef de l'administration, sauf les inspecteurs et les receveurs-principaux ayant un traitement de 4,000 francs et au-dessus : on les désigne sous les titres suivans :

Receveurs principaux. . . . . 122.
Contrôleurs aux entrepôts, contrôleurs aux liquidations et
aux déclarations. . . . . 56.
Commis principaux à la navigation et à la balance du
commerce . . . . 57.
Liquidateurs, vérificateurs et visiteurs. . . . . . 640.
Receveurs aux déclarations . . . . 151.
Aides-vérificateurs. . . . . 82.
Receveurs particuliers. . . . . 747. } 2452.
Contrôleurs des sels. . . . . 28.
Commis aux expéditions. . . . . 581.
Commis de recette, commis à la balance du commerce, etc. 126.
Contrôleurs, commissaires dans le pays de Gex, et
agens près des tribunaux intérieurs. . . . . . , . 6.
Contrôleurs des soudes. . . . . 52.
Employés placés près des entrepôts intérieurs. . . . 84.

*(Presque toutes les dénominations ci-dessus ont été supprimées; elles
sont remplacées par les suivantes: contrôleurs, vérificateurs, commis
principaux, et commis. Cir. 1775, du 25 septembre 1859).*

SERVICE DES BRIGADES.

Les agens attachés au service des brigades sont à la nomination du directeur de l'administration à partir du
grade de lieutenant: (La nomination des brigadiers, sous-
brigadiers et préposés, appartient aux directeurs des départemens); voici leurs dénominations:

Capitaines de brigades*. . . . . 260.
Lieutenants-principaux*. . . . . 155.
Lieutenants-d'ordre*. . . . . 559.
Commandants de brigades. . . . . 2.
Brigadiers }
Sous-Brigadiers. } des Brigades à cheval . . . . 44. } 21737
Préposés à cheval. . . . . 192.
Préposés de brigades mobiles et ambulantes. . . . 591.
Brigadiers et sous-brigadiers des brigades à pied. . . 4890.
Préposés à pieds, pescurs, embaleurs, garde magasins,
concierges. . . . . 15289.

(*) Le ministre a décidé, le 7 février 1859, que les contrôleurs
de brigades prendront désormais le titre de capitaines, et les lieutenants
principaux et d'ordre, le titre de lieutenants (Circ. du 18 février 1859,
N° 1757).

MARINE.

» Le personnel attaché à la marine des Douanes se compose comme il suit :

Capitaines de pataches 〉 . . . . 24. ⎫
Lieutenants de pataches 〈
Patrons, sous-patrons . . . . 535. ⎬ 1533.
Matelots, mousses . . . . 1102. ⎪
Employés attachés aux entrepôts intérieurs. . . . . 52. ⎭

AGENS SURVEILLANS.

La surveillance des agens du service sédentaire et de ceux attachés au service des brigades, est exercée par des inspecteurs principaux et particuliers, divisionnaires et sédentaires, et par des sous-inspecteurs également divisionnaires et sédentaires.

Les inspecteurs principaux sont placés dans les douanes de premier ordre, telles que Marseille, Bordeaux, Nantes, le Havre et Rouen. 5. ⎫
» Les inspecteurs divisionnaires et sédentaires occupent, dans chaque direction, les points qui leur sont désignés : leur nombre est de. . . . . 84. ⎬ 175.
» Les sous-inspecteurs divisionnaires et sédentaires sont au nombre de. . . . . 86. ⎭

Faisant la récapitulation, on voit, d'après M. Fasquel, que le nombre total d'hommes faisant partie des cadres de l'administration des Douanes, est de, savoir :

Directeur de l'administration. . . . . 1. ⎫
Sous-directeurs. . . . . 4. ⎪
Chefs et sous-chefs de bureau. . . . . 25. ⎪
Directeurs dans les départemens. . . . . . . 26. ⎪
Commis de directions. . . . . 139. ⎪
Inspecteurs dans les douanes intérieures. . . . . 4. ⎬ 26349.
Service sédentaire. . . . . 2451. ⎪
Service des brigades. . . . . 21757. ⎪
Marine. . . . . 1533. ⎪
Agens surveillans. . . . . 175. ⎪
Employés de tous grades, affectés au service des douanes de la Martinique, de la Gouadeloupe et de l'Afrique. . . . . 254. ⎭

RAYON DES DOUANES.

Les brigades et les bureaux sont placés dans les deux myriamètres frontières de l'étranger : c'est ce qu'on appelle *Ligne* ou *rayon des douanes.* (Lois des 22 août 1791, tit. 13, art. 42, et 8 floréal an 11, art. 84).

Ce rayon peut être étendu sur une mesure variable jusqu'à la distance de deux myriamètres et demi de l'extrême frontière. (Loi du 28 avril 1816, art 56).

LOIS DE DOUANES.

L'administration des douanes a des lois et des réglemens qui lui sont particuliers.

» Il y a lieu à interprétation de la loi si la cour de cassation annule deux arrêts ou jugemens en dernier ressort, rendus dans la même affaire, entre les mêmes parties, et qui ont été attaqués par les mêmes moyens. » (Loi du 16 septembre 1807, art. 1er).

» Cette interprétation est donnée dans la forme des réglemens d'administration publique. » (Loi du 16 septembre 1807, art. 2).

» Dans tous les ports et lieux de France, on se conformera aux mêmes lois, décrèts et tarifs. (Loi du 4 germinal an 2, art. 5, tit. 1er).

« Aucun changement ne pourra être fait, même momentanément, au tarif de nos douanes, sans un décrèt de nous. » (décrèt du 26 novembre 1808, art. 1er).

« Sous quelque prétexte que ce soit, aucun de nos ministres ne pourra se permettre de faire, de son propre mouvement, aucun réglement de prohibition ou de législation de nos douanes. Toute mesure prise sans notre décrèt est de fait rapportée.... » (*Idem. art.* 2).

Les contraventions en matière de douanes, n'ayant été l'objet d'aucune disposition du code pénal, et étant régies par des lois et réglemens spéciaux, ce code n'a apporté aucune modification aux lois de douanes dont il maintient et ordonne même formellement la pleine exécution. (Arrêt de C. du 15 avril 1819).

Il est de principe qu'une loi générale n'est pas censée déroger à une loi spéciale, quand la dérogation n'est pas formellement exprimée. (Arrêt de C. du 26 août 1816).

Les lois spéciales doivent être entendues selon leur propre système sans y ajouter les règles du droit commun. (Arrêt de C. du 5 octobre 1817).

Les Douanes sont régies par des lois spéciales : ces lois ne se rattachent, sous aucun rapport, ni aux délits militaires, ni aux délits communs prévus par le code pénal. (Arrêt de C. du 18 septembre 1829).

« Les lois sont exécutoires dans tout le territoire Français, en vertu de la promulgation qui en est faite par le Roi.

« Elles seront exécutées dans chaque partie du royaume du moment où la promulgation en pourra être connue.

« La promulgation faite par le Roi, sera réputée connue dans le département de la résidence royale, un jour après celui de la promulgation, et, dans chacun des autres départemens, après l'expiration du même délai augmenté d'autant de jours qu'il y aura de fois dix myriamètres entre la ville où la promulgation en aura été faite, et le chef-lieu dans chaque département. » (Code civil, art. 1er).

La circulaire du 11 mars 1817, n° 255, donne le tableau des époques auxquelles une loi est exécutoire dans chaque direction.

Quand le dernier jour pour appliquer un tarif en vigueur est un jour férié, les bureaux doivent être ouverts pour recevoir la déclaration. (Circ. n° 1755).

DES BUREAUX.

Le but de notre ouvrage ne nous permettant pas de nous occuper du service des brigades, nous ne parlerons, ici, que des bureaux.

Nous l'avons déjà dit ; les bureaux sont établis dans les deux myriamètres frontières, et les municipalités doivent leur fournir des maisons et emplacemens convenables à leur service. (Lois des 5 novembre 1790, art. 4, et 22 août 1791, tit. 13, art. 4).

La désignation de ces maisons ne peut porter que sur celles qui ne sont point occupées par les propriétaires, à moins qu'il n'y ait impossibilité absolue de s'en procurer qui soient vacantes. Dans ce cas, une partie du local tenu par le propriétaire, est affecté au service du bureau et au logement des préposés. (Art. 1, 2, 3, de l'arrêté du 29 frimaire an 6).

Le loyer est réglé sur le prix des derniers baux, ou il est fixé de gré à gré ou par experts. (même arrêté, art.4.

CRÉATION, SUPPRESSION DE BUREAUX. « Il ne pourra être établi ou supprimé aucun bureau sans un décret... Dans le cas de nouvel établissement ou de suppression, le décret qui aura été rendu sera publié dans quatre des *communes* les plus prochaines.... et il sera mis des affiches à l'entrée du lieu où le bureau sera établi. » (Loi du 22 août 1791, tit. 13, art. 1ᵉʳ).

« Dans le cas de nouvel établissement d'un bureau, les marchandises ne seront sujettes à confiscation, pour n'y avoir pas été conduites ou déclarées, que deux mois après la publication ordonnée par l'article ci-dessus. » (mêmes loi et titre, art. 2).

Cet article 2 de la loi d'août 1791, ne concerne que les marchandises tarifées, et nullement celles qui sont prohibées. (Arrêt de C. du 18 décembre 1811).

TABLEAU *Indicatif*. « La régie sera tenue de faire mettre au-dessus de la porte de chaque bureau, ou en un lieu apparent près la-dite porte, un tableau.... Toute saisie de marchandises qui auraient dépassé un bureau à l'égard duquel l'apposition dudit tableau n'aurait pas eu lieu, serait nulle et de nul effet... (Loi du 22 août 1791, tit. 13, art. 3, et arr. de C. du 16 février 1818).

TARIFS, *Lois*, *Réglemens*. « La régie sera pareillement obligée de tenir dans les douanes, tous les tarifs des droits dont la perception lui sera confiée, et les différentes lois rendues pour leur exécution, pour être communiqués à ceux qui voudront en prendre connaissance.... (Loi du 22 août 1791, tit. 13, art. 3. § 2).

BAUX. Les baux passés pour des établissemens de douanes doivent être enregistrés gratis. (Circ. du 27 septembre 1825).

Les bâtimens qui sont affectés au service public des douanes, et non à l'habitation personnelle des employés, continuent d'être exempts de la contribution des portes et fenêtres d'après l'art. 5, § 2 de la loi du 4 frimaire an 7.

En conséquence, il est expressément recommandé d'insérer, dans tout bail à loyer passé au nom de l'administration, la clause qui suit :

(— Il est entendu que le propriétaire n'aura rien à payer pour contri-bulions des portes et fenêtres. (Circulaire du 22 octobre 1835 , n° 1511 —).

« Le timbre des quittances fournies à l'état , ou déli-
« vrées en son nom, est à la charge des particuliers qui
« les donnent ou les reçoivent ; il en est de même pour les
« autres actes entre l'état et les citoyens. » (Loi du 13
brumaire an 7, tit. 4, art. 29).

En conformité de cet article, l'administration a décidé, le 16 messidor suivant, que le timbre des quittances des loyers doit être à la charge des particuliers.

Pour éviter des difficultés, il est bon d'en faire une clause dans les baux des loyers des maisons affectées au service des douanes. (Lettre du receveur principal de Montbéliard, du 8 juillet 1839).

OUVERTURE *des bureaux.* Les bureaux doivent être ouverts, du 1er *avril au 30 septembre*, depuis sept heures du matin jusqu'à midi , et depuis deux heures jusqu'à sept heures du soir; et *du 1er octobre au 31 mars ,* depuis huit heures du matin jusqu'à midi , et depuis deux heures jusqu'à six heures du soir.

Les commis sont tenus de s'y trouver pendant les dites heures, à peine de répondre des dommages et intérêts des redevables retardés. (Loi du 22 août 1791 , tit. 13, art. 5).

Les travaux ordinaires doivent être interrompus les dimanches et jours de fêtes reconnus par l'état. (Loi du 18 novembre 1814, art. 1er).

Ces dispositions sont applicables aux fonctions publiques: cependant , dans les bureaux situés sur les grandes routes, on ne peut retarder les voyageurs et les voitures publiques. (Besançon, 9 décembre 1851).

RECEVEURS. Les receveurs-principaux font partie de la classe des employés supérieurs : ils prennent place après le sous-inspecteur divisionnaire. (M. Pasquel).

Le receveur subordonné, surveillé par le sous-inspecteur, l'inspecteur , et même , quant à la tenue des registres, par le capitaine de brigades, est placé sous les ordres du receveur-principal, avec lequel il correspond et auquel il compte de la totalité de ses recettes. (Circ. n⁰ 247).

Le capitaine n'est point le chef du receveur subordonné : il peut voir ses registres à titre de renseignement, mais il ne doit jamais les viser. (Circ. du 5 février 1815. Paris, 20 avril 1822).

FORMES *des Rapports*. Le receveur est tenu de veiller à ce que les formes qui tiennent à la validité des rapports et des saisies soient exactement remplies.

Il doit s'opposer à l'effet des rapports quand il n'y a pas motif de saisie. (Circ. du 50 janvier 1805).

CAUTIONS. Les receveurs seront responsables du montant des soumissions et cautionnemens qui ne seront point acquittés, quand il sera notoire que les citoyens qui ont passé ces actes étaient, ou sans facultés, ou sans domicile fixe, ou sans crédit à l'époque où ils les auront souscrits. (Circ. du 5 décembre 1800, et 26 décembre 1816).

VENTES. L'article 9 de l'arrêté du 5 mai 1795, voulant que les receveurs des douanes soient présents aux ventes, ils devront, autant que faire se pourra, y assister : et, si le service ne le leur permet pas, il est nécessaire qu'ils soient suppléés par un préposé de leur bureau. (Circ. du 15 juillet 1795. Lille, tom 2, page 59).

FONDS. Le receveur est destitué s'il laisse effectuer l'enlèvement illégal des fonds de sa caisse. (Circ. du 5 janvier 1799). Voir : *Pillage des bureaux.*

DÉPÔT *des saisies*. En cas de déplacement, les objets saisis et les moyens de transport doivent être déposés entre les mains du receveur. (Lois des 22 août 1791, tit. 10, art. 8, et 9 floréal an 7, tit. 4, art. 2 et 7).

» Les receveurs devront conserver avec soin les objets dont le dépôt leur aura été confié, et ils en seront responsables. » (Délibération du 5 juin 1793).

» Il est défendu aux préposés de détourner aucun des objets saisis, sous quelque prétexte que ce puisse être, à peine de révocation, et d'être poursuivis en restitution des choses soustraites, même par la voie extraordinaire. » (Délibérations des 1er mai 1792, art. 1, et 5 juin 1793, art. 1).

CORRESPONDANCE. Les receveurs peuvent correspondre en franchise, en contresignant leurs paquets, avec le directeur, l'inspecteur, le sous-inspecteur et le receveur-principal. (Circ. n" 1589).

Ils peuvent aussi correspondre entre eux dans la direction, et avec leurs collègues dans les directions limitrophes. (Circ. du 22 juillet 1837, n° 1640).

GESTION . Le receveur n'est responsable que de sa gestion personnelle. (Ordon. du 8 novembre 1820, art. 4, circ. n° 717).

Il est responsable des actes matériellement faits par lui, ou pour lui, par un employé de son choix. (Circ. n° 963).

INTÉRIM . Quand un receveur s'absente par congé, il présente un suppléant qui doit être agréé par l'administration et qui gère sous la responsabilité du titulaire qui conserve ses droits aux émolumens. (Circ. n° 963, du 8 janvier 1826).

PATENTES. Les receveurs sont autorisés à communiquer, *sans déplacement*, leurs registres aux directeurs, inspecteurs et contrôleurs des contributions directes, pour que ceux-ci puissent y puiser des renseignemens qui leur permettent de s'assurer que les réglemens sur les patentes sont exécutés. (Circ. 872 et 1579).

INSPECTEURS *des finances*. Les receveurs doivent leur fournir tous les renseignemens qu'ils demandent. (Circ. n° 725).

CHAPITRE DEUXIÈME.

Instructions relatives

AUX

PROCÈS-VERBAUX.

1. RAPPORTS.

Un rapport est un acte qui constate une contravention, un délit, ou un crime.

Quand le rapport constate une opposition, un trouble, ou de simples injures, sans violences ni voies de fait, il fait foi en justice:

S'il constate des voies de fait, ou une rébellion, il n'équivaut qu'à une plainte :

S'il constate un fait de contrebande, il est cru jusqu'à inscription de faux.

2. RÉDACTION DES RAPPORTS.

La rédaction des rapports exige quatre choses :
1° Connaissance de la loi à laquelle il peut être contrevenu, afin de caractériser le délit et de ne le voir qu'où il existe, quand il existe;
2° Observation rigoureuse des formes dans la rédaction de l'acte qui le constate, pour prévenir des nullités qui en paraliseraient l'effet;
3° Vérité dans l'exposé de la contravention et des circonstances qui l'accompagnent;
4° Clarté dans le récit. (Collection de Lille. tom. 3, page 79).

3. RATURES, RENVOIS, SURCHARGES.

Quand, dans le corps d'un procès-verbal, on fait des ratures, des renvois ou des surcharges, il faut avoir le plus grand soin de les approuver soit à la fin, soit en marge de l'acte.

4. TERMES A EMPLOYER DANS LES RAPPORTS.

En rédigeant un rapport, il ne faut se servir que des termes dont la loi se sert elle-même.
Ainsi, dans le corps de cet acte, au lieu de dire *offert*, *présenté copie*, dites : *il en a reçu de suite copie*; au lieu de : *nous lui avons fait lecture* du présent, dites : *nous lui avons donné lecture, etc.*; au lieu de *invité, prié*, dites : *sommé*, au lieu de *proposé, demandé*, dites : *interpellé*, et dans l'affirmation, faites mettre, par le juge de paix, le mot *affirmé* au lieu de tout autre qui pourrait équivaloir.

5. RAPPORTS EXIGEANT PLUSIEURS VACATIONS.

« A l'égard des saisies faites sur bâtimens de mer pontés, lorsque le déchargement ne pourra pas avoir lieu de suite, les saisissans apposeront les scellés sur les ferremens et écoutilles des bâtimens. Le procès-verbal, qui sera dressé au fur et à mesure du déchargement, fera mention du nombre, des marques et des numéros des ballots, caisses et tonneaux. La description en détail ne sera faite qu'au bureau, en présence de la partie, ou après sommation d'y assister : il lui sera donné copie à chaque vacation.

« L'apposition des scellés sur les portes, ou d'un plomb ou cachet sur les caisses ou ballots, aura lieu toutes les fois que la continuation de la description sera renvoyée à une autre séance ou vacation. » (Loi du 9 floréal an 7, tit. 4, art. 8).

L'article ci-dessus n'est impératif que pour les saisies faites sur les bâtimens de mer pontés ; on ne pourrait en arguer comme de nullité à l'égard des saisies faites en campagne, en douane, sur bâtimens de mer non pontés, etc., si on n'avait pas observé, pour ces dernières, toutes les formalités qu'il prescrit pour la reconnaissance, le dénombrement, la continuation de description, etc., car, en droit, on ne peut exiger ce que la loi ne prescrit pas expressément de faire.

Toutefois, pour éviter toute contestation, on fera bien, dans tous les cas, de remplir les formalités dont il s'agit.

6. SAISISSANS RESTÉS SUR LE TERRAIN.

Les procès-verbaux doivent indiquer les noms de tous les saisissans. Pour distinguer les préposés qui se seront rendus au bureau, de tous ceux qui sont restés sur le terrain pour le garder, on peut se servir de la formule qui suit :

L'an . . . . le . . . etc., nous soussignés, (*noms , prénoms, grades et résidences des préposés présents au bureau*), accompagnés des sieurs. . . . (*noms, prénoms, grades et résidences*), restés à la garde du terrain, etc.

(Besançon , 51 août 1832, et 4 avril 1838).

7. BANDE, ATTROUPEMENT.

» La contrebande est avec attroupement ou port d'armes, lorsqu'elle est faite par trois personnes ou plus, et que, dans le nombre, une ou plusieurs sont porteurs d'armes en évidence ou cachées. » (Loi du 13 floréal an 11, art. 3, et arrêt de C. du 5 mai 1804).

8. VALEUR DES MARCHANDISES.

La loi n'impose pas à la douane l'obligation de fixer la valeur des marchandises saisies, afin de déterminer la quotité de l'amende. Il conviendra donc de ne pas indiquer un chiffre dans les conclusions qui seront prises, et de se borner à requérir, suivant le cas , la confiscation des objets avec amende égale à la valeur qui serait fixée de gré-à-gré, ou à dire d'experts. (Besançon , 5 mai 1837).

Voir plus bas : *Estimation des objets saisis.*

9. NOMBRE DES FRAUDEURS.

On doit, dans un rapport, mentionner le nombre de fraudeurs, et dire s'ils marchaient ensemble ou séparés, parceque la pénalité varie d'après ce nombre. (Pp^te de Montbéliard, 2 juillet 1834).

10. QUALIFICATIONS INJURIEUSES.

On doit toujours s'en abstenir dans les rapports. Si le prévenu a déjà été condamné pour fraude, on doit le dire, mais il faut se borner là. (Paris, 6 octobre 1833).

11. POIDS DES OBJETS SAISIS.

Il est bon de faire connaitre le poids brut et le poids net de chaque marchandise. (Direction de Besançon).

12. FORMALITÉS DES RAPPORTS,

EXIGÉES A PEINE DE NULLITÉ.

1° Les procès-verbaux doivent énoncer la date, le nom de la partie, à la requète de laquelle on agit, et l'élection de domicile qu'elle fait dans le bureau du receveur poursuivant. (Cir. du 20 décembre 1814, arrêt de C. du 26 vendémiaire an 9, code de procédure, art. 69).

2. Tout rapport doit, à peine de nullité, contenir les formalités qui suivent :

Quand plus de deux préposés font un rapport, deux suffisent pour rédiger et signer. (Arrêt de C. des 23 brumaire an 8, 9 vendémiaire an 9, 5 janvier et 1er février 1810).

Deux préposés de l'administration des douanes, ou autres citoyens français, suffisent pour constater une contravention aux lois relatives aux importations, exportations et circulation. (Loi du 9 floréal an 7, tit. 4, art. 1er).

Toutes les fois que les saisissans seront dans le cas de conduire les objets de fraude arrêtés par eux, dans un autre bureau que celui le plus près du lieu de la saisie, il est absolument indispensable, d'abord, qu'ils ne le fassent qu'autant qu'il y aurait un motif suffisant, et même nécessaire, et, en second lieu, qu'ils s'expliquent très-expressément, dans leur procès-verbal, sur ce motif (Circ. du 14 décembre 1817, n° 551).

La distance du plus prochain bureau au lieu de la saisie, doit être mesurée non à vol d'oiseau, mais par le plus ou moins de tems qu'il faut pour s'y rendre. Ainsi le bureau où il y a impossibilité de conduire les marchandises saisies, ne peut jamais être considéré comme le plus prochain (Circ. du 8 août 1811).

Le rapport est valable si, entre le transport des marchandises au bureau, et la rédaction, il ne s'est écoulé d'autre intervalle que celui nécessité par la fin du jour, et si, avant cette rédaction, les préposés n'ont pas diverti à d'autres actes (Arrêt de C. des 26 septembre 1833, 27 décembre 1834, et circ. du 29 janvier 1833, n° 1479).

Ceux qui procéderont aux saisies, feront conduire dans un bureau de douane, et, autant que les circonstances pourront le permettre, au plus prochain du lieu de l'arrestation, les marchandises, voitures, chevaux et bateaux servant au transport (Même loi, art. 2, tit. 4).

Ils y rédigeront de *suite* leur rapport (Mêmes loi et titre, art. 2, § dernier).

LES RAPPORTS ÉNONCERONT :

Le rapport est nul quand la date de l'original n'est pas conforme à celle de la copie signifiée au prévenu (Ar. de C. du 28 juillet 1808).

La cause est suffisamment indiquée lorsqu'on a énoncé pourquoi cette saisie a eu lieu (Arrêt de C. du 3 ventose an 10. M. Fasquel).

La date et la cause de la saisie (idem. art. 3);

La déclaration qui en aura été faite au prévenu (idem);

Il n'est pas exigé, à peine de nullité, que les qualités et demeures des saisissans soient énoncées à côté du nom de chacun d'eux (Arrêt de C . du 5 décembre 1854).

Il suffit que le rapport énonce les qualités et demeures de deux des saisissans (Arrêt de C. du 1 février 1810).

Les noms, qualités et demeures des saisissans (idem),
Et de celui chargé des poursuites (idem);

L'indication du poids des tissus saisis n'est point nécessaire lorsque le rapport énonce, d'ailleurs, l'espèce, le nombre et le mètrage des pièces d'étoffe (Arrêt de C. des 7 avril 1802, et 7 nivose an 13).

Lorsque les moyens manquent pour constater le poids des objets saisis, il suffit que le rapport en contienne l'évaluation (Arrêt de C. des 8 août 1804, et 30 mars 1831).

L'espèce, poids ou nombre des objets saisis (idem);

Ces mots de la loi, *la présence de la partie*, s'appliquent au conducteur, qu'il soit ou non le propriétaire (Arrêt de C. du 19 mars 1808. D. S.).

La sommation prescrite ne doit pas indispensablement être faite à *tous les prévenus*, mais bien à *la partie*, et l'on ne saurait se dispenser de reconnaître cette qualité dans celui-là surtout qui est à la fois prévenu et propriétaire (Arr. de C. du 27 décembre 1834. Cir. 1479).

La présence de la partie à leur description, ou la sommation qui lui aura été faite d'y assister (idem);

Les noms et qualités du gardien des objets saisis doivent être indiqués dans les rapports à peine de nullité (Arr. de C. du 8 décembre 1835).

Un rapport n'est pas nul parceque le receveur dépositaire a omis de le signer (Arr. de C. du 7 brumaire an 8).

Le nom et la qualité du gardien (idem);

Le rapport peut être commencé sur le lieu de la saisie et clos au bureau, lorsqu'il y a impossibilité de conduire immédiatement les objets audit bureau (Arrêt de C. du 17 février 1856).

Il n'est pas indispensable que l'indication de l'heure de la clôture du procès-verbal suive immédiatement les mots *fait* et *clos* (Arrêt de C. du 8 août 1804).

Le lieu de la rédaction du rapport et l'heure de sa clôture (idem).

Voir plus bas :

Moyens de transport.
Main-levée.
Fourrière.

Il sera offert main-levée, sous caution solvable, ou en consignant la valeur des bâtimens, bateaux, voitures, chevaux et équipages saisis pour autre cause que pour prohibition de marchandises dont la consommation est défendue : et cette offre, ainsi que la réponse de la partie, sera mentionnée au rapport (Mêmes loi et tit. art. 5).

Si le prévenu est présent, le rapport énoncera :

La continuation ou seconde partie d'un rapport, constatant le dépôt des marchandises, doit contenir, à peine de nullité, qu'il en a été donné lecture au prévenu quand il est présent (Arrêt de C. du 14 janvier 1803).

Le rapport n'est pas nul à l'égard des prévenus fugitifs et inconnus, parceque mention n'y est pas faite que lecture en a été donnée à d'autres prévenus présens (Arrêt de C. du 1er février 1810).

Qu'il lui en a été donné lecture (idem, art. 6) ,

Le prévenu qui n'a pas figuré d'abord dans un procès-verbal, ne peut arguer de sa nullité parce-qu'il ne l'a pas signé (Arrêt de C. du 26 brumaire an 7).

} Qu'il a été interpellé de le signer (idem),

Une copie doit être remise à chaque prévenu présent (Cir. du 10 décembre 1822, nº 769).

Le procès-verbal n'est pas nul si l'original porte qu'il en a été donné une copie au prévenu, bien que la copie ne fasse pas mention de cette remise (Arrêt de C. du 22 mai 1854).

La retraite du prévenu au moment de la clôture du rapport ne permettant pas de lui en donner une copie, implique nécessairement le refus de la recevoir (Arrêt de C. du 27 décembre 1854).

Le rapport est nul s'il n'y est pas énoncé que la copie en a été remise au prévenu s'il est présent (Arrêt de C. des 27 décembre 1804, et 1er février 1806).

La continuation ou seconde partie d'un procès-verbal, constatant le dépôt des marchandises, doit contenir, à peine de nullité, qu'il en a été remis copie au prévenu, quand il est présent (Arrêt de C. du 14 janvier 1803).

} Et qu'il en a reçu de suite copie (idem),

Si les prévenus sont obligés de diviser un procès-verbal en deux contextes, il suffit que l'assignation à comparaître devant le juge de paix soit donnée au prévenu par le dernier de ces contextes (Ar. de C. du 18 thermidor an 11). D. S.

» Le juge de paix dans l'arrondissement duquel l'objet saisi sera déposé, connaîtra... des contraventions » (Loi du 27 mars 1817, art. 14).

} Avec citation à comparaître, dans les 24 heures,

Le délai de vingt quatre heures est de toute rigueur : tout jugement rendu au-delà de ce terme est frappé de nullité (Arrêt de C. du 5 prairial an 11).

La citation doit être donnée à comparaître dans les vingt-quatre heures qui suivent la clôture du rapport, et non après l'expiration de ces vingt-quatre heures (Arrêt de C. du 5 juin 1806).

Les rapports rédigés la veille d'un jour férié doivent, quand le juge de paix est compétent, contenir toujours citation à comparaître dans les vingt-quatre heures devant ce magistrat (Circ. n° 1036).

devant le juge de paix de l'arrondissement (idem).

Le rapport est nul s'il n'est pas énoncé que la copie a été affichée à la porte du bureau, si le prévenu est absent (Arrêt de C. des 27 décembre 1804, et 1er février 1806).

La mention que le rapport sera affiché à la porte du bureau pour les prévenus absens est suffisante (Arrêt de C. du 17 février 1836).

En cas d'absence de plusieurs prévenus, il suffit d'afficher une seule copie du rapport à la porte du bureau (Arrêt de C. du 11 avril 1831).

De ce qu'en cas d'absence de la partie saisie, un rapport serait affiché après le coucher du soleil, il ne s'en suivrait pas nullité, parceque ces mots de la loi, *dans le jour*, signifient, ici, le jour de la rédaction, et non la lumière du jour (Arrêt de C. du 1er mai 1801).

Les procès-verbaux doivent être affichés à la porte de la douane,

En cas d'absence du prévenu, la copie sera affichée

si le prévenu est absent du bureau lors de leur rédaction, bien
que d'ailleurs le domicile de ce
prévenu soit connu des préposés
(Arrêt de C. du 16 décembre 1833).

dans le jour, à la porte du
bureau (idem).

Quand le rapport a été affiché
à la porte du bureau, le prévenu
ne peut se prévaloir de son ignorance du lieu et de l'heure de la
rédaction du rapport (Arrêt de
C. du 50 mars 1831).

» La citation à comparaître
dans les vingt-quatre heures ne
doit avoir lieu que dans le seul
cas où l'affaire serait de la compétence du juge de paix (Arrêt de
C. du 8 germinal an 7). »

» Le juge de paix peut juger
tous les jours, même ceux de dimanche et de fête, le matin et l'a-
près-midi » (Code de procédure
art. 8, lettre administrative du 18
pluviose an 7, et circ. n° 1056).

» Si la saisie est de compétence
correctionnelle, on ne donne pas
assignation dans le rapport: on se
borne à dire que le prévenu sera
cité à comparaître devant le tribunal correctionnel dans les forme
et délai déterminés par la loi »
(M. du Mesnil).

« Ces rapports, citations
et affiches devront être faits
tous les jours indistinctement » (idem).

Un rapport peut être rédigé
un jour férié, et suivi de l'assignation aux prévenus, qui doit
être donnée immédiatement après le
procès-verbal (Arrêt de C. du 25
brumaire an 8).

Un rapport n'est pas nul pour
avoir été enregistré postérieurement
à l'audience indiquée par la citation, si, d'ailleurs, il l'a été dans
les quatre jours de sa date (Arr.
de C. du 12 août 1835).

« Les rapports ne sont
dispensés de l'enregistrement
qu'autant qu'il ne se trouvera pas de bureau dans la
commune du dépôt de la

Le défaut de mention d'enregistrement sur *une copie* du rapport n'est pas une cause de nullité (Arrêt de C. du 26 vendémiaire an 8. M. Fasquel).

Le visa destiné à tenir lieu d'enregistrement peut n'être apposé que le surlendemain de la date du procès-verbal, si le lendemain est un jour férié (Arrêt de C. du 3 ventose an 10. M. Fasquel).

Si le rapport ne peut être enregistré dans les vingt-quatre heures, quand il s'agit d'une affaire de la compétence du juge de paix, voir, pour la manière de procéder, les mots *procédure civile, juge de paix.*

marchandise, ni dans celle où est placé le tribunal qui doit connaître de l'affaire : auquel cas le rapport sera visé le jour de sa clôture, ou le lendemain avant midi, par le juge de paix du lieu, ou, à son défaut, par l'agent municipal (idem, art. 9).

Les procès-verbaux doivent être affirmés sincères et véritables. Le mot *attesté* ou *tout autre qui serait analogue* ne suffit pas pour exprimer l'affirmation exigée par la loi (Arrêt de C. du 19 février 1836).

L'affirmation doit être faite devant le juge de paix du canton où le dépôt des marchandises a été effectué (Arrêt de C. des 12 mars 1804, et 29 décembre 1838).

Quand le rapport est signé par plus de deux préposés, deux suffisent pour l'affirmer (Arrêt de C. des 9 vendémiaire an 9, 5 janvier et 1er février 1810).

Les rapports doivent être affirmés par autant de fois *deux préposés* qu'il y a de faits distincts auxquels les saisissans ont diversement concouru (Paris, 8 novembre 1838).

Le rapport n'est pas nul quand même il n'est pas énoncé dans l'acte d'affirmation qu'il a été fait

« Les rapports seront affirmés au moins par deux

lecture de cet acte aux saisissans (Arrêt de C. du 11 février 1808).

Le rapport n'est pas nul quand bien même il ne contiendrait pas citation au prévenu pour comparaître devant le juge de paix à l'effet d'être présent à son affirmation, aucune loi ne prescrivant cette citation (Arrêt de C. du 1er mai 1801).

Le juge de paix dans le ressort duquel se trouve le bureau de dépôt, peut recevoir l'affirmation, bien que la saisie ait été effectuée hors de sa juridiction (Arrêt de C. du 5 mai 1804).

Le délai pour l'affirmation est de trois jours si la contravention est poursuivie par voie correctionnelle ou criminelle (Arrêt de C. du 17 janvier 1818, et 4e jour complémentaire an 11, art. 6).

La date de l'affirmation d'un procès-verbal peut être valablement établie pour des preuves prises en dehors des énonciations insuffisantes de l'acte qui la constate (Arrêt de C. du 22 mars 1839).

L'affirmation d'un procès-verbal de saisie est régulière si elle a été faite dans les vingt-quatre heures, bien que la preuve de cette formalité ne résulte pas expressément de l'acte même destiné à la constater; et elle peut être établie par les documens qu'offre le procès-verbal lui-même et les mentions légales qui s'y rapportent (Arrêt de la cour d'Amiens, du 5 juin 1839).

Si l'affirmation résulte de pièces qui soient entre les mains des préposés, le procès-verbal ne serait pas nul pour défaut d'affirmation (Cassation, 21 germinal an 10, dictionnaire de l'enregistrement).

des saisissans, devant le juge de paix, ou l'un de ses assesseurs, dans le délai donné pour comparaître : l'affirmation énoncera qu'il en a été

Le défaut d'affirmation ne pallie-trait point le faux que le procès-verbal pourrait renfermer; l'omission d'une formalité accessoire ne tenant point à la substance de l'acte (Cass. 20 novembre 1807 , idem).

L'affirmation est nulle si les préposés refusent, sur la requisition qui leur est adressée, de la faire sous la religion du serment (Ar. de C. du 10 janvier 1810. Fasquel).

L'affirmation peut être reçue par un juge de paix et le jugement rendu par un autre, quand il y a eu nécessité de conduire les marchandises ailleurs qu'au bureau le plus prochain (Arrêt de C. du 18 janvier 1800).

Il y a nécessité d'affirmer les rapports, même lorsqu'il s'agit de délits étrangers aux douanes (Cir. nº 1087).

Les juges ne peuvent, par jugement préparatoire , admettre une preuve tendante à détruire la teneur d'un procès-verbal qui n'est attaqué , ni par moyen de nullités, ni par l'inscription de faux (Arrêt de C. du 27 thermidor an 9).

Lorsqu'une partie des prévenus arguent de faux un procès-verbal, il n'en conserve pas moins toute sa force et son autorité à l'égard de l'autre partie des prévenus (Arrêt de C. du 20 novembre 1807).

Un procès-verbal ne fait plus foi en justice quand il a été rédigé pour constater un fait personnel aux employés , et pour couvrir la prévarication de ces derniers (Arrêt de C. du 6 juillet 1810).

Un procès-verbal de préposés fait foi en justice jusqu'à inscription de faux (Arrêt de C. du 16 novembre 1800).

donné lecture aux affirmans (Idem , art. 10).

« Les rapports ainsi rédigés et affirmés, seront crus jusqu'à inscription de faux.

»Les tribunaux ne pourront admettre, contre lesdits rapports, d'autres nullités que celles résultant de l'omission

5

<table>
<tr><td>De simples omissions ne peuvent être qualifiées de nullités. Il n'y a de nullités que celles que la loi qualifie telles (Arrêt de C. des 26 brumaire an 7, et 23 octobre 1807).</td><td>des formalités prescrites par les dix articles précédens » (Idem, art. 11).</td></tr>
</table>

Voir les articles 4, 7 et 8 de la loi du 9 floréal an 7 aux mots *Saisies à domicile*, n° 5. *Falsification ou altération des expéditions*, n° 1er, et *Rapport exigeant plusieurs vacations.*

En cas *d'absence ou de nullité d'un rapport*, la preuve du délit peut être faite par les voies légales, et les tribunaux ne peuvent se dispenser d'appliquer aux contrevenans les *peines pécuniaires et corporelles* que comporte le délit. Voir au mot *Saisies*, n° 4.

13. DÉFAUT D'AFFIRMATION.

Le défaut d'affirmation ne vicie pas le rapport d'une manière absolue lorsqu'un cas de *force majeure* n'a point permis de procéder à l'affirmation dans le délai donné pour comparaître.

Voici la manière de suppléer à ce défaut d'affirmation :

Lorsqu'un cas de force majeure, tel, par exemple, que l'absence, ou même le refus du juge de paix et de ses suppléans, placera les rédacteurs d'un rapport dans l'impossibilité de l'affirmer en tems utile, ils auront à se retirer devant le maire, ou, à son défaut, devant l'adjoint ; ils requerront ce magistrat de recevoir leur déclaration du cas de force majeure, et, *en tant que de besoin*, l'affirmation de leur procès-verbal, avec la réserve qu'ils font de se transporter devant le juge de paix pour réitérer l'affirmation légale, aussitôt que la force majeure aura cessé.

Si l'affirmation ne peut se faire, pour cause du refus que ferait le juge ou son suppléant de la recevoir, ce refus serait mentionné comme cas de force majeure, dans la déclaration faite au maire ou à son adjoint.

Si, enfin, les préposés se trouvaient retenus dans un lieu où il n'existerait aucune autorité, ils pourraient rédiger leur rapport en deux contextes, déclarer, dans le premier, que le procès-verbal sera clos lorsque la force majeure aura cessé, et le clore, en effet, par un second contexte, aussitôt qu'ils seront à même de remplir toutes les formalités voulues par la loi.

Cette marche est à peu près celle que traçait la loi du 22 août 1791, tit. 10, art. 18 (1). Si cet article est aujourd'hui abrogé,

(1) « Le procès-verbal sera affirmé véritable devant le président du tribunal de district, ou, en son absence, devant l'un des autres

il peut toujours être consulté comme *raison écrite* (Circ. du 14 avril
1837, n° 1619).

14. MAIN-LEVÉE.

1. On doit offrir main-levée des marchandises dont la consommation est permise, saisies à domicile (Loi du 9 floréal an 7, tit. 4,
art. 7), pourvu que la partie donne caution solvable pour leur
valeur.

2. La main-levée ne peut jamais être accordée, pour les marchandises prohibées (Mêmes loi et titre, art. 7. § dernier, et art. 13.
§ dernier).

3. On n'est astreint à offrir la main-levée des *objets non prohibés*
que dans le cas de *saisie à domicile* (Arrêt de C. du 20 juillet 1831,
circ. n° 1425).

4. On doit offrir main-levée des voitures, chevaux et équipages
servant au transport des marchandises saisies *pour autre cause que
pour prohibition* (Loi du 9 floréal an 7, tit. 4, art. 5).

5. L'offre de main-levée des moyens de transport saisis dans le cas
de contravention aux lois prohibitives est purement facultative (Arrêt
de C. du 10 novembre 1832).

Néanmoins, il est bon de faire cette offre pour éviter, s'il y a
lieu, des frais de fourrière, ou encore, pour prévenir, en cas de
non succès, toute demande en dommages-intérêts (Circ. du 31 décembre 1832, n° 1367).

Ici, il ne doit s'agir uniquement que des moyens de transport ordinaires et non susceptibles de devenir encore une arme dangereuse
contre le service, s'ils étaient laissés à la disposition de ceux qui les
ont employés. Tout moyen préparé dans le but évident de masquer
la fraude doit être complettement dénaturé (Besançon, 21 novembre
1839).

juges du même tribunal, dans les 24 heures, à compter de celle à
laquelle il aura été clos : pourront aussi les procès-verbaux être affirmés devant les juges de paix, et, à défaut, devant le maire ou
l'un des officiers municipaux des villes, bourgs et communautés à
l'ordre de la nomination. Il est enjoint auxdits juges, maires et officiers municipaux, de recevoir les affirmations à l'instant et au lieu
où les procès-verbaux leur seront présentés, à peine de répondre,
en leur propre et privé nom, des condamnations qui pourraient eu
résulter, sur le procès-verbal de refus qui sera rédigé par les préposés » (22 août 1791, tit. 10, art. 18).

6. L'offre de remise prescrite par l'article 5 du titre 4 de la loi du 9 floréal an 7, ne concerne que les seuls moyens de transport et *non la marchandise* (Jugement du tribunal de Pontarlier, du 7 février 1854, et arrêt de C. du 26 mai 1800).

7. Il ne peut être, en aucun cas, accordée main-levée des marchandises prohibées, quand il y a pourvoi en cassation contre le jugement qui ordonne cette main-levée (Arrêt de C. du 10 août 1855, circ. 1402).

15. MOYENS DE TRANSPORT.

En matière de prohibé, la confiscation des moyens de transport doit être prononcée, et le conducteur est solidaire pour l'amende, encore qu'il ne soit pas voiturier public et que le propriétaire, présent à la saisie, ait déclaré que les marchandises lui appartenaient (Arrêt de C. du 27 mars 1818).

La confiscation des moyens de transport est de rigueur nonobstant la bonne foi du prévenu (Arrêt de C. du 20 juillet 1851).

Les moyens de transport sont saisissables :
1° Lorsqu'ils ont servi à l'introduction de la contrebande, quand même ils n'auraient pas été indispensables (Arrêt du 25 octobre 1827, circ. 1127).
2° Quand la marchandise est prohibée à l'entrée, ou paie vingt francs et plus les cent kilog (Loi du 28 avril 1816, art. 41).
5° Quand la marchandise est prohibée à la sortie (Loi du 4 germinal an 2, tit. 2, art. 10).
4° Quand, dans un bureau d'entrée, on arrête des objets prohibés à l'entrée ou à la sortie (Idem).
5° Quand la marchandise, prohibée à l'entrée ou payant vingt francs et plus le quintal métrique, est arrêtée à l'intérieur après avoir été suivie à vue (Loi du 28 avril 1816, art. 59).
6° En cas de transport illégal des tabacs de la régie des contributions indirectes (Loi du 28 avril 1816, art. 216 et 222).
7° En cas de transport des boissons, mais seulement en garantie de l'amende, à défaut de caution (Même loi, art. 17).
8° Quand la marchandise est saisie sur des messageries, diligences, ou voitures publiques (Loi du 4 germinal an 2, tit. 5, art. 8).
9° En cas de circulation, d'exportation ou d'importation des poudres et salpêtres (Loi du 15 fructidor an 5, art. 21, 22 et 50).
10° En cas d'exportation des écorces à tan (Décret du 16 nivose an 2).
11° En cas de circulation et d'exportation des drilles et chiffons (Décrets des 5 avril 1795, art. 5, et 15 août 1795, art. 5).

12° En cas de déficit, au bureau d'entrée, des balles, ballots, caisses et futailles, déclarés pour le paiement des droits, mais seulement pour sûreté de l'amende (Loi du 22 août 1791, tit. 2, art. 22).

13° Dans le cas de déficit ou de substitution pendant le trajet d'un premier bureau à un autre où sont conduites les marchandises pour y être visitées et acquitter les droits d'entrée, mais seulement pour sûreté de l'amende (Lois des 8 floréal an 11, art. 42, et 28 avril 1816, art. 51).

14° En cas de déficit des marchandises non prohibées qui transitent (Lois des 17 décembre 1814, art. 6, et 22 août 1791, tit. 2, art. 22).

15° En cas de déficit de colis, déclarés pour transit du prohibé, mais seulement pour sûreté de l'amende, à défaut de caution ou de consignation (Loi du 9 février 1832, art. 4).

16° En cas de soustraction ou de substitution des objets prohibés qui transitent, mais seulement pour garantie de l'amende, à défaut de consignation ou de caution solvable (Même loi, art. 7).

16. FRAIS DE SAISIES.

1. Il faut prélever sur la totalité du produit des saisies :

1° Les droits dont peuvent être passibles les marchandises saisies, lorsqu'ils n'ont point été acquittés par celui qui s'en est rendu adjudicataire.

2° Les frais que l'affaire a occasionnés, lorsqu'il y a impossibilité de les recouvrer.

Ces frais sont de plusieurs sortes : ils comprennent ceux de fourrière, pansemens et indemnités dans le cas de rébellion, ceux de procédure et autres légalement faits et reconnus d'une absolue nécessité. Ils ne peuvent être alloués que sur pièces authentiques de dépenses (Circ. du 51 octobre 1795).

2. Les frais de voyage des receveurs pour la suite des affaires, ainsi que ceux de nourriture, ne peuvent jamais être compris dans l'état des frais (Circ. des 25 août 1798, 27 avril 1799 et 16 mai 1799).

3. Les frais de saisies doivent être acquittés par les prévenus toutes les fois qu'il y a transaction (Circ. du 1er juin 1816, n° 165).

Au moment du remboursement, s'il a lieu le jour même de la saisie, le receveur doit avoir soin de porter ces frais à son journal en recette et en dépense.

4. La caisse des retraites des douanes est exclusivement chargée d'acquitter et de supporter toutes les dépenses de saisies et affaires contentieuses *non productives*, provenant de contravention aux lois et réglemens des douanes (Ordonnance du Roi du 21 mai 1817, art. 5).

5. On doit joindre aux états de frais toutes les pièces relatées dans ces mêmes états.

Les frais détaillés par les receveurs doivent concorder avec la liquidation faite, par le tribunal, de ces mêmes frais.

Les mémoires doivent présenter, pour premier article, les frais liquidés : les articles suivans ne peuvent être relatifs qu'au coût du jugement, à la signification, et à tous les actes postérieurs à ce même jugement. Tous les frais antérieurs doivent être compris dans la liquidation.

Il est défendu de porter sur les états de frais le prix des copies de procès-verbaux, délivrées sur papier mort, parce que ces frais doivent faire partie de ceux que l'administration alloue aux receveurs, comme frais de bureau (Circ. du 21 juin 1817, n° 288).

Le prix des cachets apposés sur les objets saisis doit être compris sur ces états.

6. Les receveurs ayant mal-à-propos occasionné des frais non recouvrables, seront personnellement tenus de les acquitter (Circ. du 25 mai 1817, n° 279).

7. L'article 158 du décret du 18 juin 1811 (qui assimile aux parties civiles toute administration publique), ne sera, à l'avenir, appliqué aux administrations publiques que dans les instances qui sont suivies en vertus des lois spéciales relatives à ces administrations, c'est-à-dire, dans lesquelles ces administrations ont un *intérêt matériel et pécuniaire*.

Quant aux frais des procédures étrangères à ces lois spéciales, ils seront désormais avancés par la régie de l'enregistrement, sauf le cas où une administration publique serait intervenue au procès, et se serait constituée partie civile.

Ce n'est que pour les délits qui compromettront réellement le bon ordre, et dont la répression intéressera la vindicte publique, qu'il conviendra de diriger des poursuites d'office; dans les autres cas, MM. les procureurs du Roi devront ne donner suite aux plaintes qu'autant que les plaignants se constitueront parties civiles (Circ. du 11 septembre 1833, n° 1306, transmissive d'une décision de M. le garde des sceaux, en date du 27 juin 1833, arrêt de C. du 19 mars 1830).

8. Les frais de nature à être supportés par l'administration, seront payés, à l'avenir, sur de simples mémoires des greffiers et huissiers. Ces mémoires, énonçant les articles du tarif qui en fixent la quotité, seront taxés par le président ou l'un des juges du tribunal, et revêtus du visa du directeur des douanes (Circ. du 21 janvier 1831, n° 1244).

9. Dans tous les cas où il y aura eu des frais faits pour le transport immédiat des objets saisis du lieu de l'arrestation au bu-

reau, on devra en faire *acquitter le montant par le prévenu*, soit que la dépense ait été liquidée par le jugement de confiscation, soit qu'il y ait eu transaction.

Ces frais seront donc confondus avec ceux judiciaires proprement dits, et suivront leur sort.

Il en sera de même, en matière de *saisie à l'intérieur* pour les frais de transport des objets arrêtés, du lieu de la saisie au plus prochain bureau ou au chef-lieu d'arrondissement.

Mais *resteront à la charge de la saisie* 1° les frais auxquels aura donné lieu le transport du bureau où le dépôt a été fait sur un autre bureau, soit pour cause de sûreté, soit pour obtenir une vente plus avantageuse.

2° Les frais faits dans les *saisies à l'intérieur* et occasionnés par l'envoi des marchandises à Paris et par leur réexpédition au bureau de vente ou aux mairies des chefs-lieux (Circ. du 11 avril 1835, n° 1483).

17. ÉTAT DES FRAIS.

Le receveur subordonné doit adresser à la principalité, en même temps qu'il rend compte de l'affaire, l'état détaillé des frais occasionnés par la saisie.

Il doit bien se rappeler que les frais faits et tardivement réclamés sont laissés à sa charge, s'il omet de les faire rembourser.

Quand on a saisi à la requête de l'administration des postes ou des contributions indirectes, on doit, avec les autres pièces, adresser au directeur de ces administrations, un état de frais dont voici un modèle :

ADMINISTRATION DES . . . .

BUREAU DES DOUANES

de

Etat des frais occasionnés par le rapport émargé ci-contre :

Saisie du. . . . 18. .

. . . . .prévenu.

1° Timbre de l'original et de. . . copies ⟩ ⟩

2° Enregistrement de l'original. . . . . . . ⟩ ⟩

3° Vacation du commissaire de police. . ⟩ ⟩

4. Transport de... depuis... jusqu'à. . . . ⟩ ⟩

5° Etc. . . . . ⟩ ⟩

Total. . . . . . . ⟩ ⟩

*Je soussigné, reconnais et certifie avoir
avancé la somme de . . . . pour les
causes énoncées ci-dessus.*

A. . . . . le. . . . .

Le receveur des douanes,

Vu : bon à rembourser.

Le directeur ,

18. COPIES DES RAPPORTS.

Il faut adresser à la principalité, immédiatement après le rapport rédigé, cinq copies de cet acte qui sont ainsi réparties :

Une pour l'administration; une seconde pour la direction; une troisième pour l'inspection, et les deux dernières pour le receveur principal, qui, s'il s'agit de tabac à détruire ou à verser aux contributions indirectes, de poudres, de cartes, etc. en adresse une copie au directeur de cette régie.

Ces copies doivent être certifiées comme il suit :

Pour copie conforme à l'original dûment affirmé et enregistré. (Cour des comptes, 12 janvier 1828).

19. FEUILLES DE RENSEIGNEMENTS.

Pour chaque saisie, on doit adresser à la principalité, qu'il y ait ou non transaction, deux feuilles de renseignemens sur les prévenus (Circ. n° 1457).

20. RELEVÉ DES TISSUS.

En même temps que les copies des rapports et l'état des frais, il faut fournir, en mètres carrés, le relevé des tissus saisis, avec l'indication de leur valeur et de leurs poids (Circ. n° 724. Paris, 30 décembre 1833).

21. RELEVÉ DE TOUTES LES MARCHANDISES.

Pour chaque saisie on doit fournir à l'administration, en double expédition, le relevé des marchandises de toute espèce comprises dans cette saisie (Les modèles sont imprimés).

22. CARTES D'ÉCHANTILLONS.

Avec ces relevés (ceux n° 20) on doit adresser au receveur principal une carte d'échantillons des tissus saisis.

Chaque carte doit porter un seul échantillon de chaque espèce de tissus, quelle qu'en soit la nuance (Besançon, 9 février 1855).

23. CACHETS.

Le prix des cachets apposés sur les objets saisis est fixé à vingt-cinq centimes, d'après l'autorisation de l'administration.

Le nombre de ces cachets doit être très-modéré. Il ne doit en être apposé sur les *objets de minuties* que dans le cas où ils sont transportés dans un autre bureau pour y être vendus (Besançon, 28 janvier 1855).

24. FOURRIÈRE.

Aux termes du décret du 18 septembre 1811, les chevaux, mules, mulets, etc. saisis, dont la remise sous caution aura été offerte et n'aura pas été acceptée, doivent être vendus, par enchères, dans le délai de huitaine, au plus tard, de la date du procès-verbal.

En attendant l'expiration de ce délai, le receveur doit mettre en *fourrière* les animaux saisis, et exiger que le détenteur les prenne à sa garde et charge moyennant une somme de . . . . . . par chaque jour. Ces animaux doivent être estimés de gré-à-gré et être remis à la douane à sa première réquisition.

Après la clôture du rapport, ou après la mise en fourrière, si le propriétaire des animaux venait à les réclamer, on pourrait les lui rendre ; mais cette remise ne pourrait être faite que sous reconnaissance écrite sur papier timbré (Circ. du 25 décembre 1816, n° 255).

25. ESTIMATION DES OBJETS SAISIS.

L'estimation des marchandises saisies doit être faite d'après le *prix courant en France* de ces mêmes marchandises, ou de celles qui leur sont analogues en qualité (Circ. des 21 avril et 7 mai 1815).

Le condamné, qui a intérêt à l'estimation, peut convenir d'experts avec l'administration : dans le cas contraire, la douane doit provoquer elle-même l'expertise à laquelle il sera procédé, partie présente ou absente.

C'est aux tribunaux, devant lesquels les affaires sont portées, à ordonner, dans chaque arrêt ou jugement portant confiscation, que la valeur de l'objet saisi soit réglée par experts convenus de gré-à-gré, ou nommés d'office par tel tribunal, ou tel juge de paix qui demeure commis à cet effet, conformément à l'article 1055 du code de procédure civile.

Les experts ne peuvent procéder à leur opération qu'après avoir prêté serment, parties présentes ou dûment appelées (Circ. du 7 mai 1815, n° 22).

Voir le mot *Causes.*

CHAPITRE TROISIÈME.

Dans ce chapitre, nous allons parler d'abord de la vente :

1° Des marchandises saisies et confisquées ;
2° Des objets sujets à dépérissement et des moyens de transport;
3° Des marchandises abandonnées en douane ;
4° Des marchandises retenues pendant deux mois, à défaut de déclaration en détail à l'entrée;
5° Des effets qui restent dans les douanes ;

Nous parlerons ensuite des actes de vente.

§ 1ᵉʳ

VENTE DES MARCHANDISES SAISIES ET CONFISQUÉES.

1° DANS LE RAYON.

« Si la saisie est jugée bonne et qu'il n'y ait pas d'appel dans la huitaine de la signification, le neuvième jour le préposé du bureau indiquera la vente des objets confisqués, par une affiche signée de lui, et apposée tant à la porte du bureau qu'à celle de l'auditoire du juge de paix, et procédera à la vente cinq jours après » (Loi du 14 fructidor an 3, art. 7).

L'article ci-dessus dispose pour les matières civiles. *Au correctionnel* et *au criminel*, on procède à la vente lorsque le jugement est devenu définitif, et qu'on a reçu l'autorisation de le faire exécuter (M. d. m.).

« Les objets saisis qui auront été confisqués seront *vendus publiquement*, et après l'apposition d'affiches dans la forme prescrite par l'article 7 (Loi du 14 fructidor an 3, art. 8).

Les *affiches* de douane qui indiquent le jour d'une vente, sont exemptes du timbre, ainsi que toutes celles qui peuvent concerner le service de l'administration (Circ. de l'enregistrement, n° 1161, et circ. du 15 octobre 1839, n° 1779).

Les marchandises doivent être reconnues avec le plus grand soin pour la *formation des affiches de vente*. Cette opération sera faite, à vue des rapports, par le receveur et un vérificateur ou visiteur, sous la surveillance du sous-inspecteur sédentaire, et en présence de deux employés de la partie active intéressés aux saisies.

Les affiches préparées, seront, avant tout, soumises à l'inspecteur; elles désigneront avec clarté et exactitude, le lieu, le jour, l'heure et les conditions de la vente, ainsi que les quantités et espèces de marchandises.
L'inspecteur, ainsi prévenu, devra assister lui-même à la vente, si ses occupations le lui permettent. Dans le cas contraire, il sera remplacé par le sous-inspecteur, ou, à défaut, par un chef de la partie active, capitaine ou lieutenant (Circ. du 3 février 1825, n° 904).

Les préposés des douanes sont dispensés de passer une déclaration préalable pour les ventes d'objets saisis (Délibération du 3 floréal an 7), c'est-à-dire, le receveur peut procéder à la vente *sans être tenu d'en faire une déclaration au bureau de l'enregistrement.*

Le prix des objets vendus doit être payé, entre les mains du receveur, dans les trois jours qui suivront la vente.
S'il arrivait que les acheteurs ne payassent pas le prix de l'adjudication dans ce délai de trois jours, les marchandises *doivent être vendues à la folle enchère*, et, afin de donner, dans cette hypothèse, une garantie à l'administration, les receveurs auront soin d'*exiger* des acquéreurs, au moment même de la vente, *le cinquième du prix* (Circ. du 12 mars 1816, n° 125).

Quand un particulier est en retard de payer le prix des objets saisis et confisqués qu'il aurait achetés, il convient de suivre les voies ordinaires de poursuites, et d'obtenir contre lui un jugement, en fixant le tribunal sur la nature de la créance répétée, à laquelle le trésor se trouve intéressé, et dont le paiement doit dès lors être ordonné comme de deniers publics (M. d.).

Les marchandises *peuvent être transportées dans la douane où la vente peut s'en faire le plus avantageusement* ; mais les frais de translation et autres seront prélevés sur la part des saisissans et autres appelés à la répartition (Délibération des 1er mai 1792 et 3 juin 1793, circ. du 4 brumaire an 7).

Les ordres de régie *interdisent le commerce aux préposés*, et particulièrement celui des marchandises saisies, afin d'écarter d'eux des distractions nuisibles au service, la tentation d'une fraude facile à commettre, et les relations nécessairement dangereuses qu'ils seraient dans le cas d'entretenir (Circ. du 11 janvier 1800).

Toutes les marchandises tarifées provenant de saisies seront vendues pour la consommation, sans égard, d'ailleurs, à la prohibition locale ou conditionnelle dont elles pourront être atteintes.
Ces mêmes marchandises acquitteront le *minimum* du droit fixé par le tarif (Circ. du 23 février 1832, n° 1306).

Les marchandises prohibées, provenant de saisie, vendues dans les douanes de terre, devront être réexportées dans un mois, à dater du jour de la vente.
Elles resteront sous la clef des douanes jusqu'à la réexportation. (Circ. du 12 mars 1816, n° 123).

Dans tous les cas de réexportation des objets saisis, les buraux de première ligne, comme ceux de deuxième ligne, ou intermédiaires, doivent en assurer le retour à l'étranger, *par des acquits-à-caution* et non par des passavans (Circ. du 15 février 1838, n° 1670).

Il est inutile *d'escorter* la marchandise depuis le bureau de deuxième ligne jusqu'au bureau désigné pour décharger l'acquit-à-caution.
Cette escorte doit se faire seulement depuis ce dernier bureau jusqu'à l'extrême frontière (Même circ.).

Les objets prohibés, provenant de saisies, *peuvent être admis au transit*, sous toutes les conditions et formalités prescrites par l'ordonnance du 29 avril 1831 (Circ. du 23 mai 1831, n° 1264).

Les ventes en douane peuvent être faites par les receveurs sans l'intervention des courtiers de commerce, ou autres officiers ministériels (Circ. du 9 janvier 1837, n° 1600).

L'administration, par sa circulaire du 2 décembre 1825, n° 956, autorise, *comme facultative,* la vente, à charge de réexportation, *des moutons, chevaux, et bestiaux de toute espèce, ainsi que du sel.*

2° A L'INTÉRIEUR.

« Lorsque le jugement.... sera devenu définitif, il sera procédé à la vente des marchandises, à charge de réexportation; et, à cet effet, celles qui auraient été *saisies dans l'intérieur,* seront renvoyées dans le bureau des douanes qui sera indiqué par le directeur *de l'administration* » (Loi du 28 avril 1816, art. 67).

Les marchandises expédiées pour la douane de Paris, seront conservées pour y être vendues après que la confiscation aura été prononcée. Cette mesure a surtout pour objet d'éviter des frais de retour et d'obtenir aussi des ventes plus avantageuses (Circ. du 26 novembre 1819, n° 535).

Les receveurs des douanes intérieures inséreront dans les conditions de la vente, l'obligation de diriger les marchandises sur le bureau de sortie *par la route directe et de les présenter au bureau de seconde ligne situé sur cette route.* L'acquit-à-caution désignera ce bureau exclusivement à tout autre pour l'entrée dans le rayon des douanes; lorsque la marchandise y sera parvenue, elle sera dirigée sous escorte sur le bureau de sortie (Circ. du 5 février 1825, n° 904).

Si la vente des objets saisis dans l'intérieur a lieu dans un bureau de douane , la marche à suivre est la même que celle pour la vente des objets saisis dans le rayon.

§ 2.

VENTE DES OBJETS SUJETS A DÉPÉRISSEMENT

et

DES MOYENS DE TRANSPORT.

« Si les circonstances de la saisie nécessitaient un délai, ce délai ne pourra excéder trois jours; et, dans ce cas, le jugement de renvoi autorisera la *vente pro-*

visoire des marchandises sujettes à dépérissement, et des chevaux saisis comme ayant servi au transport » (**Loi** du 9 floréal an 7, tit. 4, art. 13).

« Dans le cas où la saisie n'étant pas déclarée valable, l'agence des douanes interjetterait appel du jugement, les voitures et chevaux saisis, même les marchandises sujettes à dépérissement, seront remis sous caution solvable, après estimation de leur valeur. Si la remise aux conditions ci-dessus n'est pas demandée dans les huit jours de la date du jugement, l'agence des douanes pourra faire procéder à la vente dans les trois jours de l'annonce qui en aura été faite à la partie, soit à son domicile, ou par affiche à la porte de la maison commune et à celle du bureau.

» Cette vente aura lieu, soit que la partie comparaisse ou non : toute opposition est non recevable » (**Loi** du 14 fructidor an 3, art. 5).

« Il sera sursis... au jugement de la contravention jusqu'après le jugement de l'inscription de faux ; et, néanmoins.... le tribunal saisi de la contravention *ordonnera provisoirement la vente* des marchandises sujettes à dépérissement et des chevaux qui auront servi au transport » (**Arrêté** du 4ᵉ jour complémentaire an 11, art. 9, § 2ᵉ).

« ... En cas de refus de *reprendre, sous caution solvable de leur valeur, les marchandises sujettes à dépérissement*, il sera, à la diligence du préposé de la régie, procédé à la vente par enchères, en vertu de la permission de l'un des officiers du tribunal, laquelle sera signifiée..... (**Loi** du 22 août 1791, tit. 10, art. 16).

« *En cas de saisie de chevaux, mulets, et autres moyens quelconques de transport de marchandises* dont la remise sous caution aura été offerte par procès-verbal et n'aura pas été acceptée par la partie, il sera, à la diligence de l'administration des douanes, en vertu de la permission du juge de paix le plus voisin ou du juge d'instruction, procédé, dans le délai de huitaine au plus tard de la date dudit procès-verbal, à la vente par enchères des objets saisis » (Décret du 18 septembre 1811, art. 1er, § 1er).

« Il sera pareillement, dans le même délai et en vertu de la même permission, procédé à la vente *des objets de consommation* qui ne pourront être conservés sans courir le risque de la détérioration . . . . » (Idem, § 2e).

« L'ordonnance portant permis de vendre sera signifiée, dans le jour, à la partie saisie, si elle a un domicile réel ou élu dans le lieu de l'établissement du bureau de la douane, et, à défaut de domicile connu, au maire de la commune, avec déclaration qu'il sera immédiatement procédé à la vente, tant en présence qu'en absence, attendu le péril de la demeure.

» L'ordonnance du juge de paix ou du juge d'instruction sera exécutée, nonobstant appel ou opposition » (Idem, art. 2).

« Le produit de la vente sera déposé dans la caisse de la douane, pour en être disposé ainsi qu'il sera statué en définitif par le tribunal chargé de prononcer sur la saisie » (Idem, art. 3).

§ 3.

VENTE

DES MARCHANDISES ABANDONNÉES DANS LES DOUANES, POUR LE PAIEMENT DES DROITS.

La loi du 22 août 1791, tit. 1er, art. 4 (1), établit cette règle fondamentale, que ceux à qui des marchandises sont adressées, ne

____

(1) « Ne pourront, ceux à qui les marchandises sont adressées, être contraints à en payer les droits, lorsqu'ils en feront, par écrit, l'abandon dans les douanes : les marchandises ainsi abandonnées seront vendues.... » (Loi du 22 août 1791, tit. 1, art. 4).

peuvent être contraints à en payer les droits, lorsqu'ils *en font par écrit l'abandon dans les douanes*, mais qu'alors les marchandises sont vendues, et qu'il est disposé du produit de la vente comme des autres recettes.

Cet abandon peut se faire en tout état de choses, soit que la marchandise arrive de l'étranger, soit qu'elle se trouve en entrepôt réel proprement dit, dès qu'il y a eu déclaration d'entrée ou de mise en consommation.

On peut tenir pour constant que l'administration a le droit de disposer immédiatement des marchandises abandonnées en vertu de l'article 4 de la loi de 1791 précitée, et qu'elle n'est tenue, pour la vente de ces marchandises, qu'aux délais, affiches et formalités nécessaires pour la vente des objets définitivement confisqués. Voir plus haut le § premier (Circ. du 6 septembre 1827, n° 1039, § 1er).

§ 4ᵉ.

VENTE DES MARCHANDISES RETENUES PENDANT DEUX MOIS A DÉFAUT DE DÉCLARATION

EN DÉTAIL A L'ENTRÉE.

L'article 9 du titre 2 de la loi du 4 germinal an 2 (2), veut que si des déclarations en détail ne sont pas fournies à l'entrée trois jours après la remise de la déclaration sommaire des voituriers, les marchandises soient *retenues* et déposées dans les magasins de la douane pendant deux mois, et que, passé ce délai, si l'on ne s'est pas mis en règle, elles *soient vendues* au profit de l'état, à charge du paiement des droits, ou de réexportation si elles sont prohibées.

La vente doit se faire immédiatement après l'expiration des deux mois : après ce terme de rigueur, les propriétaires n'ont plus droit à révendication ; ils sont dépouillés du droit de propriété, lequel est passé à l'Etat. Il n'y a donc plus de nouveaux sursis à donner, et les marchandises doivent être vendues comme celles qui proviennent de saisies confirmées par jugement définitif. Voir plus haut le § premier (Circ. n° 1039, § 2).

(2) « Si, outre ..... les déclarations sommaires faites par les conducteurs par terre, des déclarations en détail ne sont pas présentées, les marchandises seront retenues et déposées dans le magasin de la douane pendant deux mois, et les propriétaires tenus de payer un pour cent pour droit de magasinage en sus des droits.

» S'il n'y a pas réclamation et déclaration en détail après ce délai, les marchandises seront vendues au profit de l'Etat, à la charge de réexporter à l'étranger celles dont l'entrée est prohibée » (Loi du 4 germinal an 2, tit. 2, art. 9).

§ 5e.

VENTE DES MARCHANDISES

ET AUTRES EFFETS QUI RESTENT DANS LES DOUANES.

Il est des accidens rares, à la vérité, mais possibles, qui peuvent faire que des marchandises restent dans les douanes, soit par la volonté, la négligence, ou l'oubli du propriétaire.

Ainsi, à l'entrée, le consignataire qui a fourni sa déclaration en détail, peut ne pas revenir pour assister à la visite qui, cependant, doit être faite en sa présence.

Des marchandises provisoirement retenues d'après la circulaire du 11 septembre 1817, n° 321 (voir le mot : Effets et meubles à usage des étrangers et voyageurs, n° 5), et dont la remise ou la réexportation a été autorisée, peuvent ne pas être retirées des bureaux.

A la sortie, des marchandises, amenées en douane, peuvent y rester, sans qu'on vienne ensuite pour déclarer, ou, après la déclaration, pour assister à la visite.

A l'entrée ou à la sortie, il peut encore arriver qu'après l'acquittement même, des marchandises ne soient pas enlevées par le propriétaire.

Dans tous ces cas, la nécessité de maintenir l'ordre et de garantir tous les intérêts, a exigé que l'on pourvût à la garde des objets délaissés, et que la douane pût finalement en disposer, faute de réclamation.

Tel a été le but du titre 9, de la loi du 22 août 1791 ; voici comment doivent être entendues et exécutées ses dispositions :

1° Les marchandises laissées en douane hors les cas prévus par l'article 4 du titre 2 de la même loi, par l'article 9 du titre 2 de la loi du 4 germinal an 2 (voir cet article, page 39, en note), sont mises en dépôt et inscrites dans la huitaine sur un registre à ce destiné, avec mention des marques, numéros et adresses de chaque colis. Le receveur avec le chef de la visite, ou, à défaut de ce dernier, avec le premier vérificateur, signe, au registre, l'acte de dépôt (Art. 1er).

2° Le dépôt a lieu dans les magasins de la douane, ou dans les magasins qui sont loués aux frais des propriétaires et dont la clef reste entre les mains du receveur (Art. 10 et 16).

3° Si, pendant l'année à partir de l'inscription du dépôt, il n'est pas fait de réclamation, les objets abandonnés doivent être vendus.

4° A cet effet, le receveur dépositaire demande une autorisation au tribunal ; le procureur du Roi et le greffier se transportent au bureau pour assister à l'ouverture des colis et rédiger l'inventaire des effets y contenus. S'il s'y trouve des papiers, il en est dressé un état sommaire, et lesdits papiers, paraphés par le juge, sont déposés au greffe du tribunal pour être remis, sans frais, à ceux qui justifient de leur propriété. Le receveur des douanes informe de ce dépôt les particuliers auxquels les papiers paraissent appartenir, sans être tenu d'aucune formalité à cet égard (Art. 3).

5⁰ La présence de l'un des juges et du procureur du Roi à l'ouverture des caisses et ballots, à l'inventaire des effets et description sommaire des papiers, à l'ordonnance qui permet la vente des effets abandonnés, est sans frais: il est seulement alloué au greffier, pour l'inventaire et l'expédition qui doit en être fournie à l'administration, une taxe faite par le juge sur le produit de la vente, et qui ne peut excéder dix centimes par franc dudit produit (Art. 6).

6⁰ L'inventaire est affiché à la porte du bureau, dans la place publique et autres lieux accoutumés, avec déclaration que si, dans le mois, il ne survient pas de réclamation, il sera procédé à la vente. Ce délai expiré, ladite vente et le jour auquel elle doit être faite, sont annoncés par de nouvelles affiches apposées dans la forme ci-dessus indiquée (Art. 4).

7⁰ Au jour fixé par les affiches, les effets sont vendus au plus offrant et dernier enchérisseur, en présence du receveur, ou d'un autre chef de la douane, à la charge du paiement des droits, s'il en est dû, ou du renvoi à l'étranger, si les marchandises sont prohibées. Les réclamateurs qui justifient de leur propriété ont un an pour réclamer le prix de ladite vente. Ce prix leur est remis à la déduction près des frais dans la proportion des objets qu'ils réclament. Ils sont tenus de payer un droit de garde pour le temps pendant lequel leurs marchandises ont été déposées dans les douanes et bureaux, lequel droit est d'un centime 1/4 par jour et par 50 kilogs bruts, pour chaque colis au-dessous de ce poids: et si, dans le terme de deux années, à partir de l'inscription du dépôt, il ne se présente aucun réclamateur, le produit de la vente, en ce qui n'a pas été réclamé, reste acquis à l'Etat (Art. 5).

Dès que le produit d'une vente faite en vertu du titre 9, est réalisé, il est porté en recette et se confond matériellement avec tous les autres produits, mais ce n'est qu'une opération de trésorerie, et les écritures en constatent la nature, et réservent tous les droits encore existans. A cet effet, la somme reçue est mise en recette au chapitre des opérations faites pour la caisse des consignations. Le remboursement, s'il était demandé dans l'année, aurait lieu en vertu d'ordonnances délivrées sur cette caisse, laquelle, dans le cas contraire, verserait au trésor les sommes non réclamées (Circ. n⁰ 1059, § 5).

§ 6.

DES ACTES DE VENTE.

Les actes de vente doivent préciser avec le plus grand soin l'espèce, la qualité, la quantité des marchandises, et indiquer clairement, pour chaque partie, la saisie à laquelle ils appartiennent.

Les acquits de réexportation présenteront, avec la même exactitude, toutes ces indications ; de sorte que ces acquits-à-caution, l'acte de vente et le procès-verbal de saisie, puissent toujours se contrôler réciproquement, et n'offrent aucune différence qui ne soit nettement expliquée (Circ. du 5 février 1825, n⁰ 904).

L'acte de vente des chevaux doit énoncer que ces animaux sont vendus *sans garantie aucune* (Besançon, 14 juillet 1828).

Toutes les saisies d'une même vente, dont le produit brut ne s'élève pas, pour chacune, à vingt francs, doivent être comprises dans un même procès-verbal collectif, qui devra distinguer bien explicitement les objets appartenant à chaque affaire. Une copie blanche et certifiée doit être adressée à la direction aussitôt que l'original de l'acte est enregistré (Besançon, 14 juillet 1855).

Les actes de vente ne doivent relater que les seuls titres enregistrés en vertu desquels on dispose des objets saisis, en faisant mention de leur date, et même de leur signification dans le cas où elle a dû être faite (Besançon, 26 avril 1859, et circ. n⁰ 1552).

CHAPITRE QUATRIÈME.

Des Transactions.

« L'administration des douanes est autorisée à transiger sur les procès relatifs aux contraventions aux lois qui régissent cette partie du revenu public, soit avant, soit après le jugement » (Arrêté du 14 fructidor an 10, art. 1er).

La transaction arrête les poursuites du ministère public et fait remise des peines corporelles comme des peines pécuniaires (Arrêts de C. du 50 juin 1820, circ. du 28 juillet 1820, n° 587, et circ. du 24 mai 1855, n° 1486).

FORMALITÉS PRÉLIMINAIRES.

Toutes les fois que les chefs locaux auront jugé à propos, ou auront été chargés d'admettre un prévenu à transiger, le receveur devra passer avec celui-ci un acte énonçant les conditions de l'arrangement respectivement consenti. Cet acte, dont un double restera entre les mains du receveur, et dont l'autre sera remis au prévenu, énoncera qu'en cas de rejet de la transaction par l'administration, les clauses provisoirement adoptées seront considérées comme non avenues, et que les parties rentreront respectivement dans tous leurs droits, tels qu'ils étaient au moment de la signature provisoire. La réalisation des conditions d'un arrangement provisoire devra d'ailleurs être valablement assurée, soit au moyen d'une consignation immédiate en argent, soit au moyen d'un acte séparé de cautionnement donné par une personne notoirement solvable, et ce sous la responsabilité du receveur et des autres chefs (Circ. n° 752).

Les transactions doivent toujours stipuler réserve de l'approbation régulière et définitive de l'administration, lors même que préalablement elle en aurait réglé les conditions (Besançon, 23 septembre 1839).

ORDRE ET NATURE DES STIPULATIONS.

Les offres des prévenus devront être relatées dans l'ordre suivant :

1° *Le remboursement des frais ;*

2° (S'il y a lieu) *L'abandon des marchandises,* ou celui de la somme de . . . . . qui aurait été originairement consignée pour en obtenir la main-levée provisoire, ou, enfin, le paiement d'une somme de . . . . . . pour tenir lieu de la confiscation ;

3° *Le paiement d'une somme de* . . . . . . pour tenir lieu de l'amende, décime compris ;

4° (S'il y a lieu) *L'abandon des moyens de transport,* ou celui d'une somme de . . . . . . qui aurait été originairement consignée pour en obtenir la remise provisoire, ou, enfin, le paiement d'une somme de . . . . . . pour tenir lieu de cette partie de condamnation.

Lorsque *le montant des frais* sera connu, on l'énoncera, et l'état détaillé en sera produit à l'appui (on aura soin d'y comprendre toujours ceux de l'acte même de transaction).

Dans le cas où ce montant ne serait pas encore connu au moment de la signature de l'acte, cette clause sera remplacée par la mention qu'une somme (jugée suffisante pour couvrir ces mêmes frais), a été déposée entre les mains du receveur, ou que le prévenu a fourni bonne et valable caution d'en acquitter le montant à liquider. On devra d'ailleurs avoir toujours soin, dans le cas d'une consignation réelle, de faire souscrire au déposant l'obligation cautionnée de parfaire, s'il y a lieu, la somme des frais à rembourser, comme en même temps le receveur s'obligera, pour l'administration, à restituer la somme restée libre sur celle consignée après imputation de ces mêmes frais.

L'abandon des marchandises saisies ne sera stipulé que dans le cas où la contravention est de nature à entraîner, soit la confiscation d'un objet de fraude, soit le paiement d'une somme spécialement destinée à en représenter la valeur. Si d'ailleurs cet abandon n'est point une des conditions de l'arrangement, on énoncera qu'il est donné main-levée de la marchandise, soit purement et simplement, soit sous la condition de la réexportation, soit sous celle de l'acquittement du droit, soit, enfin, sous celle de la mise en entrepôt.

Les sommes offertes par le prévenu devront toujours être énoncées en toutes lettres et en chiffres, et l'on ne devra, dans aucun cas, se borner à les indiquer par le rapport qu'elles pourraient avoir avec la condamnation (le tiers, le quart, etc.) (Circ. n° 1029, et circ. du 24 février 1838, n° 1674).

Les sommes offertes par les prévenus pour tenir lieu des peines infligées par la loi, ne doivent être acceptées qu'autant qu'elles sont en rapport avec les habitudes, la position de fortune du prévenu, et surtout avec la nature du délit. Le receveur ne doit transiger qu'autant qu'il aura pris l'attache de l'inspecteur, et qu'il aura reçu les renseignements des chefs divisionnaires (Circ. des 7 mai 1814, et 3 mars 1818).

L'acte de transaction doit faire mention qu'il a été fait double ou triple, suivant le cas, et ce à peine de nullité.

Quand le prévenu ne sait pas signer, il doit faire sa croix en présence de deux témoins qui le certifient (Besançon, 1 juin 1838).

EXÉCUTION PROVISOIRE DES TRANSACTIONS.

Dans toute hypothèse, on aura soin de ne remettre les objets saisis *avant* la ratification de la transaction par l'administration supérieure, qu'autant que l'on aura garanti la rentrée éventuelle de la valeur intégrale, soit par une consignation préalable, soit par un acte de cautionnement en due forme. Cette obligation résulte de la règle générale qui veut qu'une transaction ne soit exécutée qu'après l'approbation de l'administration.

FORMATION ET ENVOI DES FEUILLES DE RENSEIGNEMENS.

Aussitôt que les conditions provisoires d'une transaction auront été arrêtées, le receveur en résumera les clauses sur une feuille d'avis et de renseignemens conforme au modèle série E, n° 76 A : il y consignera les motifs d'après lesquels il a admis le prévenu à transiger, et fera mettre immédiatement cette feuille en circulation pour qu'elle soit annotée par chacun des chefs désignés à cet effet dans les titres de colonne.

Les lieutenans et les capitaines ne devront jamais perdre de vue qu'ils ne sont point appelés à émettre d'*avis* sur les conditions mêmes de la transaction, et qu'ils doivent se borner, ainsi que l'indique la formule imprimée, à donner les renseignemens qu'ils auront recueillis touchant les facultés pécuniaires et les habitudes de fraude des prévenus, et les circonstances particulières des contraventions. Les inspecteurs doivent veiller à ce que cette disposition d'ordre et de convenance soit strictement observée (Circ. n° 1437).

INTERVENTION DU DIRECTEUR.

Dès que la feuille d'avis et de renseignemens, dûment remplie, sera parvenue au directeur, ce chef devra référer de la transaction à l'administration, et donner ses conclusions *motivées*, soit pour l'adoption, soit pour la modification, soit enfin pour le rejet de l'arrangement provisoire (Circ. manuscrite du 16 septembre 1831).

PROPOSITIONS A L'ADMINISTRATION.

Si l'affaire est simple et ne comporte pas de développemens étendus, si elle n'a donné lieu à aucune réclamation, s'il n'existe aucun dissentiment notable, quant à leurs conclusions respectives, entre le directeur, d'une part, et les chefs de la localité de l'autre, et si, dans tous les cas, le chiffre total des condamnations légalement encourues n'atteint pas 3,000 francs, cas dans lequel il doit en être référé au ministre (la valeur des moyens de transport ne contribue pas à former ce maximum), le directeur pourra en rendre compte par l'état collectif de quinzaine.

Dans tous les cas autres que ceux prévus au paragraphe qui précède, le directeur rendra un compte spécial de l'affaire et de la transaction.

FORME DES PROPOSITIONS.

Le directeur devra joindre à sa proposition :

1° Une copie du procès-verbal, ou rappeler la date de la lettre par laquelle il aurait précédemment adressé cette pièce à l'administration ;

2° La feuille d'avis et de renseignemens;

3° La copie de l'acte de transaction provisoire.

Le directeur devra toujours indiquer, en regard de sa proposition, si elle a lieu par état collectif, ou, à la fin de sa lettre, s'il traite l'affaire séparément, le montant des condamnations légalement exigibles et le chiffre de la valeur estimative des objets de fraude (Circ. n°s 61, 882 et 1029).

Les propositions des directeurs pour l'affectation définitive des produits de la transaction devront être formulées dans les termes et d'après les règles suivantes :

1° Le remboursement des frais montant à . . . ; le chiffre devra en être établi, alors même qu'au moment de la signature de l'acte d'arrangement provisoire il n'aurait pas été connu (circ. manuscrite du 7 avril 1858); et, si ces frais se composent d'autres articles que ceux relatifs au timbre et à l'enregistrement, tant du rapport que de la transaction, l'état détaillé devra en être produit;

2° L'abandon des marchandises, s'il y a lieu;

3° Le paiement d'une somme totale de . . . qui sera appliquée, suivant la nature de l'affaire et dans l'ordre suivant, jusqu'à due concurrence pour chaque article successif, savoir :

A la prime d'arrestation. . . . . fr.   cent.

(Cette prime n'est imputable *sur le produit de l'affaire* que lorsqu'il n'est pas intervenu de jugement. Dans le cas contraire elle est acquittée par le trésor (Circ. n° 870).

A la confiscation des marchandises (dans le cas où l'abandon n'en aurait pas été stipulé) . . . . fr.   cent.

A l'amende, décime compris. . . . . fr.   cent.

Et à la confiscation des moyens de transport . fr.   cent.

On rappellera d'ailleurs, d'après les stipulations de l'acte d'arrangement, la *destination* donnée aux marchandises dont il serait fait mainlevée, et, s'il y a une somme à *restituer* au prévenu sur le montant de la consignation provisoire, on en précisera le chiffre.

DÉCIME ADDITIONNEL, MOYENS DE TRANSPORT.

Toutes les fois que les moyens de transport ont été abandonnés *en nature*, ou que la remise en a été faite *sans consignation* de leur valeur, le produit de cet abandon ou de cette consignation n'est jamais dans le cas de supporter le prélèvement du décime, alors même que l'amende n'aurait pas été intégralement recouvrée (Circ. du 12 décembre 1856, n° 1586).

Les sommes qui, dans quelques contraventions, représentent la confiscation des marchandises qui en font l'objet (telles que l'amende égale à la valeur d'un objet omis ou manifeste), ne sont pas non plus assujetties au prélèvement du décime.

QUITTANCES A DÉLIVRER AUX PARTIES.

Il ne sera jamais délivré aux prévenus admis à transiger d'autres quittances provisoires ou définitives que celles qui font l'objet du registre à souche, série E. n° 71 b. Dans le cas où la partie refuserait d'acquitter le prix du timbre de cette quittance, il sera procédé ainsi qu'il a été réglé par la circulaire du 17 juillet 1838, n° 1699.

Cette circulaire porte, § 4 : « . . si donc un redevable ne consentait pas à recevoir sa quittance *timbrée,* la seule, dans tous les cas, qui puisse lui être délivrée, le receveur devra laisser à la souche, pour justifier le non-recouvrement du timbre, la formule de quittance qui n'aura pas été employée, et cette formule sera croisée, afin qu'il ne puisse plus en être fait usage. »

Les quittances pour le prix des poudres et des tabacs provenant de saisies et livrés à la régie des contributions indirectes, devront être détachées du même registre, mais, dans ces cas, les receveurs des douanes devront *biffer* le timbre sur ces quittances, et ils annoteront sur la souche que ce droit de timbre n'a pas été recouvré (Même circ. n° 1699).

ENREGISTREMENT DES TRANSACTIONS.

Tous les actes de transaction définitive passés *avant jugement* doivent être soumis à l'enregistrement ; mais cette formalité n'est pas nécessaire, si la confiscation de l'objet de fraude a déjà été prononcée par un jugement définitif (Circ. n° 1532).
(Circ. du 11 octobre 1838, n° 1713).

TRANSACTIONS DÉFINITIVES.

« Dans les affaires résultant de procès-verbaux de saisie ou de contravention, les transactions délibérées au conseil d'administration, sont définitives :
1° Par l'approbation du directeur de l'administration, lorsque les dites condamnations n'excèderont pas trois mille francs ;
2° Par l'approbation du ministre, lorsqu'il y a eu dissentiment entre le directeur et le conseil d'administration ; et, dans tous les cas, lorsque le montant des condamnations excède trois mille francs. »
(Ordon. du 30 Janvier 1822, art. 10).

CAUTIONS A EXIGER.

Lorsqu'un prévenu demande à transiger, s'il s'agit d'une *affaire civile,* on doit exiger ou que la somme offerte soit déposée, ou une caution valable pour en garantir le paiement.
S'il est question *d'une affaire correctionnelle,* entraînant l'arrestation du prévenu, celui-ci ne peut être admis à transiger qu'autant qu'il fournit, indépendamment de la caution relative aux condamnations civiles, une autre caution pour assurer qu'il se présentera au besoin et se constituera prisonnier (Circulaire, n° 752, du 13 Septembre 1822).

On ne doit admettre des tiers comme parties contractantes, qu'autant qu'ils sont munis d'un mandat en due forme (Pontarlier, 11 mars 1836).

REJET DES TRANSACTIONS.

Lorsqu'une transaction a lieu sur une affaire de la compétence du Juge de paix, avant jugement, et qu'*elle est rejetée*, le prévenu ne peut opposer aucune fin de recevoir sur le motif que le jugement n'aurait pas été rendu dans les 24 heures (Paris, 6 décembre 1828).

MISE EN LIBERTÉ DES DÉTENUS.

Un individu détenu, soit en vertu d'un mandat, soit en vertu d'un jugement ou arrêt, ne peut être mis en liberté que par un ordre exprès du ministère public, spécialement chargé de l'exécution des jugemens et de la surveillance des détenus. En conséquence, lorsqu'une transaction sur un délit en matière de douanes aura été approuvée, la décision devra être communiquée au ministère public qui ordonnera aussitôt la mise en liberté des prévenus ou condamnés. (Circ. du 15 janvier 1813).

INCONNUS-RÉCLAMANS.

Toute saisie faite sur inconnus, doit être suivie d'un jugement définitif; et si, après, il se présente des réclamans, soit comme prétendus propriétaires, soit à d'autres titres, on pourra valablement terminer avec eux par transaction administrative (Circ. du 31 juillet 1813, n° 56).

CONTRIBUTIONS INDIRECTES.

On ne doit jamais transiger quand le rapport est rédigé à la requête des contributions indirectes (Besançon, 26 octobre 1852).

Chapitre cinquième.

DE L'INSCRIPTION DE FAUX.

« Celui qui voudra s'inscrire en faux contre un rapport, sera tenu d'en faire la déclaration par écrit, en personne ou par un fondé de pouvoir spécial passé devant notaire, au plus tard à l'audience indiquée par la sommation de comparaître devant le tribunal qui doit connaître de la contravention : il devra, dans les trois jours suivans, faire au greffe dudit tribunal le dépôt des moyens de faux, et des noms et qualités des témoins qu'il voudra faire entendre ; le tout à peine de déchéance de l'inscription de faux.

« Cette déclaration sera reçue et signée par le juge et le greffier, dans le cas où le déclarant ne saurait écrire ni signer » (Loi du 9 floréal an 7, tit. 4. art. 12).

INSCRIPTION PARTIELLE.

Lorsqu'une partie des prévenus arguent de faux un procès-verbal, cet acte n'en conserve pas moins toute sa force et son autorité à l'égard des autres prévenus (Arrêt de Cassation du 20 novembre 1807).

INSCRIPTION FAITE PAR UN ÉTRANGER.

L'inscription de faux, dans l'espèce, ne doit pas être considérée comme n'étant que la défense de l'étranger qui intervient et réclame contre la saisie; c'est une action de toute autre nature, une plainte qu'il dirige contre les préposés des douanes, tendante à les faire poursuivre et condamner à la peine des fers, et qui doit, en conséquence, être portée devant les juris d'accusation et du jugement.

L'étranger devient, dès lors, demandeur, en sa qualité de partie civile, et est sujet à la caution *judicatum solvi* (Décision du ministre, du 23 pluviose an 10, rapportée à la page 23 du tome 4 de la collection de Lille).

Lorsqu'un étranger déclare s'inscrire en faux contre un rapport,

Ou ce rapport le désignait comme conducteur de la fraude, et, dans ce cas, il doit être astreint à fournir caution, conformément à l'article 166 (1) du code de procédure civile, lequel est applicable aux matières correctionnelles aussi bien qu'aux matières civiles;

Ou le procès-verbal des préposés était rédigé soit contre inconnus, soit contre un prévenu autre que l'étranger, et, alors, on doit opposer à ce dernier, *d'abord*, le principe consacré par la loi et par la jurisprudence, lequel ne permet pas les révendications en matière de douanes; *ensuite*, et subsidiairement, la règle posée dans l'article 166 du code de procédure civile (Paris, 1er avril 1837).

(1) « Tous étrangers, demandeurs principaux, ou intervenans, seront tenus, si le défendeur le requiert, avant toute exception, de fournir caution de payer les frais et dommages-intérêts auxquels ils pourraient être condamnés » (Code de procédure civile, art. 166).

» Le jugement qui ordonnera la caution, fixera la somme jusqu'à concurrence de laquelle elle sera fournie : le demandeur qui consignera cette somme ou qui justifiera que ses immeubles situés en France sont suffisans pour en répondre, sera dispensé de fournir caution » (Idem, art. 167).

DÉCLARATION DE L'INSCRIPTION.

La déclaration de l'inscription de faux contre un rapport n'est pas nulle pour n'avoir point été écrite en entier de la main de l'inscrivant, si, d'ailleurs, elle est signée de lui (Arrêt de C. du 28 mars 1805).

La signature de celui qui s'inscrit en faux est suffisante dans la déclaration, et ne peut être suppléée que par un acte qui énonce qu'il ne sait pas *signer* et non qu'il ne sait pas écrire (Arrêt de C. des 14 août 1807 et 6 juin 1811).

DÉLAI POUR L'INSCRIPTION.

La déclaration d'inscription de faux n'est valable qu'autant qu'elle est faite à la première audience : le prévenu qui a fait défaut à cette première audience n'est plus à temps pour s'inscrire en faux à l'audience où il comparaît sur opposition (Arrêt de C. des 5 septembre 1801, 23 juin 1817, 28 août 1854, 51 décembre 1856, et 9 mai 1858).

Un jugement du tribunal correctionnel de Pontarlier, en date du 28 octobre 1857, porte : que l'inscription de faux contre un procès-verbal n'est valable qu'autant que le prévenu qui veut s'inscrire, remet sa déclaration écrite et signée, en même temps qu'il déclare *avant l'audience, sur le seuil du procès*, qu'il s'inscrit en faux.

Si, en comparaissant sur l'assignation qui lui est donnée, le prévenu se borne à demander l'annulation de la citation pour vice de forme, et qu'elle soit, en effet, déclarée nulle, il peut encore, sur la nouvelle assignation qui lui est donnée à une autre audience, s'inscrire en faux contre le rapport des préposés (Arrêt de C. du 15 décembre 1804).

« ..... Si l'inscription est faite dans le délai et suivant la forme prescrite par l'article 12 du titre 4 de la loi du 9 floréal an 7, et en supposant que les moyens de faux, s'ils étaient prouvés, détruisissent l'existence de la fraude à l'égard de l'inscrivant, le commissaire du gouvernement près le tribunal saisi de l'affaire, fera les diligences convenables pour y faire statuer sans délai ..... » (Arrêté du 4 complémentaire an 11, art. 9, § 1er).

« Lorsqu'une inscription de faux n'aura pas été faite dans le délai et suivant les formes déterminées par la loi du 9 floréal an 7, il sera, sans y avoir aucun égard, passé outre à l'instruction et au jugement de l'affaire » (Idem, art. 10).

DÉPÔT DES MOYENS DE FAUX.

Tout est de rigueur dans la procédure de l'inscription de faux : c'est dans les trois jours qui suivent la déclaration, que le dépôt des moyens, et des noms et qualités des témoins, doit être fait, quand même le troisième jour serait un dimanche. Les causes qui ont fait déterminer ce bref délai sont de nature à ne pouvoir permettre qu'il soit prolongé sous aucun prétexte, puisqu'il suffirait du moindre retard pour qu'un inscrivant imaginât des moyens, et trouvât de faux témoins à l'appui d'une inscription calomnieusement hasardée (Circ. du 26 octobre 1802).

On ne peut écarter l'inscription de faux qu'après l'expiration des trois jours accordés pour le dépôt des moyens de faux (Arrêt de C. du 20 novembre 1800).

Les moyens de faux doivent être déposés au greffe trois jours après la déclaration (Arrêt de C. du 1er décembre 1809).

Ce n'est qu'après avoir déclaré les moyens de faux pertinens, que le tribunal peut et doit suspendre le jugement (Arrêt de C. du 1er décembre 1809).

ADMISSION DE L'INSCRIPTION.

L'inscription de faux n'est admissible contre quelque acte que soit, que dans le cas où le sort de la contestation principale dépend de la vérité ou de la fausseté de cet acte : et ainsi, ni l'une ni l'autre des parties ne sont recevables à s'inscrire en faux contre un acte qui, supposé vrai, n'aurait pas plus d'influence sur la contestation principale que s'il était jugé faux (Arrêt de C. du 16 mai 1805).

Si le jugement qui admet l'inscription de faux, déclare en même temps le procès-verbal nul, ce même jugement, nonobstant l'inscription, peut être attaqué par la voie de l'appel, et cet appel doit être interjeté dans la huitaine de la signification, conformément à ce que prescrit la loi du 14 fructidor an 3 (Arrêt de C. du 10 juin 1806).

Un jugement qui admet l'inscription ne peut être annulé pour avoir été rendu sans qu'au préalable l'acte par lequel la partie saisie a déclaré s'inscrire en faux, eût été enregistré (Arrêt de C. du 19 novembre 1807).

SURSÉANCE.

Il sera sursis. . . . . au jugement de la contravention, jusqu'après le jugement de l'inscription de faux. . . . . (Arrêté du 4 complémentaire an 11, art. 9, § 2e).

Il n'y a lieu à surséance dans le jugement qu'autant que l'inscription est régulièrement faite (Arrêt de C. du 20 novembre 1807).

Les tribunaux correctionnels ne peuvent statuer que sur la simple admission de l'inscription, et s'ils déclarent les moyens de faux pertinens, ils doivent surseoir au jugement de la contravention, et renvoyer l'affaire sur le faux devant les autorités compétentes pour connaître de ce délit (Arrêt de C. des 11 août et 11 novembre 1808).

Les juges d'appel ne peuvent, sous prétexte qu'il a été rendu plainte en faux principal, surseoir à statuer sur l'appel, si l'inscription de faux n'a pas été faite dans les délais et formes voulus par la loi du 9 floréal an 7 (Arrêt de C. du 4 juin 1817).

DÉCHÉANCE DE L'INSCRIPTION.

Lorsqu'il s'agira d'une inscription de faux, les receveurs devront passer au greffe du tribunal où elle aurait été formée, le quatrième jour qui suivra celui de l'audience indiquée par la sommation, à l'effet de vérifier, en présence des préposés rédacteurs du procès-verbal, si toutes les formalités prescrites, à peine de déchéance, par l'art. 12 du titre 4 de la loi du 9 floréal an 7, ont été strictement remplies. S'il leur paraissait constant qu'elles n'eussent pas été toutes observées, ils poursuivraient un jugement de déchéance, avec demande de statuer sur le fond de l'affaire; et si le tribunal ne faisait pas droit, et qu'il ordonnât, au contraire, le renvoi devant le directeur du Juri, ils feraient notifier à l'instant à la partie un acte d'appel, devant le tribunal civil, ou devant le tribunal criminel, selon la compétence, de cette ordonnance de renvoi (Circ. du 23 juillet 1800).

MANIÈRE DE PROCÉDER EN CAS D'INSCRIPTION.

« Lorsqu'une contravention de douane est constatée par un procès-verbal, et portée devant un tribunal, si ce procès-verbal est argué de faux, le tribunal commence par examiner la valeur des imputations portant sur le fond de la contravention, et renvoie la dénonciation en faux devant le commissaire du gouvernement près le tribunal criminel; celui-ci fait ou fait faire des informations, et m'adresse ensuite les pièces de la procédure, et je vous les transmets pour que vous examiniez, conformément à l'arrêté du gouvernement du 29 thermidor dernier (1), s'il y a lieu ou non d'accorder l'autorisation, ou si le tribunal, devant lequel est porté le procès-verbal de contravention, reconnaît lui-même que la dénonciation en inscription de faux est illusoire, mal fondée, et ne porte point sur le corps ou sur le caractère du délit, ce tribunal prononce de suite sur la contravention, sans avoir égard aux moyens de faux argués par les contrevenans » (Lettre du ministre de la justice au directeur de l'administration, et Circ. du 29 octobre 1803).

OBSERVATIONS.

Les juges ne peuvent faire ni admettre aucune supposition contraire à la teneur d'un procès-verbal non argué de faux (Arrêt de C. du 5 août 1800).

Les moyens de faux ne sont point admissibles s'ils ne détruisent l'existence de la fraude (Circ. du 11 octobre 1803).

Le faux ne peut être reproduit en appel quand il a été écarté en première instance (Arrêt de C. du 7 juillet 1799).

Si l'innocence des préposés est reconnue, il est à regretter que les inscrivans ne soient pas punis, par la perte d'une somme qu'ils auraient consignée préalablement à l'inscription de faux, de l'action témérairement intentée par eux. Cet inconvénient est très-réel ; mais la loi ne prescrivant aucune consignation d'amende, on ne saurait l'exiger (Circ. du 25 juillet 1800).

Les étrangers sont tenus de consigner une somme ou de fournir caution (Voir plus haut, page 51).

DEVANT QUI DOIT ÊTRE FAITE L'INSCRIPTION.

L'inscription de faux, incident, doit être portée devant le juge saisi de la connaissance du fond de la contravention (Arrêt de C. du 5 décembre 1803).

En toutes matières, l'instruction sur le faux, incident, doit être suivie civilement devant le tribunal saisi de l'affaire principale (Idem).

L'inscription de faux caractérisant une prévention de faux principal, ne doit être jugée que par la cour criminelle spéciale (Arrêt de C. du 1er octobre 1807).

« S'il résulte, de la procédure, des indices de faux ou de falsification, et que les auteurs ou complices soient vivans, et la poursuite

(1) « Le directeur général des douanes pourra désormais autoriser la mise en jugement des préposés qui lui sont subordonnés » (Arrêté du 29 thermidor au 11).

du crime non éteinte par la prescription d'après les dispositions du code-pénal, le président délivrera mandat d'amener contre les prévenus, et remplira, à cet égard, les fonctions d'officier de police judiciaire » (Code de proc. civil, art. 239).

« Si la partie qui a argué de faux la pièce, soutient que celui qui l'a produite est l'auteur ou le complice du faux, ou s'il résulte de la procédure que l'auteur ou le complice du faux est vivant, et la poursuite du crime non éteinte par la prescription, l'accusation sera suivie criminellement. »

« Si le procès est engagé au civil, il sera sursis au jugement jusqu'à ce qu'il ait été prononcé sur le faux. »
S'il s'agit de crimes, délits ou contraventions, la cour ou le tribunal saisi est tenu de décider préalablement, et après avoir entendu l'officier chargé du ministère public, s'il y a lieu ou non à surseoir » (Art. 460 du Code d'inst. criminelle).

CHAPITRE SIXIÈME.

Droits d'enregistrement.

DROITS. **1.** *Tous les procès-verbaux*, de quelques autorités qu'ils émanent, sont sujets au droit fixe *de 2 francs* (Loi du 28 avril 1816, art. 43, sur l'enregistrement).

2. Le rapport qui constate la retenue des marchandises par des préposés des Douanes, en exécution de la loi du 4 floréal an 4 (*l'acte de préemption*), ne donne ouverture qu'au droit fixe de *deux francs* (Décision min. fin. du 4 septembre 1810).

3. Les procès-verbaux rapportés par les préposés des douanes pour constater *la destruction* opérée en leur présence *des marchandises ava-*

riées, ne sont assujettis qu'au droit fixe de 1 *franc* (Loi du 21 avril 1818, art. 56).

4. Si le procès-verbal de saisie et les cautionnemens y relatifs sont faits par deux actes séparés, il est dû un *droit fixe* pour chacun d'eux, quand même le second acte serait rédigé sous seing privé par les seules parties intéressées, et sans le concours des préposés.

Si le procès-verbal contient l'acte de cautionnement et constate en même temps la remise que la saisie, il donne ouverture aux *droits fixes* distincts pour chacune de ces propositions ; s'il ne contient qu'une offre de remise sous caution non acceptée, il n'est passible que *d'un seul droit* (Déc. min. fin. des 18 juin 1811 et 27 octobre 1812).

DÉLAIS. 5. On doit enregistrer dans les 4 *jours* les procès-verbaux de saisies dressés par les employés des douanes, et les cautionnemens qui s'y rapportent (Loi du 22 frimaire, an 7).

Les inventaires de tissus français et cotons filés qui sont dressés par les préposés des douanes sont enregistrables *gratis* dans les quinze jours de leur date (Loi du 11 avril 1818).

6. Dans les délais fixés pour l'enregistrement, le jour de la date de l'acte n'est point compté. Si le dernier jour du délai se trouve être un dimanche ou un jour de fête légal, ces jours-là ne sont point comptés non plus (Loi du 22 frimaire an 7, art. 25).

7. Pour l'affirmation les délais sont par heure et se comptent *de momento ad momentum*, et non *de die ad diem*, de manière qu'un procès-verbal dressé à 7 heures du matin doit, à peine de nullité, être affirmé le lendemain à la même heure au plus tard (Arrêt de C. du 5 janvier 1809. Sirey, tome 8, page 884, et tome 9, page 451).

JUGEMENS.

DROITS. 1. Tous les jugemens qui portent condamnation d'amende et confiscation en matière de douanes, ne sont sujets qu'au droit fixe de 1 *franc* (Solut. des 12 septembre et 30 novembre 1833).

Cependant, si le jugement portait condamnation de droits de douanes réclamés à un redevable, le *droit proportionnel* serait exigible (Déc. min. fin. du 24 juin 1830).

2. Le jugement qui fait *main-levée* d'une saisie opérée à la requête des douanes, n'est passible que du droit fixe *d'un franc* (Circ. du 12 juillet 1836, n° 1549).

3. L'art. 9, 1 et 4 de la loi du 9 floréal an **7** *dispense de l'en-registrement* les procès - verbaux de douanes lorsqu'il n'y a pas de bureau dans la commune du dépôt des marchandises, ni dans celle où est établi le tribunal chargé de prononcer. Cette exemption est absolue, et l'on ne peut *exiger le droit* d'enregistrement de ces procès-verbaux sur les jugemens rendus en conséquence (Déc. min. fin. du 1er septembre 1820).

4. Il n'est dû qu'*un seul droit* sur le jugement en matière de douane,

1° Qui renvoie plusieurs prévenus d'une même contravention, et qui condamne les autres ;

2° Sur celui qui porte la condamnation aux dépens, d'abord envers l'administration des douanes, et ensuite envers le ministère public.

Mais il existe deux dispositions indépendantes et *deux droits sont dûs* lorsque l'administration est condamnée aux dépens envers l'une des parties qu'elle avait appelée en cause, et qu'elle obtient elle-même une condamnation contre une partie reconnue pour être le véritable auteur de la contravention (Solut. du 30 Mars 1831).

DÉLAIS. Les jugemens doivent être enregistrés dans les *vingts jours* de leur date (Loi du 22 frimaire an 7, tit. 5, art. 20. Circulaire n° 240).

TRANSACTIONS.

DROITS. Les transactions faites au sujet d'amendes et de confiscation de marchandises, encourues pour contravention aux lois de douanes, sont, comme les jugemens de condamnation en cette matière, exemptes du droit proportionnel d'enregistrement (déc. mini. fin. du 6 avril 1833), c'est-à-dire que, comme les jugemens correctionnels, elles sont sujettes au droit fixe *de un franc* (Solut. des 12 septembre et 30 novembre 1833); car l'intention du législateur a été d'assimiler les transactions aux jugemens dont elles tiennent lieu (Circ. des 19 octobre 1832 et 19 avril 1833).

DÉLAIS. Les transactions, ainsi que les actes sous seing privé, n'ont pas de délai de rigueur pour l'enregistrement : cette formalité a seulement pour objet de donner à ces actes une date certaine.

CONTRAINTES.

DROITS. Toutes les fois qu'une contrainte est décernée pour recouvrement de droits dûs à l'Etat, s'il s'agit de droits non excédant 100 fr., la contrainte sera enregistrée *gratis*. Dans le cas contraire, il est dû *un franc* (Art. 6 de la loi du 16 juin 1824, combiné avec l'art. 68, § 1 , n° 30 de la loi du 22 frimaire an 7).

DÉLAIS. Les contraintes doivent être enregistrées dans les *4 jours* de leur date (Loi du 22 frimaire an 7, tit. 5, art. 20).

SIGNIFICATIONS ET CITATIONS.

DROITS. Il est dû *un franc* pour chacun de ces actes (Art. 20 et 68 de la loi du 22 frimaire an 7, et délib. du 25 octobre 1817). La citation donnée par le rapport n'est assujettie à aucun droit (Circ. n° 1425).

DÉLAIS. Les significations comme les citations doivent être enregistrées dans les quatre jours de leur date, à peine de nullité (Même loi).

VENTES.

DROITS. Le droit proportionnel des ventes se liquide sur le prix exprimé dans l'acte, et le capital des charges (Loi du 22 frimaire an 7, art. 14).

Ce droit se liquide sur les sommes que contient cumulativement le procès-verbal des séances à enregistrer dans le délai prescrit par la loi.

Il est de *deux pour cent* (Art. 69 de la loi du 22 frimaire an 7, § 5).

Quand on vend des marchandises avec la condition que les droits d'entrée seront prélevés sur le prix, les droits sont dûs sur le prix total payé par l'adjudicataire, sans déduction des droits de Douane (Délib. des 6 mars 1829 et 1er juin 1830).

DÉLAIS. Les procès-verbaux de vente sont enregistrables dans les quatre jours de leur date (Déc. min. fin. du 21 août 1810, et circ. du 8 janvier 1814).

REQUÊTE POUR ÊTRE AUTORISÉ A VENDRE.

DROITS. La requête n'est pas sujette à l'enregistrement : il n'y a que l'ordonnance qui en est la conséquence. Cette ordonnance est passible du droit fixe *d'un franc* (Art. 68 de la loi du 22 frimaire an 7). Mais l'ordonnance qui permet la vente des objets abandonnés est sans frais (Loi du 22 août 1791, tit. 9, art. 6. Circulaire, n° 1059).

DÉLAIS. L'ordonnance du juge doit être enregistrée *dans le jour* (Idem).

BAUX.

DROITS. Les baux passés par l'administration pour l'établissement de ses préposés sont enregistrables *gratis*. Ces baux, par la même raison, doivent être *visés pour timbre gratis* (Décision ministérielle fin. du 17 septembre 1823. Circ. manuscrite du 14 septembre 1833).

APPEL DES JUGEMENS.

DROITS. Il est dû *un franc* pour les appels des jugemens correctionnels, si l'appelant n'est pas emprisonné (Délib. du 25 octobre 1817).

Si l'appelant est emprisonné, l'acte d'appel sera visé pour timbre et enregistré *en débet* (Art. 74 de la loi du 25 mars 1817).

Si l'acte d'appel est fait par le ministère public, il sera enregistré en débet, sauf le recouvrement des droits, s'il y a lieu, contre la partie condamnée (Circ. de l'ord. de l'enreg^t n° 1704).

DÉLAIS. Le délai pour l'enregistrement est de *4 jours* (Loi du 22 frimaire, an 7, art. 20).

PRESTATIONS DE SERMENT.

DROITS. 1° La prestation de serment des préposés et autres agens inférieurs commissionnés par les directeurs dans les départemens et révocables par eux, est soumise *au droit fixe de trois francs* (Loi du 22 frimaire, an 7, et déc. min. fin. du 19 novembre 1818).

2° La prestation de serment des lieutenans, capitaines et tous autres préposés des Douanes, est sujette au droit fixe de 15 francs, comme celle des autres agens dont le traitement excède 500 francs (Decis. min. fin. du 9 mai 1817).

DÉLAIS. Ces prestations de serment doivent être enregistrées au greffe dans les cinq jours de leur date (Loi du 15 mai 1818).

CHAPITRE SEPTIÈME.

Des Prévenus.

Les prévenus doivent être arrêtés toutes les fois que les infractions qu'ils ont commises, emportent la peine d'emprisonnement.

Voici à peu près les cas qui donnent lieu à l'arrestation des prévenus :

1° *Les attroupemens et le pillage des bureaux.*

2° *La fabrication* { 1° Des armes de guerre et défendues ;
 2° Des cartes à jouer.

3° *La falsification* des expéditions de douanes.
4° *Le port* des armes défendues.
5° *La rébellion* et les voies de faits graves.
6° *La spoliation.*

7° *La vente illicite,*
- 1° des armes défendues;
- 2° des cartes à jouer;
- 3° des poudres et salpêtres;
- 4° des tabacs de la régie.

8° *La circulation,*
- 1° des cartes à jouer ;
- 2° des poudres et salpêtres ;
- 3° des tabacs de la régie.

9° *L'exportation,* 1° des armes de guerre; 2° des poudres et salpêtres.
10° *L'importation* des objets suivants:

Acides sulfuriques.
  » nitriques.
  » muriatiques.
  » nitro-muriatiques.
  » tartariques.
  » benzoïques.
Acier de toute espèce.
Agates ouvrées-chiques.
Alcalis-potasses.
Aloès.
Ambre gris.
Amidon.
Antimoine métallique.
Argent battu, tiré, laminé ou filé.
Argentan.
Armes de toutes sortes.
Baumes de Benjoin et de Copahu.
Baumes de storax naturel, sec, etc.
Bézoards (concrétions formées dans le corps des animaux).
Bijouterie d'or et d'argent.
Bimbeloterie (joujoux d'enfants).
Bismuth, battu et ouvré.
Bitumes solides-asphalte.
Bitumes solides-succin.
Bitumes fluides-Naphte.
Blanc de baleine.
Bleu de Prusse.
Bois d'ébénisterie,
- acajou.
- gaïac.
- ébène.
- buis.

Bois de teinture, moulus.
Bois odorans.
Bonbons.
Bougies de toute sorte.
Câbles en fer pour la marine.
Cacao.
Cachou, brut.
Café.
Camphre.
Cantharides.
Caoutchou (gomme élastique).
Caractères d'imprimerie.
Carbonates de plomb.
Carmin.
Cartes à jouer.
Cartes géographiques.
Carton moulé, en feuille ou coupé.
Cendres bleues ou vertes.
Champignons, morilles, etc. secs.
Chandelles.
Chicorée moulue.
Chocolat.
Cire non ouvrée blanche.
Cire ouvrée.
Civette.
Cloportes (insectes desséchés).
Colle de poisson.
Colle forte.
Confitures.
Corail brut, de pêche étrangère.

10

Cordages { de chanvre; filets neufs ou en état de servir.

Cornes de bétail préparées.

Couleurs sèches ou liquides.

Coutellerie.

Crayons composés.

Cristal de roche.

Cuivre pur { battu ou laminé; filé.

Cuivre allié de zinc { battu ou laminé; filé.

Cuivre doré.

Cuivre argenté.

Curcuna en racines et en poudre.

Dents d'éléphant. Défenses.

Eau-de-vie de grains, de gentiane, de pommes de terre, etc.

Ecailles de tortue.

Ecorces médicinales { de quinquina. A dénommer.

Encre à écrire ou à imprimer et à dessiner.

Epices préparées, moutarde.

Eponges fines et communes.

Etain battu ou laminé, ou ouvré.

Extraits de bois de teinture.

Fanons de baleine.

Fer { Fonte brute autrement qu'en masses, gueuses, ou masses de 25 kilos. au moins. Fonte moulée. Forgé en massiaux ou prismes. Etiré en barres. Platiné ou laminé. { Tôle. Fer-blanc. De tréfilerie, fil de fer. Ouvré, ouvrages en fer. Ferraille et mitraille.

Feuilles médicinales { de bétel et de girofle; de séné, entières. A dénommer.

Feutres, schakos garnis avec cuir, etc.

Feutres { à doublage, semelles, à filtrer, etc.

Filamens, coton, { en laine, non égrené, ouate.

Fils de chanvre ou de lin, { autres que ceux *dits* d'étoupes, et mèches d'étoupes *dites* lunement.

Fils de coton.

Fils de laine blanche et teinte.

Fils de poil de chèvre.

Fils { autres que ceux dits *poils de chien, de ploc, de vache,* etc.

Fleurs médicinales, { autres que celles de *lavande et d'oranger.*

Fruits à distiller, anis verts.

fruits de table { frais, noix de coco; secs pistaches. olives et picholines, confits { câpres, à l'eau-de-vie.

Fruits médicinaux { autres que la graine de moutarde (sénevé).

Fruits oléagineux, amandes.

Garance moulue ou en paille.

Gingembre et girofle.

Gommes pures, exotiques.

Graines d'amome.

Graisses de cheval, d'ours, dégras de peaux.

Graisse de poisson, de pêche étrangère.

Gravures et lithographies.

Herbes médicinales, autres que celles de *gui* et d'*absinthe.*

Horlogerie montée.

Houblon.

Huiles de toute sorte.

Huitres marinées.

Instrumens aratoires. Faulx et faucilles.

Indigo.

Indique.

Joncs et roseaux exotiques.
Joncs odorans.
Jus de réglisse.
Kermès en poudre.
Laines teintes, de toute sorte.
Laque, autre que naturelle.
Liége ouvré.
Limes et râpes.
Livres : en langue française, contrefaçons.
Macis.
Manne.
Marbre sculpté, moulé, poli.
Maurelle.
Médicamens composés.
Mélasse étrangère.
Mercerie.
Mercure ou vif argent.
Miel.
Musc : pur, vésicules pleines et vides, queues de rats musqués.
Muscades.
Musique gravée.
Nacre de perle : autre qu'en coquillages nacrés.
Nattes ou tresses de bois blanc, d'écorces, etc..
Nickel métallique, brut.
Noir : à soulier, animal, d'ivoire.
Opium.
Or battu, en feuilles, brut, filé et laminé.
Orfévrerie.
Orseille.
Os de cœur de cerf.
Outils de toute sorte.
Outremer.
Ouvrages en poil, autres que les tissus.
Ouvrages en bois : boîtes de bois blanc, sabots peints ou vernis.
Papier de toute sorte.
Parfumerie de toute sorte.
Pâtes d'Italie et autres granulées.
Pâte de pastel.
Peaux préparées ou ouvrées : autres que d'agneau et de chevreau en poil; parchemin et vélin, achevés de cygne, d'oie; cuir de veau odorant.
Pierres gemmes.
Piment.
Plaqués de tout genre.
Plomb : allié d'antimoine, en balles de calibre, battu ou laminé, ouvré, de toute sorte.
Plumes de toute sorte.
Poils de porc et de sanglier en bottes.
Poissons : d'eau douce, préparés; de mer, de pêche étrangère.
Poivre.
Poterie : de terre, faïence; de grès fin, porcelaine.
Poudre à tirer.
Produits chimiques non dénommés.
Prussiate de potasse.
Projectiles de guerre.
Racines médicinales, à l'exception de la racine de réglisse.
Rack, rhum et tafia.
Râpures d'ivoire.
Résines indigènes : térébenthine liquide, essence de térébenthine.
Résineux exotiques.
Sagou.
Salep.
Sang de bouc, desséché.
Savons de toutes sortes.
Scies de toutes sortes de longueur.
Sellerie en cuir et autre, à l'exception des bâts non garnis de cuir.
Sel de marais ou de salines.
Sels ammoniacaux, nitrates, muriate de potasse, sulfates, oxalate, tartrates, etc. etc., à l'exception de la sulfate de fer, de la lie de vin, du tartre brut, et du vert de gris humide.
Sirops de toute sorte.
Soies, écrues, teintes et bourre de soie en masse teinte, cardée ou filée.
Sorbet.
Sucre de toute espèce.

Sulfures de mercure.
Tabac.
Tabletterie.
Thé.
Tissus de toute sorte.
Truffes.
Vanille.
Tannerie en végétal pelé et coupé.
Vermeil.
Vernis de toute sorte.
Verres { petits miroirs; verres à lunettes taillés et polis;

et cristaux, { bouteilles vides; verrerie, — autre; vitrifications en masse, en grains percés, taillées; émail.

Vert de montagnes.
Viandes salées, *et extrait de viandes* en pains.
Voitures, à ressort, garnies, peintes.
Zinc : laminé, ouvré.

ARRESTATION PRÉVENTIVE.

Les prévenus ne doivent être arrêtés qu'autant que la loi prononce contre eux la peine d'emprisonnement.

Il suit delà que, dans tous les cas qui ne donnent lieu à aucune peine corporelle, l'arrestation préventive d'un individu ne peut avoir lieu, qu'il soit inconnu ou étranger.

Il est très-fâcheux de ne pouvoir être certain de punir d'une amende les auteurs de la fraude, mais il faut se tenir dans les termes de la loi, surtout en ce qui touche à la liberté individuelle. C'est aux chefs locaux, après qu'ils ont obtenu un jugement de condamnation, à faire surveiller les démarches des condamnés étrangers, afin de les arrêter s'ils reparaissaient sur notre territoire (Paris, 16 novembre 1851 et 24 septembre 1836).

ARRESTATION ARBITRAIRE.

L'arrestation arbitraire ou illégale d'un prévenu entrainerait, à son bénéfice, des dommages intérêts.

Mais quand l'arrestation est la suite d'une saisie faite selon le vœu de la loi, ce n'est plus une arrestation arbitraire, et elle ne saurait recevoir ce caractère de la nullité commise dans la forme du rapport qui constate cette même saisie. Dès lors, il n'en peut résulter aucun droit à une indemnité au profit de l'individu arrêté (Arrêt de C. du 30 août 1822, et circ. du 3 octobre 1822, n° 756).

PRÉVENU ARRÊTÉ.

Si les préposés peuvent arrêter immédiatement les contrevenans, ils ne peuvent les constituer eux-mêmes prisonniers.

Ils doivent donc, aussitôt leur arrestation, les conduire devant le procureur du roi, et lui remettre une copie de leur rapport, dont l'original lui sera ensuite transmis avec des observations sur les circonstances de la saisie.

Lorsque l'arrestation aura lieu dans un endroit éloigné, les employés devront conduire les prévenus devant le juge de paix, ou l'officier de gendarmerie le plus voisin, et ils remettront en même tems à ce juge ou officier de gendarmerie, une copie de leur rapport, en l'invitant à donner, au bas de l'original, une reconnaissance de la remise qui lui aura été faite, tant des prévenus que de la copie de ce rapport (Cir. des 16 janvier et 18 juillet 1811 et 1er mai 1816).

PRIMES D'ARRESTATION.

TISSUS ET AUTRES OBJETS. S'il y a plus de *dix mètres* de tissus, ou plus de *cinq kilogs.* d'autres marchandises, il sera alloué une prime de 5 *francs* pour arrestation du porteur.

S'il y a deux porteurs, il sera payé *dix francs* pour l'arrestation de chacun d'eux.

Si la fraude est faite par une réunion de trois fraudeurs à pied, jusqu'à six inclusivement, il sera payé 15 *francs* par chaque fraudeur arrêté.

Enfin, il sera payé 30 *francs* par individu arrêté, lorsque la bande attaquée sera composée de trois fraudeurs à cheval et plus, ou de plus de six fraudeurs à pied (Circ. du 23 juillet 1816).

Quand la prime de la régie est due à raison des tabacs qui se trouvent parmi les marchandises saisies, celle des douanes n'est jamais payée (Circ. du 8 mars 1819, n° 473).

TABACS. 1. « Les préposés ou tous autres individus qui arrêteront ou concourront à arrêter des colporteurs ou vendeurs de tabac de fraude, recevront une prime de *quinze francs* par chaque personne arrêtée, quel que soit le nombre des saisissans. »

« Cette prime ne sera acquittée qu'autant que les contrevenans auront été constitués prisonniers, ou qu'amenés devant le directeur des contributions indirectes, ils auront fourni caution, ou auront été admis à transaction » (Ord. du 31 décembre 1817, art. 1er).

2. Pour les tabacs saisis à domicile, la prime n'est pas due (Lettre du direct. des cont. ind. du 13 avril 1816. Lille, t. 8, p. 457).

3. Cette prime de 15 fr. est acquise :
1° Pour chaque individu arrêté portant 50 décag. ou plus de tabac;
2° même pour une quantité inférieure à 50 décag. quand il y a eu précédemment *tentative répétée* de plusieurs introductions dans un court intervalle de tems (Circ. du 12 avril 1857, n° 1618).

4. Elle est également due :
1° Quand les contrevenans ont été constitués prisonniers ;
2° quand ils ont été admis à transiger avant d'avoir été écroués ;
3° quand, arrêtés d'abord et conduits au bureau, ils se sont évadés, et ont été, plus tard, repris et écroués (Ord. du 31 dé-

cembre 1817, § 2, art. 1er. Paris, 9 mars 1838, et Besançon, 15 mars 1838).

POUDRES A FEU. « Les préposés . . . . . qui . . . . . arrêteront ou concourront à faire arrêter des contrevenans en matière de poudres à feu, recevront quel que soit le nombre des saisissans, une prime de 15 francs par chaque individu arrêté » (Ordon. du 17 novembre 1819, art. 1er).

« La prime accordée par l'article précédent sera toujours partagée par tête, sans exception de grades, et sans que, sur son montant, il puisse être fait déduction d'aucun frais » (Idem, art. 2).

ÉVASION DES PRÉVENUS.

Le défaut d'arrestation des contrebandiers ou les facilités qui leur sont données pour l'évasion, sont des violations de la loi qui a formellement prescrit l'emprisonnement, et comme voie de répression, et pour assurer le paiement des amendes.

Ainsi, les préposés qui ne saisissent pas des fraudeurs lorsque là possibilité en existe, ou qui, après l'arrestation, les laissent évader, sont présumés avoir cédé à des moyens de corruption, et encourent la destitution (Circ. du 20 mars 1812).

PRÉVENTION DE FRAUDE.

1. Lorsqu'un seul des saisissans a reconnu les conducteurs d'un objet de fraude, on ne peut, sur la foi de sa déclaration, condamner les prévenus (Arrêt de Cas. du 4 juillet 1812).

2. L'ordonnance de non-lieu sur une prévention *de contrebande avec rébellion et attroupement*, ne forme point obstacle à la poursuite correctionnelle sur le fait de contrebande simple (Arrêt de Cas. du 8 décembre 1838).

INTENTION DE FRAUDE.

1. Les juges ne peuvent excuser les prévenus sur l'intention (Loi du 9 floréal an 7, tit. 4, art. 16).

2. Si la douane consent à ce que le prévenu prouve par témoins qu'il n'y a pas eu intention de fraude de sa part, elle ne peut plus contester la validité du jugement qui intervient par suite de cette preuve testimoniale (Arrêt de C. du 28 mars 1803).

PREUVE TESTIMONIALE.

1. Les procès-verbaux revêtus de toutes les formalités prescrites par le titre 4 de la loi du 9 floréal an 7, font foi jusqu'à inscription de faux,

de tous les faits qu'ils constatent, et nul témoignage ne peut être admis contre leur contenu.

Cette règle s'applique aux affaires civiles et correctionnelles (Circ. du 15 mars 1839, n° 1748, page 5).

2. Le juge de paix ne peut admettre cette preuve contre les rapports qui constatent un trouble ou opposition aux fonctions des préposés (Arr. de C. du 15 avril 1835).

3. La preuve testimoniale est inadmissible pour le refus de certificats de décharge, ainsi que pour les retards fortuits en matière d'acquits-à-caution (Loi du 22 août 1791, tit. 5, art. 6 et 8).

4. Il est contraire aux lois et réglemens sur les douanes, d'appeler en témoignage les préposés sur les contraventions qu'ils ont constatées par des procès-verbaux, attendu que ces procès-verbaux font foi jusqu'à inscription de faux pour les faits qui constituent la contravention (Circ. du 24 janvier 1812).

Cependant ils peuvent être cités quand il y a inscription de faux, ou lorsqu'il n'y a absolument aucun moyen d'obtenir les éclaircissemens dont les tribunaux auraient besoin (Circ. des 24 janvier et 3 avril 1812).

PREUVE DE NON CONTRAVENTION.

1. « Dans toute action sur une saisie, les preuves de non-contravention sont à la charge du saisi » (Loi du 4 germinal an 2, tit. 6, art. 7 et arrêt de C. du 1er février 1811).

2. Le prévenu ne peut échapper à la condamnation qu'en fournissant cette preuve, qui ne peut résulter de présomptions non autorisées par la loi (Arrêt de C. du 5 janvier 1810).

3. Les prévenus ne peuvent, sans l'inscription de faux, être admis à prouver par témoins que des préposés des douanes en ont imposé dans un procès-verbal de saisie (Arrêt de C. du 15 frimaire an 13).

PREUVE CONTRAIRE.

Cette preuve peut être admise sans qu'il soit besoin de recourir à l'inscription de faux, quand un seul des verbalisans énonce qu'il a reconnu le délinquant (Arrêt de C. du 4 juillet 1812).

DÉCÈS DES PRÉVENUS.

1. Le décès d'un prévenu fait cesser l'action publique, et, par conséquent, la compétence correctionnelle (Arrêt de C. des 27 juin 1800 et 1er mai 1802).

Cependant si le jugement correctionnel a été rendu avant le décès le tribunal criminel ne peut se déclarer incompétent pour connaître de l'appel (Arrêt de C. du 1er mai 1802).

2. Le décès pendant l'instance ne doit pas empêcher les juges de prononcer, contre les héritiers, la confiscation des objets saisis (Arr. de cas. du 29 mai 1801).

MILITAIRES.

Quand les militaires sont prévenus d'infractions aux lois de douanes, ils sont, dans tous les cas, justiciables des tribunaux ordinaires (Arrêt de C. du 19 septembre 1829).

SOLIDARITÉ.

1. DES CONDAMNÉS. « Les condamnations contre plusieurs personnes, pour un même fait de fraude, seront solidaires, tant pour la restitution du prix des marchandises confisquées, dont la remise provisoire aurait été faite, que pour l'amende et les dépens » (Loi du 22 août 1791, tit. 12, art. 5).

« Tous les condamnés sur une saisie, sont solidaires pour la confiscation et l'amende » (Loi du 4 germinal an 2, tit. 6, art. 22),

L'article 41 de la loi du 28 avril 1816 prononce aussi cette même solidarité.

2. DES ASSUREURS. « Ceux qui. . . . . . seraient jugés coupables d'avoir participé comme assureurs, comme ayant fait assurer, ou comme intéressés, d'une manière quelconque, à un fait de contrebande, deviendront solidaires de l'amende, et passibles de l'emprisonnement prononcé » (Loi du 28 avril 1816, art. 55, confirmé par l'art. 57 de la loi du 21 avril 1818 et par l'arrêt de C. du 22 octobre 1825. Circ. n° 761 et 954).

5. La solidarité n'existe plus du moment que l'amende est individuelle (Circ. du 17 avril 1815).

ASSUREURS, AGENS DE FRAUDE.

I. « *Le procureur du roi* sera tenu de faire d'office toutes les poursuites nécessaires pour découvrir les entrepreneurs, assureurs, et généralement tous les intéressés à la contrebande » (Loi du 28 avril 1816, art. 52).

Les individus qui servent d'espions ou d'éclaireurs aux contrebandiers sont, comme ceux-ci, passibles de peines que la loi prononce contre les introducteurs, même lorsqu'ils ne porteraient personnellement aucune charge de fraude (Jugements des trib. corr. de Vervins, du 13 mars 1839, et de Lille, du 20 juin 1838).

La complicité dans les faits de contrebande de compétence correctionnelle entraine, contre les personnes qui en sont déclarées coupables, l'application de toutes les peines portées par la loi contre les délinquants directs, soit que ceux-ci soient signalés et condamnés, soit qu'ils soient demeurés inconnus (Arrêt de la cour de Pau , du 3 juin 1839).

2. Pour faciliter la recherche et la découverte des entrepreneurs, directeurs, intéressés et complices de la fraude, il faut faire d'exactes perquisitions sur la personne des conducteurs des marchandises de contrebande, saisir tous les papiers, effets et autres objets qui pourraient favoriser la découverte des coupables, et en faire un ou plusieurs paquets sur lesquels les saisissans apposeront leur cachet. Les prévenus seront sommés d'y apposer les leurs ou leur paraphe, et, en cas de refus, il en sera fait mention dans le rapport auquel les papiers, ainsi saisis, seront annexés (Circ. du 22 mai 1811).

3. Lorsqu'une saisie de ces papiers aura lieu à domicile, ils seront scellés du cachet des saisissans et de celui du maire ou du juge de paix présent à cette opération, et déposés immédiatement, par les soins du receveur principal, au parquet du procureur du roi.

Ensuite, le receveur principal demandera à ce magistrat communication de ces pièces pour en faire le dépouillement, et adressera à la direction copie de celles qui présentent de l'importance, et une simple analyse de celles qui n'en offrent point, à l'appui du procès-verbal d'enquête dont parle la lettre de l'administration en date du 31 décembre 1856 (Bes., 5 mars 1838).

MISE EN CAUSE DES PROPRIÉTAIRES.

« La confiscation des marchandises saisies pourra être poursuivie et prononcée contre les préposés à leur conduite, sans que la régie soit tenue de mettre en cause les propriétaires, quand même ils lui seraient indiqués, sauf, si les dits propriétaires intervenaient ou étoient appelés par ceux sur lesquels les saisies auraient été faites, à être statué, ainsi que de droit, sur leurs interventions et réclamations » (Loi du 22 août 1791, tit. 12, art. Ier).

INTERVENTION , RÉVENDICATION.

I. Le propriétaire d'objets saisis ne peut intervenir en justice que pour établir ou défendre ses droits contre ceux sur qui la saisie a été faite (Arrêt de C. du 6 septembre 1834).

2. Les propriétaires d'objets saisis ne peuvent intervenir en justice pour les revendiquer, alors même que le rapport aurait été rédigé contre inconnus (Arrêts de C. des 28 décembre 1855 et 7 août 1857).

3. L'intervention en justice des propriétaires des objets saisis ne saurait porter préjudice au mérite de la saisie, ni soustraire ces mêmes marchandises à la confiscation (Arrêt de C. du 23 juin 1856).

4. Les verbalisans ne sont pas tenus de remplir, envers le propriétaire intervenant, les formalités prescrites par la loi à peine de nullité (Arrêt de C. du 29 décembre 1838).

RESPONSABILITÉ.

DES AUBERGISTES ET DÉTENTEURS.

La responsabilité des aubergistes et détenteurs est absolue. Ces détenteurs, à quelque titre que ce soit, sont passibles de toutes les condamnations, comme les véritables propriétaires (Arrêts de C. des 6 août 1812, 28 juillet et 8 décembre 1820, 8 février 1821, 6 mars 1824 et 15 novembre 1833).

DES COMMUNES.

Chaque commune est responsable des délits commis à force ouverte, ou par violences, sur son territoire, par des attroupemens ou rassemblemens armés ou non armés, soit envers les personnes, soit contre les propriétés nationales ou privées, ainsi que des dommages-intérêts auxquels ces délits donneront lieu (Loi du 10 vendémiaire an 4, art. 1er, et arrêtés des 8 nivose an 6, et 4e jour complémentaire an 11 , art. 13 et suivans).

DES PROPRIÉTAIRES.

« Les propriétaires des marchandises seront responsables civilement du fait de leurs facteurs, agens, serviteurs et domestiques , en ce qui concerne les droits, confiscations , amendes et dépens » (Loi du 22 août 1791, tit. 13, art. 20).

DES ENTREPRENEURS DE VOITURES PUBLIQUES.

« . . . . En cas de contravention ou de fraude, la confiscation des marchandises sera prononcée contre les conducteurs ainsi que l'amende dont les propriétaires, fermiers, ou régisseurs, seront responsables. . . . . . (Loi du 22 août 1791, tit. 2, art. 29).

« Les fermiers ou régisseurs intéressés seront solidaires avec le conducteur pour l'amende de 500 francs » (Loi du 4 germinal an 2, tit. 5, art. 8, et arrêt de C. du 19 novembre 1833).

« Les maîtres de postes, les entrepreneurs de voitures libres et messageries, sont personnellement responsables des contraventions de leurs postillons, conducteurs, porteurs et courriers, sauf leur recours » (Arrêté du 27 prairial an 9 , art. 9).

DES MAÎTRES ET COMMETTANS.

» Les maîtres et commettans sont responsables du dommage causé par leurs domestiques et préposés dans les fonctions auxquelles ils les ont employés » (Code civil, art. 1384, § 5, et arrêt de C. du 22 avril 1820. Circ. n° 569).

DES PÈRES ET MÈRES.

« Le père et la mère, après le décès du mari, sont responsables du dommage causé par leurs enfans mineurs habitant avec eux (Code civil, art. 1384 , § 2, et arrêt de C. du 22 avril 1820. Circulaire, n° 569).

MANIÈRE D'ASSIGNER DES PARENS

CIVILEMENT RESPONSABLES DE LEURS ENFANS MINEURS HABITANT AVEC EUX.

On donne, par le rapport, citation au prévenu à comparaître, dans les 24 heures, devant le juge de paix. Puis, au jour de la comparution, si le même prévenu fait défaut, on prend jugement : en même tems, on assigne. dans le délai du code de procédure civile, article 5, le père responsable , et l'on obtient contre lui un second jugement.

Si, au contraire, le prévenu comparait, on fait contradictoirement remettre la cause au jour indiqué par la citation donnée au père, et, ce jour-là, on sollicite un jugement qui statue contre toutes les parties (Paris, 18 juillet 1822).

Dans les affaires correctionnelles, on se bornera à réserver les droits de l'administration (Pontarlier, 27 août 1834).

AMENDES.

1. L'amende n'est pas une peine proprement dite ; elle doit être considérée comme une réparation civile pour laquelle l'administration a une action personnelle et directe : autrement la dite administration serait sans qualité pour en requérir la condamnation et se plaindre qu'elle n'eût pas été prononcée (Arrêt de C. du 8 octobre 1812. Lille : tom. 12, page 515).

2. Les amendes et condamnations pécuniaires sont passibles d'un décime par franc (Loi du 6 prairial an 7, art. Ier).

3. Le cumul des amendes est permis dans toutes les affaires non réglées par le code pénal (Arrêts des cours de Douai, du 15 avril 1837 ; Metz, 6 septembre 1837, et Besançon, 18 janvier 1837).

4. Les amendes que d'anciennes lois ont édictées en *livres* doivent être prononcées en *francs* sans aucune réduction (Arrêt de la cour de Douai, du 29 septembre 1837).

5. L'amende prononcée pour injures, trouble, ou opposition à l'exercice des préposés est individuelle (Circ. du 31 décembre 1819. Lille, t. 12, p. 250).

6. Si l'amende doit être établie d'après la valeur de la marchandise, cette valeur doit être déterminée de gré à gré, ou par experts. Voir les mots : *Estimation des objets saisis et Causes.*

ARMES QUI CONSTITUENT

LA CONTREBANDE ARMÉE.

1. Ces armes sont des fusils, pistolets, et autres armes à feu, sabres, épées, poignards, massues, et généralement tous instrumens tranchans, perçans, ou contondans (Loi du 15 floréal an 11, art. 3).

Les bâtons à massue sont des instrumens contondans assimilés aux armes (Arrêts de C. des 5 mai 1804 et 3 octobre 1817).

2. Ne sont réputés armes, ni les cannes ordinaires sans dards ni ferremens, ni les couteaux fermans, et servant habituellement aux usages ordinaires de la vie (Loi du 15 floréal an 11, article 3, § 2).

Deuxième partie.

Régime
de quelques marchandises
soumises
à
des lois spéciales.

Chapitre premier.

DES COMPTES OUVERTS.

§ 1er.

MARCHANDISES PROHIBÉES OU PAYANT 20 FRANCS LES 100 KILOGS.

« Il sera ouvert, dans tous les bureaux des douanes des communes au-dessous de deux mille habitans, situées dans les deux kilomètres et demi des frontières de terre, des registres où chaque marchand sera tenu de faire inscrire les étoffes de laine, velours, piqués, basins, mousseline, bonneterie, rubannerie, quincaillerie, mercerie, et autres objets de la nature de ceux prohibés ou qui sont assujettis à un droit de 20 francs du quintal ou de dix pour o/o de la valeur . . . . . » (Arrêté du 22 thermidor an 10, art. 1er) (1).

(1) Toutes les frontières de terre sont soumises aux dispositions de cet arrêté (Ord. du 27 juin 1814, art. 7).

« La même inscription aura lieu pour les marchandises que les marchands tireront de l'intérieur ou de l'étranger; mais elle ne sera reçue qu'autant que le déclarant déposera les acquits de paiement des droits d'entrée, ou les expéditions d'un bureau de douane, justificatives de leur extraction de l'intérieur, pour servir de preuve et de contrôle à sa déclaration....... »

« S'il n'y a pas de bureau de douane dans la commune où les marchandises seront déposées, l'inscription et la représentation des acquits ou passavans seront faites au plus prochain bureau. »

« Les inspecteurs, contrôleurs et autres préposés délégués par les directeurs, procèderont à la vérification » (Même arrêté, art. 2).

« Il ne sera accordé de passavant et expédition pour l'enlèvement des marchandises dans les communes de deux kilom. et demi de la frontière, que pour les espèces et quantités à l'égard desquelles les dispositions prescrites par les articles précédens auront été remplies : tout excédant ou autres objets seront censés introduits en fraude » (Idem, art. 3).

Toutes marchandises, *emballées ou non*, trouvées en excédant au compte ouvert, sont saisissables en vertu des lois générales de douanes (Arrêt de C. du 14 juin 1859. Circ. n° 1760, du 20 juillet 1859).

« Des ordonnances du Roi. . . . . pourront. . . . . déterminer, suivant la population des communes comprises dans le rayon des frontières, celles où il sera permis de recevoir en magasin et de réexpédier, pour le commerce en gros ou en détail, les marchandises *prohibées à l'entrée et dont l'admission est réservée à certains bureaux*, en soumettant à la vérification des préposés des douanes, les magasins où seront reçues lesdites marchandises et les pièces justificatives de leur extraction légale, soit de l'étranger, soit de l'intérieur » (Loi du 28 avril 1816, art. 37, § 2).

Les ordonnances dont il est parlé ci-dessus n'ayant pas encore été rendues, les règles précédemment établies, en tant qu'elles ont pour objet de désigner les communes où les dépôts sont interdits, doivent continuer de recevoir leur exécution (Arrêt de Cassation, du 14 juin 1839).

§ 2ᵉ.

1° DES BESTIAUX.

1. « Les détenteurs de bœufs et vaches, habitant les deux kilomètres et demi en deça des bureaux et brigades formant la première ligne des douanes, ou ceux établis sur certains points, entre cette ligne et l'étranger, devront..... faire, au bureau le plus voisin de leur domicile, la déclaration du nombre, de l'espèce et de la qualité des pièces qu'ils ont à l'étable.

« Cette déclaration formera la base d'un compte-ouvert qui sera tenu au courant..... et contrôlé, tous les six mois au moins, par des recensemens des agens des douanes.

« Les augmentations provenant de reproductions sur place, seront déclarées, dans la quinzaine, pour être inscrites audit compte-ouvert » (Ord. du 28 juillet 1822, art. 3).

« ..... Les différences en moins qui pourront se trouver entre le compte-ouvert des déclarants et l'effectif reconnu lors des recensemens, ne donneront lieu à aucune poursuite.....

« Les différences en plus entraîneront le paiement du double droit d'entrée, à moins qu'elles ne proviennent de reproductions sur place survenues dans la quinzaine qui aura précédé le recensement » (Idem, art. 4).

Le rapport constatant l'excédant doit être rédigé immédiatement; mais il n'est pas absolument indispensable qu'il le soit à domicile, parcequ'il ne s'agit pas d'une saisie, mais seulement du paiement d'un double droit. Le bétail n'est pas déplacé et sa description n'est pas nécessaire (Paris, 5 septembre 1851).

Si le détenteur se soumet à payer volontairement le double droit, un procès-verbal n'est pas nécessaire ; il suffit de rédiger un simple acte de soumission. Voir le mot : *Saisies*, n° 2.

2. CIRCULATION. « Il ne sera délivré d'expédition pour enlever les bœufs et vaches des lieux situés à moins de deux kilomètres et demi de la première ligne des douanes, que sous la condition de l'exécution préalable des dispositions de l'art. 3 » (Ord. du 28 juillet 1822, Art. 2).

« Le transport des bœufs ou vaches qui partiront du rayon des deux kilomètres et demi en deça de la première ligne des douanes, ou des portions de territoire situées entre cette ligne et l'Étranger,... et de ceux qui devront arriver de l'intérieur dans les mêmes rayons et portions de territoire, ne pourra l'effectuer que par acquits-à-caution, lesquels seront dispensés de timbre et de tous droits.

« Les acquits-à-caution seront levés au bureau des douanes le plus voisin de première ligne, si le bétail doit être conduit vers l'intérieur, et au bureau le plus voisin de seconde ligne, lorsque le bétail devra venir dans le rayon ou portions de territoire ci-dessus désignés.

« Ils contiendront l'indication exacte du délai accordé pour le transport, du chemin à suivre, et l'obligation du visa dans tous les bureaux ou postes de Douanes de la route » (Idem, art. 7).

L'infraction à cette disposition, c'est-à-dire la circulation non-autorisée, entraine, outre la confiscation, l'amende de cent francs, lors-même que les bestiaux feront route vers la frontière (Jugem[t] du trib. de Rocroi du 17 mai 1837).

Les dispositions de l'ordonnance du 28 juillet 1822, en ce qui concerne la fraude sur les bestiaux, sont obligatoires pour les tribunaux (Arrêt de C. du 12 août 1835).

3. IMPORTATION. L'importation flagrante des bestiaux entraine leur confiscation avec amende de 200 francs, conformément aux lois.

4. EXPORTATION. Leur exportation est aussi punie d'après les lois générales.

3. Pour la vente des bestiaux saisis, voir le mot : *Vente.*

2° DES CHEVAUX.

1. Les chevaux en laisse ne sont pas compris dans l'expression générique *bestiaux*, et sont considérés comme marchandises (Arrêt de C. du 17 juin 1806).

Les chevaux, non actuellement employés à l'agriculture, sont marchandises (Trib. de Pontarlier du 29 novembre 1855).

Les chevaux autres que ceux servant à l'exploitation des terres, ne sont pas compris sous la dénomination générale de *bestiaux*, et il appartient aux tribunaux de juger en fait si un cheval saisi est ou non dans l'exception, et si cette exception peut entraîner l'affranchissement des formalités de Douanes (Arrêt de C. du 18 juin 1839).

2. Tous cheval, mule, mulet, etc. existant dans la zône et non soumissionnés, sont saisissables, attelés ou non (Arrêtés des 25 Messidor, an 6, et 1ᵉʳ frimaire, an 7).

3. Il n'y a jamais lieu de permettre le passage en France ou à l'Etranger, si ce n'est en payant les droits, des animaux en laisse, ni de ceux qui, n'étant pas en laisse, seraient destinés à la vente (Circ. n° 974).

4. Pour la vente des chevaux , voir le mot : *Vente.*

5. On doit délivrer des passavans pour la circulation des chevaux en laisse ou montés (Besançon, 16 octobre 1855).

CIRCULATION. La circulation des chevaux en laisse, ou avec attelage et harnais simulés, est passible de l'amende de 100 fr., et entraîne la confiscation, conformément à la loi (Jugements de Pontarlier des 29 et 50 novembre 1855).

6. IMPORTATION. L'importation des chevaux entraine leur confiscation avec amende de 200 francs.
On peut considérer comme importation les saisies qui sont faites dans le rayon, lorsque le fait de cette importation peut être matériellement démontré (Jugement du tribunal de Rocroi du 22 février 1857).

8. EXPORTATION. Elle est soumise aux lois générales.

3° DES PACAGES.

1. PACAGES DANS LA ZONE EXTÉRIEURE. « Ceux qui voudront faire paître des bestiaux, mules, mulets, chevaux et jumens, au-delà des bureaux des douanes placés du côté de l'Etranger, seront tenus de prendre dans ces bureaux des acquits-à-caution portant soumission d'y représenter les dits bestiaux au retour du pacage » (Arrêté du 25 messidor, an 6, art. 2, et réglemens du 15 juillet 1825, art. 6).

2. PACAGES INTERNATIONAUX. « Sont aussi sujets à l'acquit-à-caution les troupeaux envoyés de France aux pacages de l'Etranger, ou venant de l'Etranger aux pacages de France, et généralement tous bestiaux qui ont à traverser la zône extérieure » (Réglement du 15 juillet 1825, art. 7).

« Le pacage du bétail de toute espèce, d'un côté à l'autre de la frontière, ne pourra avoir lieu qu'à la condition de réimporter ou de réexporter les mêmes troupeaux en nombre et en espèce, sans addition des jeunes bêtes mises bas pendant le pacage, lesquelles seront assujetties aux tarifs et réglemens en vigueur, pour l'importation ou l'exportation, si on la réclame.

« Les pertes, pendant le pacage, sont aux risques des soumissionnaires.

« Toutefois, il pourra être fait exception aux dispositions ci-dessus, en ce qui concerne le droit de sortie, et l'admission du croît des troupeaux durant le pacage à l'Etranger » (Loi du 2 juillet 1836, art. 22).

3. ENLÈVEMENT DU BÉTAIL. La déclaration d'enlèvement du bétail doit précéder sa mise en circulation (Circ. n° 928.).

PERTE DES BESTIAUX. 1⁰ Le directeur de Besançon, consulté par le receveur principal des Rousses sur le sort d'une vache *entrée en France et réexportée sans vie*, répond le 16 mai 1837 :

« J'ai déjà été dans le cas de soumettre une semblable question à l'administration qui m'a répondu, sous la date du 5 décembre 1836, que le système créé par l'ordonnance du 8 juillet 1834 et sanctionné par la loi du 2 juillet 1836, relativement aux pertes éprouvées pendant la durée des pacages internationaux. ne peut avoir d'efficacité qu'autant qu'il sera appliqué d'une manière absolue et sans aucune exception. »

2⁰ Les particuliers qui se seront soumis à représenter à un bureau de douane des mules, mulets, vaches, et autres bestiaux *envoyés au pacage hors de la ligne des frontières*, seront tenus, en cas de mort des dits bestiaux, d'en faire immédiatement la déclaration au bureau où l'acquit-à-caution aura été délivré, afin que les préposés des douanes puissent se transporter sur les lieux à l'effet de vérifier la dite déclaration. Ils ne pourront être déchargés de leur soumission que sur le certificat des dits préposés que leur déclaration était exacte (Arrêté du 1ᵉʳ brumaire an 7).

PÉNALITÉS.

1. PACAGE DES TROUPEAUX INDIGÈNES DANS LA ZONE.

1⁰ S'il y a excédant au nombre déclaré pour obtenir l'acquit-à-caution , il y a lieu à la confiscation avec amende de 100 francs , en vertu de la combinaison des art. 18, tit. 2, et 13, tit. 3 de la loi du 22 août 1791.

2⁰ S'il y a excédant de bestiaux, la peine encourue est le double droit, si le bétail est taxé, et l'amende de 500 fr. s'il est prohibé (Idem, art. 9, tit. 3).

3⁰ S'il y a déficit, le double droit est encouru si les bestiaux sont taxés, et, s'ils sont prohibés, il y a lieu au paiement de la valeur et à l'amende de 500 fr. (Loi du 22 août 1791, tit. 3, art. 12 et 13).

4⁰ S'il y a substitution lors de la vérification faite, ou dans un bureau de passage, ou pendant la durée du pacage, ou au bureau de décharge, il y a lieu aux mêmes peines que pour le déficit (Même loi, tit. 3, art. 9, 12 et 13).

2. PACAGE DES TROUPEAUX ÉTRANGERS EN FRANCE.

L'excédant reconnu à l'entrée, ou le déficit constaté à la sortie, constitue une importation frauduleuse, et doit être poursuivi à ce titre.

5° PACAGE DES TROUPEAUX INDIGÈNES A L'ÉTRANGER.

1° EXCÉDANT de bestiaux ; il sera traité comme importation frauduleuse.

2° DÉFICIT ; il sera puni selon l'article 18 du titre 2 de la loi du 22 août 1791, combiné avec l'art. 15 du titre 3 de la même loi.

3° SUBSTITUTION de pièces de bétail ; elle entraînera à la fois les condamnations encourues par l'excédant et le déficit.
(Réglement du 15 juillet 1825, n° 928).

§ 3me.

DES FROMAGES.

1. « La circulation des fromages de pâte dure sera assujettie à la formalité du passavant, suivant les art. 15 et 16 du titre III de la loi du 22 août 1791, dans la partie du rayon frontière qui s'étend sur les départements du Doubs, du Jura et de l'arrondissement de Nantua, département de l'Ain » (Ordonnance du 9 janvier 1818, art. 1er).

Art. 2. « Les passavans nécessaires pour mettre en circulation les fromages provenant de chalets français situés entre la ligne de démarcation de la frontière et les premiers bureaux des douanes dans les mêmes localités, ne seront accordés que sur la déclaration du propriétaire du principal gérant de chaque chalet, qui justifiera, par les expéditions requises pour le pacage des bestiaux, du nombre de vaches qu'il entretient dans cet établissement, et fera connaître la quantité de fromages de pâte dure qu'il se propose d'expédier dans le courant de l'année. »

Art. 3. « Cette déclaration, dont le maire de la commune certifiera l'exactitude, sera soumise à l'approbation du sous-préfet de l'arrondissement, qui réglera la quantité de fromages à expédier, après avoir pris l'avis du receveur de la douane où les passavans de circulation devront être délivrés. »

Art. 4. « En cas de contestation sur la quantité de fromages accordée par le sous-préfet, elle sera définitivement fixée par le préfet du département, qui prendra préalablement l'avis du directeur des Douanes. »

2. On ne doit délivrer aucun passavant, pour la confiscation des fromages avant que le crédit soit réglé par arrêt du sous-préfet (Paris, 28 mars 1831).

3. Les fromages provenant du lait des troupeaux français qui pacagent à l'Etranger, peuvent être affranchis des droits d'entrée. (Loi du 5 juillet 1836, section 1re).

4. Le lait des vaches suisses paissant sur Suisse, peut être versé dans les fromageries françaises, mais à charge de réexporter les fromages ou d'en payer les droits d'entrée.

5. Si le crédit alloué était épuisé et que, néanmoins, le gérant persistât à expédier ses fromages, il doit payer, et non consigner, les droits sur la quantité excédant le crédit.

Chapitre deuxième.

DES LIVRES.

1. Les livres de toutes sortes, importés par contrebande ou en fraude, sont saisissables d'après les lois générales de douanes.

Le dépôt des livres saisis restera, en toute hypothèse, à la garde du receveur, et la saisie suivra son cours, comme toutes celles des marchandises soit prohibées, soit passibles de droits.

D'une lettre du ministre de l'intérieur, en date du 15 avril 1829, il résulte que, dans le cas même où il s'agit non seulement de livres mais d'ouvrages prohibés, les employés doivent opérer la saisie et en poursuivre l'effet devant les tribunaux d'après les règles ordinaires, et sans attendre l'aveu ni le concours du ministère public dont l'action peut toujours s'exercer dans sa plénitude.

Pour toutes les saisies de livres ou écrits quelconques, on préviendra le ministère public, au moyen de la remise qu'on lui fera d'une copie du procès-verbal où sera relaté exactement le titre de chacun des ouvrages saisis, afin qu'il puisse juger s'il est utile de requérir, avant la vente, soit la retenue, soit la destruction des ouvrages (Circ. n° 1165, du 16 mai 1829, et décret du 5 février 1810, art. 45).

2. Les gravures et lithographies sont assujetties aux mêmes réglemens que la librairie (Circ. n° 805).

3. On n'est pas fondé à exiger une autorisation spéciale pour les importations de librairie étrangère ; il suffit que les intéressés soumissionnent les droits d'importation : ces livres seront expédiés par acquit-à-caution sur la douane de Paris, ou sur le chef-lieu de la préfecture si l'envoi se fait dans les départemens.

Une permission spéciale n'est indispensable que lorsqu'on demande à faire entrer des livres par des douanes qui ne sont point ouvertes à l'importation de la librairie (Circ. des 28 mars et 28 octobre 1817 et 10 novembre 1818).

CHAPITRE TROISIÈME.

Des Lettres, Journaux, etc.

1. « ... Il est défendu à tous les entrepreneurs de voitures libres et à toute autre personne étrangère au service des postes, de s'immiscer dans le transport des lettres, journaux, feuilles à la main, ouvrages périodiques, paquets et papiers du poids d'un kilog. et au-dessous, dont le port est exclusivement confié à l'administration des postes aux lettres. » (Arrêté du 27 prairial an 9, art. 1er).

Art. 2. « Les sacs de procédure, les papiers uniquement relatifs au service personnel des entrepreneurs de voitures, et les paquets au-dessus du poids d'un kilog.

sont seuls exceptés de la prohibition prononcée par l'article précédent. »

Art. 3. « Pour l'exécution du présent arrêté,..... les employés des douanes aux frontières..... sont autorisés à faire ou faire faire toutes perquisitions et saisies sur les messagers, piétons chargés de porter les dépêches, voitures de messageries et autres de même espèce, afin de constater les contraventions ; à l'effet de quoi, ils pourront, s'ils le jugent nécessaire, se faire assister de la force armée. »

2. Art. 5. « Les procès-verbaux seront dressés à l'instant de la saisie : ils contiendront l'énumération des lettres et paquets saisis, ainsi que leurs adresses. Copies en seront remises, avec lesdites lettres et paquets saisis en fraude, savoir : à Paris, à l'administration des postes; dans les départemens, au bureau du directeur des postes le plus voisin de la saisie, pour, lesdites lettres et paquets, être envoyés aussitôt à leur destination avec la taxe ordinaire : lesdits procès-verbaux seront de suite adressés au commissaire du gouvernement près le tribunal civil et correctionnel de l'arrondissement, par les préposés des postes, pour poursuivre, contre les contrevenans, la condamnation de l'amende de 150 francs au moins, et de 300 francs au plus, par chaque contravention. »

3. Art. 9. « Les maîtres de postes, les entrepreneurs de voitures libres et messageries, sont personnellement responsables des contraventions de leurs postillons, conducteurs, porteurs et courriers, sauf leurs recours » (Voir aussi l'arrêté du 7 fructidor an 6).

4. Il est inutile de rédiger le rapport sur papier timbré, ou de le faire viser pour timbre, et de le soumettre à l'enregistrement.

Cette double formalité ne sera de rigueur que lorsque le rapport devra paraître en justice : alors, elle sera remplie par le directeur des postes (Circ. n⁰ 1019, du 8 novembre 1826).

Les lettres et paquets de correspondance saisie, doivent toujours être déposés, sans aucun retard, au bureau des postes le plus voisin, ainsi que l'original du procès-verbal (Idem).

CHAPITRE QUATRIÈME.

Des écrits étrangers défendus.

1. On doit procéder à la saisie des journaux, brochures, ou écrits prohibés par mesure de haute police, en vertu des arrêtés du Gouvernement des 7 fructidor an 6 et 27 prairial an 9 (*Voir* l'article *lettres-journaux*), comme pour tout autre transport en contravention aux droits de poste, et en conformité d'une décision du ministre des finances en date du 2 novembre 1856.

2. M. le directeur de l'administration, par sa circulaire manuscrite du 22 novembre 1856, donne les instructions suivantes :

« Lorsque les préposés des douanes auront à constater la saisie de journaux prohibés, ils rédigeront un procès-verbal conforme au modèle ci-joint (*Voir aux modèles*), mais sur papier timbré, le feront enregistrer, et l'affirmeront dans les trois jours.

Ce procès-verbal et les journaux mis sous cachet dont empreinte se trouvera rapportée en marge de l'acte, seront adressés, par les soins du receveur qui aura rédigé, au directeur des postes le plus voisin du lieu de la saisie, auquel il réclamera le remboursement des frais de timbre et d'enregistrement. »

Deux copies de ce procès-verbal seront transmises à la direction dans la forme ordinaire ; mais, et aussitôt la saisie effectuée, un avis direct relatant l'objet de la saisie, rappelant la date de l'ordre ministériel ou administratif qui a prohibé l'écrit, et désignant le prévenu, lui sera adressé pour qu'elle en prévienne sans retard le préfet du département et le directeur de l'administration (Besançon, le 1er décembre 1836).

CHAPITRE CINQUIÈME.

DES CARTES A JOUER.

1. « Tout individu qui *fabriquera* des cartes à jouer, ou qui en *introduira* dans le royaume, ou qui en *distribuera, vendra ou colportera* sans y être autorisé par la régie, sera puni de la confiscation des objets de fraude, d'une amende de 1000 à 3000 fr. et d'un mois d'emprisonnement. En cas de récidive, l'amende sera toujours de 3000 francs » (Loi du 28 avril 1816, article 166).

2. Toutes les fois que, n'y ayant aucune contravention aux lois de douanes les préposés en découvrent une aux lois spéciales à d'autres administrations, ils doivent également la constater, mais ils procèdent alors à la requête de cette administration, et ils remettent leur rapport à ses préposés pour qu'ils y donnent suite (Circ. des 14 septembre 1811 et 7 thermidor an 13).

3. Les cartes saisies doivent être remises au bureau de la régie le plus voisin du lieu de la saisie (Besançon, 6 janvier 1835).

4. Voici la marche à suivre en cas de saisie:

L'original du procès-verbal et l'état des frais doivent être adressés au directeur des Cont. ind. dans l'arrondissement duquel la saisie a été opérée, sans égard à l'arrondissement dans lequel le procès-verbal serait rédigé.

L'affirmation doit être faite devant le juge de paix du lieu de la saisie (Idem).

5. « Les dispositions des articles 223, 224, 225 et 226 de la présente loi, seront applicables à la fraude et à la contrebande sur les cartes à jouer » (Loi du 28 avril 1816, art. 169). Voir ces art. de loi au mot : *Tabac, cont. ind.*

Chapitre sixième.

DES BOISSONS.

1. « Aucun enlèvement ni transport de boissons ne pourra être fait sans déclaration préalable de l'expéditeur ou de l'acheteur, et sans que le conducteur soit muni d'un congé » (Loi du 28 avril 1816, article 6).

Si le délai de l'expédition est périmé, il rend cette expédition inapplicable (Idem, art. 13).

« Les voituriers, bateliers et tous autres qui transporteront ou conduiront des boissons, seront tenus d'exhiber, à toute réquisition des employés.... des douanes, les congés, passavans ou acquits-à-caution, ou laissez passer dont ils devront être porteurs ; faute de représentation des dites expéditions, ou en cas de fraude ou de contravention, les employés saisiront le chargement ; ils saisiront aussi les voitures, chevaux, et autres objets servant au transport, mais seulement comme garantie de l'amende, à défaut de caution solvable. Les marchandises faisant partie du chargement, qui ne seront pas en fraude, seront rendues au propriétaire » (Idem, art. 17).

« Les voyageurs ne seront pas tenus de se munir d'expéditions, pour les vins destinés à leur usage, pendant le voyage, pourvu qu'ils n'en transportent pas au-delà de trois bouteilles par personne » (Idem ; article 18).

§ 2. « Les contraventions au présent chapitre seront punies de la confiscation des boissons saisies et d'une amende de 100 à 600 fr., suivant la gravité des cas » (Idem, art. 19).

3. En cas de saisie de boissons, l'original du rapport et l'état des frais doivent être adressés au directeur des contr. ind. dans l'arrondissement duquel la saisie a été opérée, sans avoir égard à l'arrondissement dans lequel le rapport serait rédigé.

L'affirmation doit être faite devant le juge de Paix du lieu de la saisie, et le rapport rédigé à la requête de la régie.

Les marchandises et moyens de transport peuvent être remis sous caution solvable de la valeur de l'amende, ou déposés au bureau de la régie le plus voisin, ou de la douane, où les chevaux et voitures seraient mis en fourière.

Il importe de distinguer toujours, dans l'évaluation des objets saisis, les marchandises des moyens de transport, attendu que ces derniers ne sont d'ailleurs saisis que pour garantie de l'amende.

(Besançon, 6 janvier 1835, et circ. du 29 mai 1806).

4. S'il y avoit fraude aux droits d'entrée ou de sortie, le rapport devrait être rédigé à la requête de l'administration des douanes (Circ. du 29 mai 1806, § dernier), d'après les lois générales.

5. EAUX-DE-VIE. La circulaire du 7 novembre 1835, n° 1409, fixa la manière de constater la quantité d'alcool pur contenue dans les eaux-de-vie qui acquittent les droits d'entrée ou de sortie.

Chapitre septième.

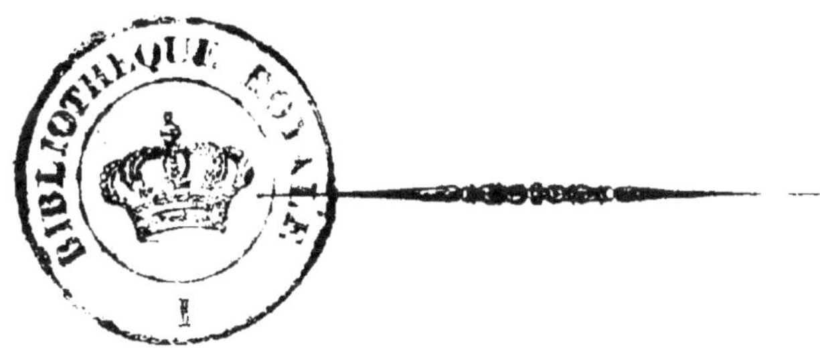

DES POUDRES ET SALPÊTRES.

---

1. IMPORTATION. « . . . . . Il est défendu à qui que ce soit d'introduire aucune poudre étrangère en France, sous peine de confiscation de la poudre, des chevaux et voitures qui en seraient chargés , et d'une amende de 20 fr. 44 cent. par kilogr. de poudre. . . . » (Loi du 13 fructidor an 5, tit. 2, art. 21). Voir le n° 3 ci-après.

« L'importation et l'exportation des salpêtres sont également prohibées. La contravention sera punie des mêmes peines que lorsque les poudres sont la matière du délit... » (Idem, art. 22).

La loi du 13 fructidor an 5 doit seule être invoquée en cas de saisie à l'importation, et le rapport doit être rédigé à la requête des douanes (Arrêt de la cour de Metz, 6 septembre 1857, et Besançon, 12 novembre 1853).

« Les poudres livrées pour l'exportation par la voie de terre devront être consommées ou vendues hors du territoire français. Toute vente, consommation ou réintroduction à l'intérieur, en seront défendues. Conformément à l'art. 21 de la loi du 30 août 1797 (13 fructidor an 5), la réintroduction sera punie de la confiscation de la poudre, des chevaux et des voitures, et, en outre, d'une amende de 20 francs 44 centimes par kilog. de poudre.... » (Art. 10 de l'ordonnance du 19 juillet 1829. Circ. n° 1179).

2. EXPORTATION. « L'administration des contributions indirectes fournira exclusivement aux armateurs et négocians les poudres de chasse et autres qui pourront être demandées par eux soit........ pour l'exportation par la voie de terre.........

« L'exportation par la voie de terre ne pourra avoir lieu pour la poudre dite de commerce extérieur » (Ordonnance du 19 juillet 1829, art. 1er).

« Les poudres destinées à être exportées par la voie de terre ne pourront sortir que par les bureaux principaux de douane placés en première ligne.

Elles resteront dans les magasins des entrepôts jusqu'à leur expédition au bureau de la frontière.

Le délai et la route à suivre pour leur sortie du royaume seront fixés par les acquits-à-caution.

Elles ne pourront plus rentrer en France » (Idem, art. 8).

Par poudres de *commerce extérieur*, on entend celle de guerre et celle de tuile (Circ. du 7 août 1829, n° 1179).

La peine encourue pour l'exportation des poudres et salpêtres est celle déterminée par les lois générales (D. S.).

3. CIRCULATION. « Tout voyageur ou conducteur de voiture qui transportera plus de cinq kilogr. de poudre, sans pouvoir justifier leur destination par un passeport de l'autorité compétente, revêtu du visa de la municipalité du lieu de départ, sera arrêté et condamné à une amende

de 20 fr. 44 cent. par kilog. de poudre saisie, avec confiscation de la poudre, des chevaux et voitures ; mais si le conducteur n'a pas eu connaissance du chargement il aura son recours contre le chargeur qui l'aurait trompé, et qui sera tenu de l'indemniser.

Néanmoins, dans la distance des deux lieues des frontières, les citoyens resteront soumis à tout ce qui est prescrit par les lois pour la circulation dans cette étendue » (Loi du 13 fructidor an 5, art. 30).

D'après cet article, applicable au cas d'importation, le prévenu qui importerait de la poudre doit être arrêté. Les termes exprès du § 2, veulent qu'indépendamment des formalités prescrites par le 1er §, on se munisse d'expéditions de douane pour circuler entre les lignes.

4. OBSERVATIONS. 1°. S'il s'agissait d'*exportation*, de circulation, de fabrication ou de vente de poudres ou salpêtres, la contravention devrait être constatée à la requête de la régie des contributions (Décret du 16 mars 1815, art. 5, et Besançon, 12 novembre 1855), et le rapport remis à ses préposés pourqu'ils y donnent les suites nécessaires (Circ. des 14 septembre 1811 et 7 thermidor an 13).

2°. Les instances seront portées devant les tribunaux de police correctionnelle, qui prononceront les peines établies par les lois et arrêtés relatifs aux poudres et salpêtres (Décret du 16 mars 1815, art. 4 et 5).

3°. Les poudres saisies seront, dans les 24 heures de la saisie, déposées dans les magasins de l'administration des contributions indirectes, et payées aux saisissans à raison de 3 fr. par kilog., sans distinction de qualité (Ordon. du 17 novembre 1819, article 3, et circulaire n° 576).

4°. Les frais relatifs à des saisies de poudres ne seront, quels qu'ils puissent être, imputés que sur le produit de l'amende ou de la vente des autres objets confisqués. En cas d'insuffisance, ils demeureront à la charge de la régie (Même ordonnance, art. 5).

Cependant les frais résultant de saisies de poudres faites à l'*importation*, de même que ceux en matière de saisies de tabac, opérées à l'importation, restent à la charge de l'administration des douanes (Circ. du 22 janvier 1829, n° 1141).

Chapitre huitième.

DES ÉCORCES A TAN.

1. La convention nationale......... défend la sortie à l'Etranger, du tan, sous peine de confiscation, tant de cette matière première, que de la voiture et des chevaux, et de trois cents livres d'amende (Décret du 16 nivose an 2).

Ce décret ne doit pas être appliqué sur les points où le gouvernement a suspendu la prohibition (Lois des 7 juin 1820 et 2 juillet 1836).

Chapitre neuvième.

DES TABACS.

§ 1er.

TABACS. CONTRIBUTIONS INDIRECTES.

1. CIRCULATION DES TABACS EN FEUILLES OU FABRIQUÉS.

« .... Les tabacs fabriqués ne pourront *circuler* sans acquit-à-caution toutes les fois que la quantité excèdera 10 kilog.; les quantités d'un kilog. à dix devront être accompagnées d'un laissez-passer, à moins qu'elles ne soient revêtues des marques et vignettes de la régie » (Loi du 28 avril 1816, art. 215).

« Les tabacs circulant en contravention à l'article précédent, seront saisis et confisqués, ainsi que les chevaux, voitures, bateaux et autres objets servant au transport : le contrevenant sera puni, en outre, d'une amende de 100 à 1000 francs.

« Toute personne convaincue d'avoir fourni le tabac saisi en fraude, sera passible de cette dernière amende » (Idem, art. 216).

2. PROVISION DES TABACS FABRIQUÉS. « Nul ne peut avoir en provision des tabacs fabriqués, autres que ceux des manufactures royales; et cette provision ne peut excéder dix kilog., à moins que les tabacs ne soient revêtus des marques et vignettes de la régie » (Idem, art. 217).

Art. 218. « Les contraventions à l'article précédent seront punies de la confiscation, et, en outre, d'une amende de 10 fr. par kilog. de tabac saisi. Cette amende ne pourra excéder la somme de 3000 fr., ni être au-dessous de 100 fr. »

3. VENTE ILLICITE DES TABACS. 1° *Dans les lieux où la vente n'en sera pas autorisée.* Art. 219. « Les tabacs vendus par la régie comme tabacs de *cantine*, seront saisis, comme étant en fraude, lorsqu'ils seront trouvés dans des lieux où la vente n'en sera pas autorisée; et les détenteurs seront passibles de l'amende portée en l'article précédent. »

2. VENTE A DOMICILE. Art. 222. « Ceux qui seront trouvés vendant en fraude des tabacs à leur domicile...... seront arrêtés et constitués prisonniers, et condamnés à une amende de 300 à 1000 fr., indépendamment de la confiscation des tabacs saisis et de celle des ustensiles servant à la vente......... »

4. FABRICATION FRAUDULEUSE. Art. 221. « Seront considérés et punis comme fabricans frauduleux, les particuliers chez lesquels il sera trouvé des ustensiles, machines ou mécaniques propres à la fabrication ou à la pulvérisation, et en même temps des tabacs en feuilles, ou en préparation, qu'elle qu'en soit la quantité, ou plus de dix kilog. de tabac fabriqué non revêtu des marques de la régie.

« Les tabacs et ustensiles, machines ou mécaniques, seront saisis et confisqués, et les contrevenants condamnés, en outre, à une amende de 1000 à 3000 fr.

« En cas de récidive, l'amende sera double. »

5. COLPORTAGE. Art. 222. « Ceux qui colporteront du tabac, qu'ils soient, ou non, surpris à le vendre, seront arrêtés et constitués prisonniers, et condamnés à une amende de 300 à 1000 fr., indépendamment de la confiscation des tabacs saisis, de celle des ustensiles servant à la vente, et des moyens de transport, conformément à l'art. 216. »

Art. 223. Les employés des impositions indirectes et des douanes....... pourront constater la vente des tabacs en contravention, le colportage, les circulations illégales, et généralement les fraudes sur les tabacs, procéder à la saisie des tabacs, ustensiles et mécaniques prohibés par la présente loi, à celle des chevaux, voitures, bateaux et autres objets servant au transport, et constituer prisonniers les fraudeurs et colporteurs, dans le cas prévu par l'article précédent. »

6. ARRESTATION DES PRÉVENUS. Art. 224. Lorsque, conformément aux articles 222 et 223, les employés auront arrêté un colporteur ou fraudeur de tabac, ils seront tenus de le conduire sur-le-champ devant un officier de police judiciaire, ou de le remettre à la force armée, qui le conduira devant le juge compétent, lequel statuera de suite par une décision motivée, sur son emprisonnement ou sa mise en liberté. »

« Néanmoins, si le prévenu offre bonne et suffisante caution de se présenter en justice et d'acquitter l'amende encourue, ou s'il consigne lui-même le montant de la dite amende, il sera mis en liberté s'il n'existe aucune autre charge contre lui. »

Art. 225. « Tout individu, condamné pour fait de contrebande en tabac, sera détenu jusqu'à ce qu'il ait acquitté le montant des condamnations prononcées contre lui : cependant le temps de la détention ne pourra excéder six mois, sauf le cas de récidive, où le terme pourra être d'un an. »

Art. 226. « La contrebande de tabac avec attroupement et à main armée, sera poursuivie et punie comme en matière de douanes. »   15

7. On doit opérer la saisie des tabacs à la requête de l'administration des contributions indirectes, quand ils sont saisis :

1° A domicile ;
2° Sur des voitures ou porteurs;
5° Hors le rayon, même à la poursuite;
4° S'ils sont de cantine.

Sans vignettes étrangères.

(Besançon, circ. du 26 octobre 1852).

8. Quand les tabacs sont saisis à la requête de la régie, ils doivent être remis au bureau le plus prochain de cette administration (Circ. n° 1296).

9. Le receveur des douanes ne doit jamais transiger (Besançon, 26 octobre 1852).

10. S'il y a un indicateur, le receveur des douanes doit en informer de suite le directeur de la régie (Besançon, 5 mars 1838, et Paris, 26 février 1838).

11. La marche à suivre en cas de saisie est la même que celle pour les boissons.

12. EXPORTATION ET CIRCULATION des tabacs aux termes de l'art. 215 de la loi du 28 avril 1816, n° 1.

1° Les tabacs qui proviennent des bureaux de débit, peuvent sortir par tous les bureaux indistinctement.

2° Leur transport est soumis aux formalités suivantes :

Tabacs revêtus des marques et vignettes de la régie.
Jusques et y compris 10 kilog. La circulation est libre et n'exige aucune expédition.
Au dessus de 10 kil. Un acquit-à-caution doit accompagner les tabacs.

Tabacs en garenne, sans marques ni vignettes.
Au dessous d'un kil. Transport libre si leur nationalité n'est pas douteuse.
De 1 à 10 kilog. Doivent être accompagnés d'un laissez-passer.
Au dessus de 10 kilog. Doivent être accompagnés d'un acquit-à-caution.

(Circ. du 11 juillet 1838, n° 1695).

13. TABAC DE SANTÉ OU D'HABITUDE. 1° Les droits sur les petites quantités de cigares ou de tabac fabriqué, formant le reste des provisions

de route des voyageurs, marins, etc., seront perçus dorénavant, pour le compte de la régie, dans tous les bureaux de douane de première ligne de la frontière de terre, et dans ceux qui sont placés dans les ports.

(Circ. du 24 avril 1838, n° 1684).

2° Ces restes de provisions ne doivent pas excéder 500 cigares, ou 1 kilog. de tabac fabriqué : ils ne seront plus dirigés, pour l'acquittement des droits, sur l'entrepôt de la régie le plus voisin (Circ. du 30 mars 1837, n° 1616),

§ 2ᵉ.

TABACS. DOUANES.

1. On doit opérer la saisie des tabacs à la requête de l'administration des douanes :
1° Quand ils sont trouvés à domicile,
2° Sur des voitures,
3° En cours de transport,
revêtus de vignettes étrangères.
4° Quand leur introduction est flagrante et certaine.

2. L'introduction est *flagrante:* 1° quand le tabac est saisi sur des porteurs au moment où ils viennent de pénétrer en France, ou même lorsque, rencontrés plus avant dans le rayon, la direction qu'ils suivent est directe de l'Etranger à l'Intérieur; 2° lorsque ces fraudeurs font partie d'une bande dont la marche est connue et qu'on attaque même à l'extrémité du rayon.

L'introduction est *certaine* quand les tabacs sont revêtus de vignettes étrangères. Cette certitude résulte encore de l'aveu des prévenus (Circ. n° 1649. Besançon, 26 octobre 1832, 5 mars 1838, et Paris, 26 février 1838).

3. Les tabacs saisis par la douane peuvent être vendus pour la réexportation, ou versés à la régie des contributions indirectes, selon qu'on y trouve plus d'avantage (Circ. 1080 et 1275).

CHAPITRE DIXIÈME.

Des drilles et chiffons.

1. « *La sortie* des drilles et chiffons demeure interdite « (Décret du 3 avril 1793, art. 1er).

2. Art. 2. « Nul *entrepôt*, ni *circulation* des dites matières ne pourra se faire dans l'étendue des trois lieues frontières, soit de terre, soit de mer, à moins qu'il ne soit justifié par un acquit-à-caution, de leur destination pour l'intérieur de la France. »

Art. 3. « Toutes drilles et chiffes prises dans l'étendue des trois lieues frontières, soit de terre, soit de mer, qui circuleraient sans ces formalités, seront saisies et confisquées. »

3. Art. 3 du décret du 15 août 1793. « .... La confiscation de marchandises et autres effets ainsi saisis

(à l'exportation), sera poursuivie à la requête des régisseurs des douanes, avec amende qui, dans tous les cas de prohibition, même dans celui de l'*entrepôt* des matières propres à la fabrication du papier et de leur *circulation*, sera de 5oo livres, conformément à l'article 1er du titre 5 de la loi du 22 août 1791. » Le voir au mot : *Exportation des objets prohibés.*

Cet article prononce aussi la confiscation des moyens de transport.

A cet égard, une circulaire du 6 avril 1802 porte, en son 4me § : « Vous devrez prescrire aux préposés de continuer à saisir les chevaux et voitures servant au transport des chiffons qui seraient rencontrés en contravention à la loi du 5 avril 1793. »

4. Les différens articles du titre 13 de la loi du 22 août 1791, sur les entrepôts, sont étrangers aux *entrepôts de drilles* relativement auxquels tout a été prévu et ordonné par la loi particulière du 3 avril 1793.

Or, l'article 2 de cette loi n'admettant aucune exception résultant de la population plus ou moins nombreuse, interdit *généralement et expressément* tout entrepôt de chiffons dans l'étendue des trois lieues des frontières : il est donc incontestable que les chiffons trouvés entreposés dans cet espace de territoire, sont passibles de saisie et de confiscation (Circ. du 24 novembre 1800).

5. Les vieux papiers, rognures de papier, vieux linges et vieux filets, sont assimilés aux drilles et suivent leur régime.
(Circ. du 10 mai 1802).

6. On ne doit pas remettre sous caution les drilles et chiffons saisis: lors de la vente, ils doivent être expédiés à l'intérieur (Circ. des 24 novembre 1800 et 8 juillet 1806).

7. Les amas de drilles sont réputés entrepôt, lors même que ces matières ne seraient point emballées (Arrêt de C. du 8 août 1804).

Néanmoins, les chiffonniers peuvent en avoir chez eux la quantité de 25 kilog. (Circ. du 31 décembre 1819).

CHAPITRE ONZIÈME.

𝕯𝖚 𝖘𝖊𝖑.

1. L'importation du sel est punie par la loi du 28 avril 1816, comme celle de toute marchandise prohibée à l'entrée.

Cette loi de 1816, en son art. 18, impose, sur la consommation du sel, une taxe de 30 cent. par kilog.

2. Les sels saisis peuvent être vendus pour la consommation ou pour la réexportation (Circ. n° 1103, et décret du 23 février 1813).

3. Toute vente de sel sera notifiée au public par un avis qui exprimera formellement la condition que la vente sera nulle, si le prix des enchères ne s'élève pas au-dessus du montant des droits cumulés avec les frais de toute nature.

Dans ce cas, les sels saisis seront submergés publiquement, et il sera rédigé procès-verbal de la submersion.

La submersion aura lieu dans la même forme et sans qu'il soit nécessaire de mettre préalablement les sels en vente, toutes les fois que l'on sera fondé à douter que le montant de la vente doive couvrir au moins l'intégralité des droits dûs au trésor et les frais (Circ. nos 1055 et 1103).

CHAPITRE DOUZIÈME.

Des Grains.

Les saisies de grains doivent être constatées d'après les lois générales, tant a l'importation ou à l'exportation, qu'à la circulation (Paris, 5 mai 1832).

CHAPITRE TREIZIÈME.

Des armes défendues.

1. PISTOLETS DE POCHE. « Les pistolets de poche sont prohibés » (Ordonnance du 23 février 1837).

2. FUSILS ET PISTOLETS A VENT. « Les fusils et pistolets à vent sont déclarés compris dans les armes offensives, dangereuses, cachées et secrètes, dont la *fabrication, l'usage et le port* sont interdits par les lois » (Décret du 23 décembre 1805, art. 1er).

3. POIGNARDS, ÉPÉES EN BATONS, etc. etc. « ..... Toute *fabrique, commerce, vente, débit, achat, port et usage des poignards, couteaux en forme de poignards, soit de*

poche, soit de *fusil*, des *bayonnettes*, *pistolets de poche*, *épées en bâtons*, *bâtons à ferrements*, autres que ceux qui sont ferrés par le bout, et *autres armes offensives*, *cachées* et *secrètes*, sont et demeurent, pour toujours, généralement abolis et défendus » (Déclaration du Roi du 23 mars 1728, et décret du 12 mars 1806).

4. PÉNALITÉS. Art. 314 du code pénal : « Tout individu qui aura *fabriqué* ou *débité* des stylets, tromblons, ou quelque espèce que ce soit d'armes prohibées par la loi ou par des réglements d'administration publique, sera puni d'un emprisonnement de six jours à six mois.

» Celui qui *sera porteur* des dites armes, sera puni d'une amende de seize francs à 200 francs.

» Dans l'un et l'autre cas, les armes seront confisquées.

» Le tout sans préjudice de plus forte peine, s'il y échet, en cas de complicité de crime. »

Art. 1er de la loi du 24 mai 1834 : « Tout individu qui aura *fabriqué, débité ou distribué* des armes prohibées par la loi ou par des réglements d'administration publique, sera puni d'un emprisonnement d'un mois à un an, et d'une amende de 16 francs à 500 francs. »

» Celui qui *sera porteur* des dites armes, sera puni d'un emprisonnement de six jours à six mois, et d'une amende de 16 francs à 200 francs.

5. ARMES DE GUERRE. Ordonnance du 24 juillet 1816, art. 1..... « Sont comprises sous la dénomination des *armes de guerre*, toutes les armes à feu ou blanches, à l'usage des troupes françaises, telles que fusils, mousquetons, carabines, pistolets de calibre, sabres ou bayonnettes. »

Art. 5. « Les individus qui ne se conformeront pas à ce qui est prescrit....... seront poursuivis correctionnellement, et punis, selon la gravité des cas, outre la confiscation des armes, d'une amende de 300 francs au plus, et d'un emprisonnement qui ne pourra excéder 3 mois.

» En cas de récidive, la peine sera double...... » .

Art. 9. « La *fabrication des armes de calibres* et des modèles de 'guerre, hors des manufactures royales, est expressément défendue, à moins d'une autorisation spéciale...... »

Art. 13. « L'*exportation* des armes des modèles et des calibres de guerre, est interdite aux particuliers..... »

Art. 14. « L'*importation* des armes de guerre étrangères ou de modèle français, est expressément défendue, à moins qu'elle ne soit ordonnée par notre ministre de la guerre. »

Art. 15. « Les contrevenans aux dispositions des articles 9... 13 et 14, seront passibles des peines énoncées en l'art. 5. »

Art. 16. « Les dispositions qui viennent d'être rappelées concernant les armes de guerre, s'appliquent aussi aux *pièces d'armes de guerre*...... »

6. Il faut rédiger les procès-verbaux à la requête du ministère public, et les remettre au procureur du Roi, qui est chargé d'exercer les poursuites.

CHAPITRE QUATORZIÈME.

Des poids et mesures.

1. « A partir du 1ᵉʳ janvier 1840, tous poids et mesures autres que les poids et mesures établis par les lois des 18 germinal an 3, et 19 frimaire an 8, seront interdits, sous les peines portées par l'article 479 du code pénal » (Art. 3 , de la loi du 4 juillet 1837).

Art. 5 de la même loi : « A compter de la même époque, toutes dénominations de poids et mesures autres que celles comprises au même tableau, *sont interdites dans les actes publics, ainsi que dans les affiches et annonces.*

» Elles sont également interdites *dans les actes sous seing-privé*, les *registres de commerce et autres écritures privées* produits en justice. »

2. Loi du 18 germinal an 3, art. 24. « . . . Toute fabrication des anciennes mesures est interdite en France, ainsi que toute importation des mêmes objets venant de l'Étranger, à peine de confiscation et d'une amende du double de la valeur des dits objets. »

Art. 479 du code pénal. « Seront punis d'une amende de onze à quinze francs, ceux qui auront de faux poids ou de fausses mesures dans leurs magasins, boutiques, ateliers, ou maisons de commerce, ou dans les halles, foires ou marchés, sans préjudice des peines qui seront prononcées par les tribunaux de police correctionnelle, contre ceux qui auraient fait usage de ces faux poids ou de ces fausses mesures contre ceux qui emploieraient des poids ou des mesures différens de ceux qui sont établis par les lois en vigueur. »

Chapitre quinzième.

Des effets et meubles à usage des étrangers et voyageurs.

1. Les habillements à l'usage des voyageurs sont exempts des droits d'entrée (Loi du 15 mars 1791).

2. Il ne sera payé aucun droit d'entrée......sur les habillements vieux, quoiqu'ils n'accompagnent pas les voyageurs, dès qu'ils sont dans une même malle avec d'autres effets et qu'ils n'excèdent pas le nombre de six (Art. 1er de la loi du 1er Août 1792).

3. Toute malle, caisse contenant des vêtements reconnus à usage, doit être admise en exemption. Toutes les fois que les vêtements *ne sont pas neufs*, et qu'ils ne sont pas un objet de commerce : les directeurs peuvent en permettre l'admission sans attendre l'autorisation de l'administration.

Tous les meubles, linges, effets à usage, appartenant soit à des Français, soit à des étrangers qui viennent s'établir en France, doivent pareillement être admis en exemption de tous droits; mais cette exemption ne doit avoir lieu qu'après que le détail des caisses, balles, etc. qu'on se propose d'introduire, aura été adressé à l'administration.

Enfin, dans aucun cas, l'exemption ne peut porter sur les *Vins*, *Liqueurs*, *étoffes neuves*, *meubles et argenterie neufs* (Circ. du 22 novembre 1791).

4. Les *vêtements neufs confectionnés et autres effets neufs* à l'usage des voyageurs, sont admis au droit de 30 p, 0/0 de la valeur, quand ils ont été déclarés avant la visite, et que la Douane reconnaît que ce sont des objets hors de commerce destinés à l'usage personnel des déclarants, et en rapport avec leur condition et le reste de leur bagage (Loi du 2 juillet 1836).

5. Il est formellement prescrit aux Receveurs de veiller à ce qu'avant de procéder à aucune vérification, on donne aux voyageurs les avis nécessaires pour qu'ils puissent faire exactement leur déclaration.

Si malgré ces avertissements, on trouvait des objets neufs parmi leurs effets, on procéderait, à leur égard, de la manière suivante :

1º S'il y a eu déclaration spontanée de leur part, on autorisera : sans qu'il soit besoin d'en référer à l'administration, ou le renvoi à l'Etranger, ou le simple dépôt sous la clef de la Douane, s'il est demandé.

2º S'il n'y a pas de déclaration, la saisie des marchandises supposées appartenir à une opération de commerce, sera immédiatement déclarée, le procès verbal rédigé , et l'application des peines poursuivies, sauf à n'exécuter le jugement qu'après en avoir obtenu l'autorisation.

3º S'il y a déclaration et qu'elle porte que les colis ne renferment que des effets à usage et rien de désigné par l'avis comme prohibé, on considérera si le nombre et l'importance des objets trouvés en contravention signalent un projet de fraude, ou s'il s'agit seulement d'objets évidemment destinés à l'usage du voyageur ou de sa famille. On ne procédera point à la saisie par procès-verbal judiciaire : on se bornera à déclarer la retenue et à déposer les objets entre les mains du receveur, après les avoir scellés d'un double cachet du propriétaire et des vérificateurs. Il sera rendu compte à l'administration de chaque fait de cette nature, ainsi que de toutes les circonstances propres à dénoter la bonne ou mauvaise foi du voyageur qu'il concerne, et ce ne sera qu'après avoir apprécié ces circonstances que l'administration fera connaître si l'on devra convertir en saisie la retenue dont il s'agit. Dans ce cas, l'affaire reprendrait la marche propre au contentieux.

En aucune hypothèse, il n'y aura lieu à saisir les voitures de voyageurs comme ayant servi au transport de quelques objets prohibés qui se trouvent confondus avec leurs hardes.

Quand il y aura lieu à saisir, on aura soin d'énoncer au rapport qu'on avait averti les prévenus, soit verbalement, soit par la remise de l'avis imprimé. (Cir. du 11 septembre 1817, N° 521).

CHAPITRE SEIZIÈME.

Des voitures des voyageurs.

1° « Les Voitures prohibées par la loi du 10 brumaire an 5, ne seront admises qu'à charge par les voyageurs d'en garantir le renvoi à l'étranger, dans le délai de trois ans, en consignant le tiers de leur valeur réelle. La condition du renvoi étant remplie, les trois quarts de la somme consignée seront remboursés. Il n'y aura d'exception à cette règle qu'en faveur des voyageurs français qui ramèneront les voitures qui leur ont servi. » (Loi du 27 juillet 1822, art. 18). »

2⁰ La consignation du tiers de la valeur des voitures ne sera pas exigée des Ambassadeurs ou Ministres étrangers accrédités près la cour de France, non plus que des agents diplomatiques et courriers de cabinet qui justifieront de leurs titres et missions. (Arrêté du ministre des finances du 25 septembre 1824, art. 1).

Art. 2 « Les voitures de voyageurs nationaux ou étrangers seront affranchies de la consignation lorsqu'elles seront conduites par les chevaux de poste et chargées de bagages, et plus spécialement lorsqu'il sera évident qu'elles servent depuis longtemps et qu'elles ne peuvent être un objet de commerce. »

3⁰ Art. 3. » Seront pareillement exempts de la consignation les *habitants des pays limitrophes* qui justifieront de leur domicile, s'ils ne viennent en France que momentanément, ou s'ils traversent seulement le territoire français dans une courte distance pour se rendre à l'étranger, et pourvu que les voitures dont ils se servent soient évidemment hors de commerce. »

Art. 4. « Il sera tenu un registre spécial des voitures admises en vertu du précédent article, où l'on notera le retour à l'étranger. Les dernières frontières signaleront à l'administration ceux qui auraient laissé leurs voitures dans l'intérieur, afin qu'ils ne puissent plus jouir nulle part de la facilité qu'on entend accorder aux personnes de bonne foi. »

4⁰ Art. 5. « *Les diligences appartenant à des services publics*, soit de France, soit de l'étranger, ainsi que les *fiacres et voitures* connus pour traverser périodiquement ou habituellement les frontières, ne seront pas tenus à faire la consignation. »

5⁰ Art. 6. « Pourront être réimportées en franchise *toute espèce de voitures* pour lesquelles on aura levé, à la sortie de France, un passavant descriptif qui en fasse reconnaître l'identité au retour. »

6⁰ Art. 7. « *Toutes les voitures neuves, autres que celles dont parle l'article 1ᵉʳ du présent arrêté*, resteront assujéties à la consignation voulue par la loi, ou à la saisie, dans le cas où ceux qui les occuperaient ne seraient pas des voyageurs mais des courtiers de fraude. »

7⁰ Les Douanes admettront les voitures de voyageurs *sur les valeurs déclarées*, lorsqu'elles reconnaîtront ces valeurs conformes à la vérité : en cas de contestation elles recourront à l'avis d'un expert. (Circ. du 17 janvier 1823, N° 780).

8⁰ En quelque hypothèse que ce soit, les sommes consignées seront toujours mises en recettes, mais quand la réexportation se fera par le même bureau qui les aura reçues, le Receveur pourra.... les restituer immédiatement, au vu du certificat des employés, sauf à faire régulariser la dépense par des ordres de remboursement délivrés par l'administration. (Même circulaire, dernier §).

CHAPITRE DIX-SEPTIÈME.

Des récoltes des propriétés limitrophes.

§ 1er.

PROPRIÉTÉS DES FRANÇAIS A L'ÉTRANGER

1. « Les français, propriétaires de biens-fonds situés en Suisse à un demi-myriamètre des frontières, jouiront de la liberté d'importer, dans l'intérieur du royaume, les récoltes provenant desdits biens-fonds » (Ord. du Roi du 13 octobre 1814, art. 2.)

2. Pour jouir de l'importation en franchise, les propriétaires français doivent justifier de leurs possessions à l'étranger dans les 5 kilomètres de la frontière, en déposant au bureau des douanes le plus voisin:

4° Les titres originaux de leurs acquisitions : (il suffit que ces titres soient *déposés momentanément* entre les mains des employés ; et une fois l'examen de ces pièces fait, on peut les rendre à qui de droit.)

2° Des certificats délivrés par les maires étrangers, ou, si le receveur pense que ces certificats ont été obtenus par complaisance, la production d'un certificat du Conservateur des hypothèques, constatant que les mêmes terres sont encore en la possession des déclarants. (Circ. n°ᵇ. 874, 1ᵉʳ §, et 1652.)

La possession doit être antérieure à l'époque où les nouvelles délimitations ont été arrêtées de fait. (Circ. N° 980)

5. On doit établir que les terres dont la propriété a été reconnue, sont employées à telle espèce de culture et assigner d'avance le maximum des récoltes diverses qu'on admettra, comme en étant le produit. (Circ. n°. 874, § 2.)

4. Chaque envoi doit être accompagné d'une déclaration expresse du propriétaire, portant que la quantité de . . . . provient réellement des terres qu'il possède dans les 5 kilom. au-delà de la frontière, et qu'il affirme ne les avoir pas encore vendues. (idem, § 5.)

Ces admissions ne pourront avoir lieu que dans le temps même de la récolte, savoir : du 1ᵉʳ *juin au 15 novembre de chaque année*. (id., § 4.)

5. *Tous les produits qui auront déjà été engrangés*, ou qui *auront reçu une préparation quelconque*, ne pourront plus être admis. (id. § 5.)

Les blés de toute sorte et autres produits, ne seront reçus que dans l'état même où l'agriculteur est dans l'usage de les enlever des champs d'exploitation. (id., § 6.)

Les produits de vendange, savoir : le moût encore muet et le raisiné ou vin nouveau encore en fermentation, qui ne peut être contenu dans des vases clos et n'a aucune limpidité, peuvent être admis en franchise jusqu'à la fin de novembre. (id., § 8.)

6. Les français qui ont des troupeaux dans les fermes qu'ils possèdent en-deça et près des frontières, *continueront à pouvoir les envoyer au pacage sur les prairies dont ils justifient être propriétaires à l'étranger ; mais,* à charge de souscrire, au moyen d'un acquit-à-caution, l'engagement de les ramener dans six mois, ou de payer, à l'expiration de ce délai, les droits de sortie pour toutes les bêtes qui ne seraient pas ramenées, et de subir les droits du tarif en vigueur au moment de la rentrée, pour les veaux et agneaux mis bas pendant le pacage. » (id., § 9.)

7. Enfin, il est permis aux français d'exporter *la quantité d'engrais* nécessaire à la culture de leurs terres. (id., § 9.)

§ 2ᵐᵉ.

PROPRIÉTÉS DES ÉTRANGERS EN FRANCE.

1. « Les Étrangers propriétaires de terres situées en France à un demi-myriamètre des frontières jouiront de la faculté d'exporter en franchise de tous droits les denrées provenant desdites terres » (Ordonnance du Roi du 13 octobre 1814, art. 1ᵉʳ.).

La possession doit être antérieure à l'époque où les nouvelles délimitations ont été arrêtées de fait. (Circ. n° 980.)

2. Le propriétaire est tenu de déclarer l'étendue et la valeur des terres qui lui appartiennent, ainsi que le genre de culture auquel elles sont employées. Chaque année des déclarations particulières seront faites dans la saison de la récolte, pour indiquer. au moins approximativement, les quantités de denrées qu'on voudra faire sortir. (Circ. du 29 septembre 1814.)

3. Les propriétaires étrangers *peuvent exporter jusqu'au premier avril de chaque année :* (Circ. n°. 543).

1° Les fruits et produits de toute espèce ;

2° Le moût encore muet et le raisiné ;

3° Les beurres (Circ. du 16 septembre 1815, et 11 sept. 1804,).

5. Les *Engrais* peuvent être importés dans la proportion de l'étendue des terres, lorsqu'il en a été fait déclaration (Tarif officiel, page 29 de 1822.).

5. Les *Bois* ne peuvent être exportés (Circ. du 29 septembre 1814 et Tarif officiel, page 29.).

6. Les Etrangers *peuvent amener leurs bestiaux au pacage,* mais on doit en garantir le renvoi à l'Etranger. A cet effet, on aura soin de faire souscrire des acquits-à-caution, qui, si ce renvoi n'avait pas lieu dans les délais utiles, assureraient le paiement des droits d'entrée (Circ. du 17 juillet 1819, n° 504.).

Chapitre dix-huitième.

Des Ouvrages d'or et d'argent.

C'est d'après les lois générales de douanes que doivent être poursuivies les contraventions constatées sur les Ouvrages d'or et d'argent, en tant, toutefois, que ces contraventions font infraction auxdites lois.

D'après l'état actuel de la jurisprudence, les préposés de douane s'abstiennent de constater eux-mêmes les contraventions qu'ils pourraient découvrir pour défaut de marque ; ils se bornent à remettre les objets trouvés non poinçonnés aux employés de l'administration des contributions indirectes qui peuvent seuls verbaliser lorsqu'il y a infraction aux lois de garantie.

Chapitre dix-neuvième.

Marchandises transportées par les courriers des malles.

Il est défendu aux courriers des malles de se charger d'aucune marchandise , à peine de confiscation ...... et, pour vérifier les contraventions, leurs brouettes, malles et valises pourront être visitées au bureau de de première et seconde ligne. » (Loi du 22 août 1791, titre 2, art. 28).

« Les courriers des malles seront soumis aux visites de chaque bureau, ils ne se chargeront d'aucune marchandise, à peine de confiscation, de trois cents livres d'amende, et d'être exclus de tout emploi dans les Postes » (Loi du 4 germinal an 2, titre 5, art. 7.).

2. « Les courriers nationaux....... ne pourront se charger que des paquets appartenant au service des Postes » (Arrêté du 17 octobre 1794 , art. 1er.).

« Il leur est expressément défendu de se charger d'aucune marchandise, sous les peines portées par l'article 7 du titre 3 de la loi du 4 germinal, an 2 » (Idem, art. 2).

« Les courriers étrangers qui se chargent d'objets de commerce sont sujets à visite et au paiement des droits de douanes » (Idem, art. 3).

« Les courriers étrangers sont tenus de se conformer aux dispositions de l'art. 7 du titre 3 de la loi du 4 germinal » (Idem, art. 4).

5. « Tout courrier ordinaire des dépêches, soit français, soit étranger, est tenu de porter *un part énonciatif* de ses nom et prénoms, ainsi que du bureau de poste duquel il dépend, et de souffrir les visites des préposés des douanes, conformément aux lois des 22 août 1791, et 4 germinal an 2...... » (Règlement du 15 mars 1810, art 1er. Cir. du 9 avril 1810).

Même règlement, art. 2 : « La visite des préposés des douanes ne pourra avoir lieu, dans leur bureau, que sur les caisses, balles, ballots ou paquets non scellés du cachet de l'administration des postes, et non portés sur le part du courrier.

» Mais tout ce qui sera scellé du cachet des postes et porté sur le *part*, ne pourra, conformément à la décision du ministre des finances, en date du 12 prairial an 5, être visité que dans le bureau des postes françaises le plus voisin, en présence des préposés de ce bureau, qui seront tenus de présenter eux-mêmes aux préposés des douanes tous les objets que ces derniers jugeront sujets à la visite, et il en sera dressé procès-verbal.

» Les paquets et objets qui auront subi la visite, et dans lesquels il ne sera rien trouvé de sujet aux droits, seront refermés avec soin et croisés d'une ficelle sur laquelle sera apposé le cachet des postes.

» Il sera, en outre, écrit sur l'enveloppe: *Visité au bureau de . . . . . le . . . . . par les préposés de l'administration des douanes qui en ont requis l'ouverture.* La mention dont il s'agit sera signée des nom, prénoms et qualités du préposé de cette administration qui aura procédé à la visite, et de ceux du directeur ou préposé des postes qui en aura été témoin. »

Art. 3 : « Toutes les fois que les préposés des douanes demanderont à faire la visite des paquets scellés d'un cachet des postes, et de leur contenu, le courrier, conformément à la décision précitée, recevra dans sa voiture, s'il y a place, celui des préposés qui devra procéder à la visite, et le conduira au bureau des postes où cette visite pourra être faite.

» Si le courrier ne peut recevoir le préposé des douanes dans sa voiture, il se rendra, au pas, au bureau des postes, de manière que ce préposé ne puisse le perdre de vue. »

4. S'il était saisi sur des courriers des objets prohibés à l'entrée, la contravention serait poursuivie d'après la loi du 28 avril 1816, en observant

cependant, que, *dans aucun cas*, les voitures et chevaux appartenant aux courriers et messageries royales, ne peuvent être saisis (Loi du 22 août 1791, tit. 2, art. 29. — Arr. de C. du 8 novembre 1805, et Paris, 30 octobre 1838).

Cependant les chevaux de poste qui servent habituellement de relais aux messageries et voitures publiques sont saisissables, comme moyens ordinaires de transport, en cas de découverte de marchandises de contrebande sur les voitures (Paris, 6 juin 1839).

5. Les messageries royales sont passibles de l'amende quand elles n'ont pas indiqué suffisamment l'expéditeur des marchandises saisies à l'intérieur (Arr. de C. du 28 avril 1820).

CHAPITRE VINGTIÈME.

Des marchandises trouvées sur des diligences, messageries ou voitures publiques.

1. « Les messagers et conducteurs de voitures publiques seront soumis, pour les objets dont leurs voitures se trouveront chargées, aux formalités ordonnées par le présent titre. En cas de contravention ou de fraude, la confiscation des marchandises sera prononcée contre eux, ainsi que l'amende dont les propriétaires, fermiers ou régisseurs des dites voitures seront responsables : néanmoins, la condamnation en l'amende n'aura pas lieu, lorsque les objets seront portés sur la feuille qui doit être représentée pour servir à la déclaration . . . . » (Art. 29 du tit. 2 de la loi du 22 août 1791).

« Les conducteurs des messageries et voitures publiques, seront soumis aux lois des douanes : si des objets ne sont pas portés sur la feuille de voyage, ils seront personnellement condamnés à une amende de trois cents livres ; les marchandises en contravention seront confisquées, de même les voitures et chevaux, et les fermiers ou régisseurs intéressés seront solidaires avec le conducteur pour l'amende de trois cents livres » (Art. 8 du tit. 3 de la loi du 4 germinal, an 2).

2. Les conducteurs de voitures publiques doivent faire une déclaration au bureau des douanes de toutes les marchandises qu'ils transportent, ou représenter la feuille de route où elles sont mentionnées, à peine d'une amende de 500 fr., outre la confiscation des objets et des moyens de transport (Arr. de C. du 24 juin 1835. Cir., n° 1305).

3. Les entrepreneurs de voitures publiques sont solidaires avec leurs conducteurs, ou autres agens, des amendes prononcées par suite de saisies opérées sur leurs voitures. L'action contre les entrepreneurs peut être intenté en tout état de cause (Arr. de C. du 19 novembre 1835. Circ. n° 1318).

4. En cas de saisie de marchandises prohibées, l'art 41 de la loi du 28 avril 1816, est, en tout, applicable aux messageries ou voitures publiques. Les moyens de transport doivent être confisqués (Arr. de C. du 8 novembre 1805 et 24 juin 1835).

5. Il y a lieu, lorsque la douane est dans le cas de constater des fraudes ou contraventions sur des voitures publiques, de conclure d'abord à toutes les pénalités édictées par les lois générales, et de requérir, en outre, comme punition spéciale, si la marchandise saisie n'est pas inscrite sur la feuille de route, ou n'y figure que sous une indication fausse, l'application, personnelle au conducteur, de l'amende de 500 fr., édictée par l'art. 8 de la loi du 4 germinal, an 2 (Strasbourg, 22 janvier 1837).

CHAPITRE VINGT-ET-UNIÈME.

Ateliers, fabriques, manufactures.

1. « Il ne pourra être formé dans la même étendue des deux lieues des frontières, à l'exception des villes, *aucune nouvelle clouterie, papeterie, ou autre grande manufacture ou fabrique*, sans l'avis du directoire du département. » (Loi du 22 août 1791 , tit. 13 , art. 41).

« L'autorisation nécessaire, d'après l'art. 41 du titre 15 de la loi du 22 août 1791 et l'article 37 du même titre de la même loi, et d'après la loi du 21 ventose an 11, pour *établir des manufactures et construire des moulins, soit à vent, soit à eau, ou autres usines*, ne sera accordée dans l'étendue du territoire formant la ligne des douanes près de la frontière de terre, que sur le rapport des préfets et l'avis des directeurs des douanes, constatant que la position de ces établissemens ne peut favoriser la fraude. » (Art. 73 de la loi du 30 avril 1806, arrêt de C. du 14 décembre 1832).

« Les *moulins* situés à l'extrême frontière, pourront être frappés d'interdiction par mesure administrative et par décision des préfets, lorsqu'il sera justifié qu'ils servent à la contrebande des grains et farines, le tout sauf le pourvoi pardevant Sa Majesté en son conseil d'état » (Idem., art. 76).

« Ces faits devront être légalement constatés par procès-verbaux de saisie, ou autres, dressés par les autorités locales ou par les préposés des douane » (Idem., art. 77).

2. « Le déplacement des fabriques et manufactures qui se trouveront dans la ligne des douanes, pourra être ordonné lorsqu'elles auront favorisé la contrebande, et que le fait sera constaté par un jugement rendu par les tribunaux compétens » (Loi du 21 ventose, an 11, art. 1er).

« Il sera accordé, pour effectuer le déplacement, un délai qui ne pourra être de moins d'un an » (Idem., art. 2).

3. « Des ordonnances du roi..... pourront..... régler le mode d'exécution des art. 41 du tit. 13 de la loi du 22 août 1791, 1 et 2 de la loi du 21 ventose an 11, et 73 de la loi du 30 avril 1806, relatifs à l'établissement des fabriques dans le rayon des frontières, et étendre, sur les magasins où seront reçus les produits de ces fabriques, la surveillance nécessaire pour qu'elles ne puissent mettre en circulation, avec des passavans, aucune marchandise importée frauduleusement dans le royaume » (Loi du 28 avril 1816, art. 57, § 5).

Ces ordonnances n'ayant pas encore été rendues, les règles précédemment établies doivent continuer de recevoir leur exécution (Arr. de C. du 14 juin 1839).

4. Dans la pratique, on soumet au compte ouvert toute fabrique située dans le rayon, et dont les produits sont analogues à ceux qui sont prohibés ou fortement imposés (M. du m.).

Quant aux autres produits également fabriqués dans les deux myriamètres, la circulation n'en sera autorisée, au sortir de l'atelier, que sur la déclaration qu'en feront à la douane, avant l'enlèvement, les propriétaires mêmes de ces établissemens, qui devront ensuite les représenter au bureau où le passavant sera délivré. Le permis d'enlèvement sera donné au pied de la déclaration qui devra toujours être visée par l'autorité locale, et dans laquelle le fabricant certifiera que les marchandises y désignées sont le produit de son industrie (Lille, tome 8, pag. 43, en note).

Troisième partie.

1° Des Saisies.
2° De la Procédure.

CHAPITRE PREMIER.

Des saisies.

1. Les infractions aux lois de douanes, constatées par des procès-verbaux, prennent le nom de *saisies*, parceque, dans un grand nombre de cas, les marchandises et les moyens de transport sont confisqués.

Ces infractions se divisent en trois classes, savoir:

1° *Contravention*, qui, en douane, signifie défaut, manque de forme, et qui comprend tout ce qui n'est pas fraude, ou contrebande;

2° *Fraude*, qui comprend la contravention, en tant qu'elle n'entraîne que des condamnations civiles;

3° *Contrebande*, qui s'entend des délits que la loi punit non-seulement de l'amende, mais encore de peines corporelles.

L'acte qui constate ces différentes infractions, prend le nom de procès-verbal ou rapport.

19

ACTE CONSERVATOIRE.

2: Chaque saisie doit faire l'objet d'un rapport.

1º Cependant, en matière civile, on peut, mais rarement, s'écarter du mode tracé par la loi, c'est-à-dire, *rédiger un simple acte au lieu d'un procès-verbal*, si la contravention ne présente aucune espèce d'importance ; s'il s'agit, surtout, d'un excédant qui donne lieu au paiement d'un double droit, et que cette demande ne s'élève qu'à une somme très-modique. Si le contrevenant est connu par la parfaite exactitude de ses relations avec la douane, et que les chefs de la localité soient unanimes pour penser qu'il n'est pas nécessaire de rédiger procès-verbal, on peut alors se borner à faire reconnaître la contravention, et à faire payer immédiatement les condamnations encourues.

L'acte qui est rédigé dans ce cas doit être daté et fait sur papier timbré : il doit expliquer très-clairement l'objet, la nature de la contravention, et indiquer le nom des employés qui l'ont constatée : enfin, il doit toujours être fait double entre le contrevenant et le représentant de l'administration (Paris, 26 octobre 1855 et 5 mars 1857).

Cet acte n'est soumis à aucune autre formalité qu'à celle de l'enregistrement, et ne doit point contenir assignation, attendu que l'instance judiciaire ne peut être introduite qu'après que le droit de saisir est ressorti de la décision des experts.

Quand, d'après cette décision, la conviction de la fausse déclaration est acquise aux employés, ils doivent constater cette contravention par un procès-verbal assujetti à toutes les formalités prescrites par la loi du 9 floréal an 7 (Paris, 51 janvier 1859, et arr. de C. du 16 décembre 1809).

2º En matière de primes, si les employés ont seulement *lieu de penser* que la qualité ou la valeur que l'on déclare, exagère la qualité ou la valeur de la marchandise que l'on présente, c'est-à-dire, s'ils n'ont pas de raison suffisante pour saisir, mais seulement pour douter, ils doivent se borner à dresser un acte conservatoire par lequel ils constatent le prélèvement d'échantillons, et se réservent d'exercer les poursuites de droit, dans le cas où les commissaires experts institués par l'art. 19 de la loi du 27 juillet 1822, viennent à décider que la qualité ou la valeur a été faussement déclarée. On fait souscrire cet acte au déclarant, ou l'on fait mention de son refus.

Si les commissaires confirment le doute des employés, la contravention devient certaine, et alors on la constate par un procès-verbal motivé sur la déclaration des experts (Cir. du 5 février 1827, Nº 1052).

5º Il résulte implicitement d'une lettre de l'administration en date du 24 janvier 1859, qu'il n'y a nécessité absolue de rédiger un rapport en forme pour constater un excédant à un compte-ouvert, que lorsque le détenteur, contenant le résultat du recensement, refuse de payer immédiatement le simple et le double droit d'entrée, et déclare vouloir s'en remettre à justice.

Mais quand, dans la vue d'éviter les frais d'un rapport et d'un jugement, il se soumet à payer volontairement le montant des condamnations encourues, un procès-verbal n'est plus nécessaire; *il suffit de rédiger un simple acte de soumission.*

Cet acte ne serait susceptible d'enregistrement qu'autant qu'il devrait être produit en justice.

Voir *aux modèles* comment cet acte peut être rédigé.

(Princip. de Pontarlier, 8 mars 1859).

4° En cas de contravention aux articles 4 et 19 de la loi du 9 février 1832, relatifs au transit et à l'entrepôt des objets prohibés, il faut rédiger procès-verbal, mais on peut autoriser le commerce à faire suivre à la marchandise sa destination primitive, moyennant *qu'on souscrira*, préalablement à toute remise, *une soumission dûment cautionnée*, de payer les condamnations requises par le procès-verbal et légalement encourues, ou, en tout cas, de s'en rapporter purement et simplement à la décision de l'administration (Paris, 14 septembre 1857).

5. *Saisies mixtes.* Il arrive quelquefois que les faits de fraude ou de contravention, constatés par un procès-verbal, donnent lieu à des amendes différentes (comme, par exemple, l'importation de poudres avec des tissus, ou de cartes avec des tabacs, etc.), et que, sous le motif que la cumulation des peines est interdite par le code d'instruction criminelle (art. 365), quelques tribunaux se bornent à prononcer alors l'amende la plus forte.

Cette interprétation de la loi est erronée : il doit être prononcé autant d'amendes qu'il y a de faits distincts de fraude, lorsque surtout chacun de ces faits entraîne une amende spéciale (Arr. de la cour de Besançon du 18 janvier 1857, et art. de C. du 1er octobre 1829, en matière de postes, et Cir. N° 1617).

4. *Absence, nullité des rapports.* Dans les procès de nature à être portés devant *les tribunaux correctionnels*, l'administration des douanes et le ministère public, qui la représente, peuvent, *en cas de nullité*, et même à *défaut d'un procès-verbal de saisie*, demander à faire, par les voies légales, *la preuve* des faits de fraude et de contrebande qu'ils dénoncent à la justice, et ces faits, une fois prouvés, les tribunaux ne peuvent se dispenser d'appliquer aux contrevenans *les peines pécuniaires et corporelles* que comporte le délit d'après les lois de la matière.

Cette règle est fondée sur l'art. 1er du décret du 8 mars 1811, et sur l'article 154 du code d'instruction criminelle, dont voici le texte :

Art. 1 du décret du 8 mars 1811 : « Toute introduction de marchandises prohibées, de quelque manière qu'elle soit constatée, *et même à défaut ou en cas de nullité du procès-verbal*, sera, indépendamment de la confiscation, punie des peines déterminées par les lois et réglemens.... »

Art. 154 du code d'instruction criminelle : « Les contraventions seront prouvées, soit par procès-verbaux ou rapports, *soit par témoins à* défaut de rapports et procès-verbaux, ou à leur appui..... »

Un arrêt de la cour de cassation en date du 22 novembre 1838 dispose que, d'après le décret du 8 mars 1811, qui se trouve en harmonie avec le nouveau code d'instruction criminelle ; et qui n'a été *ni expressément ni tacitement abrogé*, la preuve des faits qu'il signale et le maintien de la saisie ne doivent pas dépendre uniquement de la régularité des procès-verbaux des préposés : que cette preuve peut être établie par toutes les voies que le droit commun autorise, et que la répression n'est pas non plus bornée à la confiscation des marchandises saisies, mais qu'elle comporte l'application des autres peines, *soit d'emprisonnement, soit d'amende.*

Cette jurisprudence a été confirmée par des arrêts de cassation du 8 février 1839.

Le décret du 8 mars 1811 est applicable non-seulement *aux marchandises prohibées, mais encore à celles prohibées conditionnellement, à celles payant 20 fr. et plus les 100 kilogrammes, à celles saisies dans l'Intérieur, comme, enfin, aux produits dont la prohibition antérieure est aujourd'hui remplacée par des droits.*

(Circ. du 15 mars 1839, N° 1748).

5. *Saisie hors les lignes.* Une saisie faite en-deçà des lignes *est nulle* si la marchandise n'a pas été suivie à vue sans interruption par les saisissans (Arr. de C. du 8 juin 1810. Lille, tome 12, p. 312).

6. *Distance de l'Etranger.* Art. 42, tit. 13 de la loi du 22 août 1791. « La fixation des distances entre le territoire étranger et la ligne, sera faite sans égard aux sinuosités des routes, en prenant la mesure la plus droite à vol d'oiseau. »

La distance entre le lieu de la saisie et le territoire étranger doit se mesurer par la ligne droite prise sur un plan parfaitement horizontal (Arr. de C. du 28 juillet 1806).

7. *Violation de territoire.* C'est au gouvernement seul qu'il appartient de statuer sur la question de savoir si un lieu où une saisie aurait été faite, est étranger ou français.

C'est aux parties à se pourvoir, sur cette question, par les voies de droit, et non aux tribunaux à la décider (Arr. de C. du 27 août 1800, et loi du 24 août 1790, tit. 2, art. 13).

8. *Marchandises cachant la fraude.* Dans le cas où la loi a ordonné la saisie des moyens de transport, la confiscation doit porter également sur les autres marchandises du chargement *qui auraient servi à couvrir l'introduction des objets prohibés.* Ces marchandises sont alors légalement considérées comme moyens de transport (Arr. de la cour de Metz, du 6 septembre 1837, Circ. 1661).

9. *Marchandises non saisissables arrêtées avec d'autres objets de fraude.* Toutes les fois que des objets non susceptibles d'être frappés de confiscation seront restés en dépôt dans un bureau de douane, à la suite ou à l'occasion d'une saisie entrainant condamnation à une amende, et que le condamné ne se soit pas libéré, on poursuivra l'autorisation d'affecter aux condamnations la valeur de ces premiers objets, en procédant par voie de *saisie-exécution* dans la forme tracée par les articles 585 et suivants du code de procédure.

Le jugement même de condamnation à l'amende formant le titre de la poursuite, il ne sera point nécessaire de provoquer un jugement spécial d'affectation. On n'aura plus ainsi à faire que *des actes d'exécution*, qui consisteront dans la notification de ce jugement avec commandement de payer, faite à la personne du débiteur. Ce commandement devra contenir élection de domicile dans la commune où doit se faire l'exécution, et l'administration ayant les marchandises entre les mains n'élira pas d'autre domicile que celui du receveur ou autre agent dépositaire des objets : un jour après le commandement, le procès-verbal de saisie-exécution sera fait.

On établira un gardien des objets poursuivis, mais ce gardien ne pourra être le saisissant, et cette qualité de saisissant appartenant ici à l'administration des douanes, on satisfera au vœu de la loi en constituant pour cet office un individu étranger au service des douanes, tel, par exemple, que le recors de l'huissier ou tout autre désigné par cet officier ministériel. La saisie sera ensuite dénoncée à la partie ; huitaine après cette dénonciation, la vente pourra avoir lieu après avoir été précédée, un jour au moins, du procès-verbal d'affiche, de quatre placards aux lieux indiqués par la loi, et, cette vente consommée, l'administration, en vertu de son privilége général, se fera remettre les deniers qui en proviendront sans qu'il soit besoin d'établir une contribution.

Dans l'intérêt de l'administration, comme dans celui des prévenus eux-mêmes, il sera toujours convenable de dresser, aussitôt après la saisie, un inventaire descriptif des objets laissés aux mains des préposés : cet inventaire sera signé des saisissans et de l'agent chargé du dépôt : une copie en sera adressée aux directeurs (Circ. du 22 novembre 1856, N° 1580).

10. MARCHANDISES DONT LA SORTIE OU L'ENTRÉE, ÉTANT PERMISE D'ABORD, EST PROHIBÉE ENSUITE. La saisie que l'on fait de ces marchandises en cas de contravention, entraine de droit la confiscation des moyens de transport et l'amende, conformément aux lois générales, bien que la disposition en vertu de laquelle cette prohibition a été rétablie ne contienne pas la mention expresse de la pénalité applicable (Deux arr. de C. du 4 mars 1839 et Cir. du 18 avril 1839, N° 1731).

11. MARCHANDISES DONT LA PROHIBITION EST REMPLACÉE PAR DES DROITS. « Les marchandises à l'égard desquelles la prohibition est remplacée par des droits, continueront d'être soumises aux dispositions des articles 58, 59, 41, 42, 43, 44, 45, 46, 47, 48, 51, 52, 55 de la loi du 28 avril 1816, et 54, 55, 56 et 57 de la loi du 21 avril 1818 » (Loi du 5 juillet 1856, art. 5).

Ces marchandises sont à peu près les suivantes :

Applications sur tulle, dites de Bruxelles. — Boutons de toute sorte, autres que ceux déjà taxés comme passementerie. — Câbles en fer pour la marine. — Châles de cachemire fabriqués au fuseau. — Cotons filés, écrus, du N° 143 et au-dessus. — Cuivre en ouvrages simplement tournés. — Cuivre filé sur soie. — Cuir de veau, odorant, de Russie, propre à la reliûre. — Dentelles de coton fabriquées à la main et au fuseau. — Dentelles de fil appliquées sur tulle. — Extrait de quinquina — Foulards de soie pure. — Horlogerie montée. — Pagnes. — Peaux tannées pour semelles. — Poterie d'étain. — Praiss, ou sauce de tabac. — Rack, rhum et tafia. — Tapis de pied, de pure laine. — Tissus en fibres de palmier et d'écorces, dits pagnes. — Vêtemens neufs et confectionnés, et autres effets neufs à l'usage des voyageurs.

12. MARCHANDISES RÉPUTÉES AVOIR ÉTÉ INTRODUITES EN FRAUDE. I° Les marchandises de la classe de celles qui sont prohibées à l'entrée, ou dont l'admission est réservée à certains bureaux par l'art. 20 de la présente loi, seront réputées avoir été introduites en fraude, dans tous les cas de contravention ci-après indiqués :

1° Lorsqu'elles seront trouvées dans le rayon des frontières, sans être munies d'un acquit de paiement, passavant, ou autre expédition valable pour la route qu'elles tiendront, et pour le tems dans lequel se fera le transport, à moins qu'elles ne viennent de l'Intérieur par la route qui conduira directement au premier bureau de deuxième ligne ;

2° Lorsque, même étant accompagnées d'une expédition portant l'obligation expresse de la faire viser à un bureau de passage, elles auront dépassé ce bureau sans que la dite obligation ait été remplie ;

3° Lorsqu'ayant été chargées sur le rayon des frontières et amenées au bureau ou représentées aux préposés pour être mises en circulation avec passavant, dans les circonstances où les réglemens permettent ce transport préalable, elles seront dépourvues des pièces justificatives de leur extraction légale de l'Étranger ou de l'Intérieur, ou de leur fabrication dans le rayon des frontières ;

4° Lorsqu'elles auront été reçues en magasin ou en dépôt dans le rayon des frontières, en contravention aux ordonnances du roi, qui désigneront les communes où ces magasins et dépôts pourront être établis, suivant le 2° paragraphe de l'art. 37 de la présente loi, et caractériseront ceux qui sont interdits comme frauduleux » (Loi du 28 avril 1816, art. 38).

2° Seront réputées introduites en fraude toutes marchandises prohibées à l'entrée du royaume, qui n'auront pas été désignées et distinguées dans la déclaration sommaire au premier bureau d'entrée, et toutes celles qui se trouveront dans les colis non déclarés à ce bureau (Art. 50, § 3 de la même loi).

13. SAISIE NON FONDÉE. 1° « Lorsque la saisie n'est pas fondée, le propriétaire des marchandises a droit à un intérêt d'indemnité, à raison d'un

pour 0/0 par mois de la valeur des objets saisis, depuis l'époque de la retenue jusqu'à celle de la remise ou de l'offre qui lui en aura été faite..... » (Art. 16 , tit. 4 de la loi du 28 avril 1799 (9 floréal , an 7).

2° Dans le cas de saisie non fondée, l'administration ne peut être tenue à restituer que le prix de vente des marchandises vendues sur requête du juge (Arr. de C. du 28 décembre 1853).

3° Quand, à raison d'un vice de forme, il y aura lieu d'annuler un procès-verbal *portant saisie d'objets prohibés* , à l'entrée ou à la sortie, il est enjoint au procureur du roi d'en requérir sur-le-champ la confiscation, laquelle sera prononcée, à la même audience, sans amende, si la douane ne peut administrer la preuve du délit, comme il est dit à l'article *absence, nullité des rapports* (Loi du 22 août 1791 , tit. X , art. 23 , et décret du 15 août 1793 , art. 4).

14. Suite des saisies. Quand un bureau passe d'une division dans une autre, *la suite contentieuse* des affaires qui y avaient pris naissance, appartient aux chefs de la *nouvelle* circonscription , et la reddition du compte des recettes et dépenses reste dévolue à ceux de l'ancienne (Cir., n° 1800).

15. On peut saisir : 1° à la circulation ; 2° à l'importation ; 3° à l'exportation ; 4° à domicile ou à l'entrepôt ; 5° devant un bureau par suite de visite , ou de fausse déclaration ; 6° à l'Intérieur ; 7° pour falsification des expéditions.

Il est d'autres délits ou contraventions encore que les préposés peuvent avoir à constater ; ce sont : les *injures*, les voies de fait , les oppositions à l'exercice de leurs fonctions, etc., comme aussi il en est qui peuvent être constatées à leur préjudice , comme les concussions, les détournemens de fonds , la forfaiture , etc. , etc.

Nous allons, dans les paragraphes qui suivent , traiter de tous ces délits.

§ 1er.

DE LA CIRCULATION.

1. Aux termes de la circulaire du 11 prairial an 6, la circulation a lieu toutes les fois que le premier bureau d'entrée ou le dernier bureau de sortie ne sont pas dépassés.

« Les lois et réglemens sur le *transport* et la *circulation* des denrées et marchandises.... seront exécutés dans les deux myriamètres des frontières de terre » (Loi du 8 floréal, an 11, art. 84 et 28 avril 1816, art. 36).

2. Règle. 1° « Les propriétaires ou conducteurs de marchandises et denrées qui passeront de l'intérieur du royaume sur le territoire des *deux myriamètres* limitrophes de l'Étranger, seront tenus de les conduire au premier bureau de sortie, et d'en faire la déclaration dans la même forme que pour l'acquit des droits. A l'égard de celles qui devront être enlevées dans cette étendue du territoire... *pour y circuler*

ou être transportées dans l'intérieur du royaume, la déclaration devra en être faite au bureau, soit d'entrée, soit de sortie, le plus prochain du *lieu de l'enlèvement;* le tout à peine de confiscation des dites marchandises et denrées, et d'amende de cent francs » (Loi du 22 août 1791, tit. 3, art. 15).

2° « Toutes marchandises et denrées *circulant dans les deux myriamètres* de l'extrême frontière sans passavant, ou avec expédition contraire à l'une des obligations déterminées, seront saisies et confisquées conformément à la loi » (Arrêté du 22 thermidor, an 10, art. 7 ; confirmé par arr. de C. du 23 juillet 1838 et l'arr. de la C. de Douai du 15 février 1839).

3° « Les mêmes peines seront encourues, lorsque le transport des marchandises, dans l'étendue des *deux myriamètres*, s'effectuera, même avec passavant, *de nuit*, entre le coucher et le lever du soleil, si le passavant n'en porte la permission expresse » (Même arrêté, art. 8 et arr. de C. des 13 décembre 1799 et 15 nivose, an 9).

4° « . . . . . Si les objets déclarés *s'écartent de la route*, ils seront confisqués. Nul enlèvement ou transport des dits objets ne pourra être fait *de nuit* (Loi du 19 vendémiaire an 6, art. 3).

5° « . . . Les préposés pourront, *en cas de suspicion de fraude*, se transporter, lors de l'enlèvement, au lieu où les dites marchandises et denrées sont déposées, et en exiger la représentation au fûr et à mesure de leur sortie du lieu de dépôt, et avant leur départ du dit lieu. Si les propriétaires ou conducteurs *refusent ou ne peuvent faire cette représentation*, ils seront poursuivis et condamnés en une amende de cinq cents francs » (Même loi, art. 2).

5. Certificat de besoin. « Les particuliers dont les habitations sont situées entre les bureaux des douanes et l'Étranger, qui voudront y faire arriver, soit de l'intérieur du royaume, soit de l'étendue du territoire soumis à la police, *d'un myriamètre* par l'arrêté du 17 thermidor an 4, *des bestiaux, chevaux, mules et mulets, cires, soies et autres objets dont la sortie est défendue*, ou soumises à des droits, n'obtiendront de passavans pour ce transport qu'autant qu'ils seront porteurs de certificats de la municipalité du lieu de la destination, constatant que ces bestiaux et marchandises sont pour leur usage et consommation » (Arrêté du 25 messidor an 6, art. 1er).

4. Déclaration. « Les marchandises et denrées qui devront circuler dans le rayon, *devront être déclarées au bureau*, soit d'entrée, soit de sortie, le plus prochain du lieu de l'enlèvement » (Loi du 22 août 1791, tit. 5, art. 15).

« Les propriétaires ou conducteurs...... seront tenus d'ajouter à la déclaration prescrite par l'art. 15 du tit. 5 de la loi du 22 août 1791, *l'indication précise de la maison* où ces marchandises et denrées sont déposées, et *le lieu de leur destination*, ainsi que *le jour* et *l'heure* où elles devront être enlevées... » (Loi du 19 vendémiaire an 6, art. 2).

5. Certificat d'origine. 1° « Il ne sera accordé de passavant et expédition pour l'enlèvement des marchandises...... que pour les espèces et quantités dont l'origine aura été justifiée par les acquits de paiement des droits d'entrée, ou les expéditions d'un bureau de douane justificatives de leur extraction de l'intérieur. Tout excédant ou autres objets seront censés introduits en fraude » (Arrêté du 22 thermidor an 10, art. 2, 5 et 4).

« Seront exempts des formalités ci-dessus, les consommateurs qui, pour leur usage, auront acheté dans le myriamètre de la frontière et transporteront à leur domicile, les jours de foire ou de marché, les coupons d'étoffes et autres objets de consommation *qui n'excèderont pas cinq mètres en étoffes de laine, huit mètres en étoffes de soie et en toile de coton et autres, et trois kilog. de sucre ou de café* » (Idem, art. 5).

2° Défaut de certificat d'origine. « Les marchandises de la classe de celles qui sont prohibées à l'entrée, ou dont l'admission est réservée à certains bureaux par l'article 20 de la présente loi (ce sont celles qui paient 20 fr. et plus les 100 kilog.), seront réputées avoir été introduites en fraude dans tous les cas de contravention ci-après..... lorsqu'ayant été chargées sur le rayon des frontières et amenées au bureau, ou représentées aux préposés *pour être mises en circulation avec passavant*, dans les circonstances où les réglemens permettent ce transport préalable, elles se trouveront dépourvues des pièces justificatives de leur extraction légale de l'Etranger ou de l'Intérieur, ou de leur fabrication dans le rayon des frontières..... » (Loi du 28 avril 1816, art. 58).

Le mode établi par un arrêté préfectorial pour la justification d'origine des produits récoltés dans le rayon est obligatoire pour les habitants, et les saisies opérées à défaut de cette justification sont régulières (Arr. de C. du 20 décembre 1839. Cir. 1794).

5° La circulation des produits manufacturés fabriqués dans les deux myriamètres, ne peut être autorisée que sur la déclaration qu'en feront à la douane, *avant l'enlèvement*, les propriétaires qui devront ensuite les présenter au bureau où le passavant sera délivré. Ces déclarations ou factures, qui devront toujours être visées par l'autorité locale, *serviront de titre d'extraction* et seront conservées dans les bureaux pour la décharge des receveurs (Circ. de la direction de Dunkerque des 1er septembre et 1er octobre 1814. Lille, pag. 57, vol. 8e).

4° Les expéditions *non visées* aux bureaux y indiqués, et celles qui ont *plus d'un an de date*, ne peuvent servir de titre d'extraction (Dunkerque, 1er septembre 1814. Lille, tom. 8, pag. 57, et loi du 17 mai 1826, art. 22).

6. Délivrance des passavants. Elle a lieu : 1° *Avant l'enlèvement* pour les objets taxés à moins de 20 fr. le quintal métrique, ou de 10 pour 0/0 de la valeur (Lois du 22 août 1791, tit. 3, art. 15 et 19 vendémiaire an 6, art. 1er).

2° *Après l'enlèvement et la présentation au bureau*, pour les objets de la classe de ceux qui, à l'entrée, sont prohibés ou taxés à 20 fr. et plus les 100 kilog., ou à 10 pour 0/0 de la valeur (Arrêté du 22 thermidor an 10, art. 6 et 1er).

3° *Après la déclaration* des marchands qui ont un compte-ouvert ; mais en cas d'excédant ou de substitution, la saisie est constatée (Même arrêté, art. 2 et 3, et cir. du 3 fructidor an 10).

7. Refus des passavans. « Les employés des bureaux de première ligne, dans les communes au-dessus de 2,000 âmes, et de tous ceux des bureaux intermédiaires ou de seconde ligne ne doivent point délivrer *de passavans pour le transport des matières prohibées à la sortie*, quand les endroits de destination indiquée, situés dans la demi-lieue de l'extrême frontière, sont notoirement connus pour n'offrir à ces mêmes matières premières, par l'existence de fabriques analogues, aucun emploi légal. A cet effet, les commis de diverses douanes devront se faire indiquer les fabriques situées, dans la demi-lieue frontière, aux points correspondans de leurs bureaux.

» En cas d'incertitude sur l'existence même de la fabrique, ils exigeront des expéditeurs un certificat qui la constate. Cette pièce serait délivrée par le maire de la commune dont la fabrique ferait partie » (Circ. du 17 juin 1813, n° 45).

8. Exemption des passavans. « Le transport, dans le myriamètre limitrophe de l'Étranger, des *poissons, pain, vin, cidre ou poiré, bière, viande fraiche ou salée, volaille, gibier, fruits, légumes, laitage, beurre, fromage* (à l'exception des départemens du Doubs, de l'Ain et du Jura), *et autres objets de jardinage*, lorsqu'ils ne feront pas route vers l'Étranger, et dans tous les cas, lorsqu'ils sont transportés, aux jours de foire et de marché, dans les villes de la frontière, est excepté des formalités prescrites pour la circulation » (Lois du 22 août 1791, tit. 3, art. 17 ; 19 vendémiaire an 6, art. 4 ; 28 avril 1816, art. 57, et arrêté du 22 thermidor an 10, art. 9).

Les *grains et graines* n'étant point compris dans l'exemption ci-dessus, il s'ensuit qu'ils sont absolument soumis, dans le rayon des douanes, aux formalités prescrites par l'arrêté du 22 thermidor an 10, pour la police des circulations (Arr. de C. du 20 janvier 1840. Cir. 1799).

9. Forme des passavans. « Les passavans indiqueront — le lieu de départ — celui de destination — les qualités — quantités — poids — nombre et mesures des marchandises ou denrées. Ils fixeront en toutes lettres — le tems nécessaire pour le transport — la route à parcourir — et la date du jour où ils seront délivrés. Ils porteront l'obligation — de les représenter, ainsi que les marchandises, aux préposés des bureaux qui se trouveront sur la route, pour y être visés — et à toute réquisition, aux employés des différens postes qui pourront conduire les objets au plus prochain bureau pour y être vérifiés, sauf les dommages et intérêts envers le conducteur ou le propriétaire, s'il n'y a ni fraude, ni contravention (Arrêté du 22 thermidor an 10, art. 6, et loi du 22 août 1791, tit. 3, art. 16).

10. Nullité des passavans. Ils sont nuls et donnent lieu à la saisie ,

1° Quand *les délais y portés sont expirés* (Loi du 22 août 1791, tit. 3, art. 16, et arr. de C. du 10 mars 1804).

2° Quand, portant l'obligation expresse de les faire viser à un bureau de passage, les marchandises auront dépassé ce bureau *sans que la dite obligation ait été remplie* (Loi du 28 avril 1816, art. 58, § 2, et arr. de C. du 19 juillet 1831).

3° Quand les marchandises présentées au bureau *ne sont pas identiquement les mêmes* que celles décrites au passavant (Arr. de C. du 19 novembre 1834).

4° Quand il y a *défaut d'identité entre la qualité, le poids*, etc. , des objets énoncés et *la qualité, le poids*, etc. , de ceux transportés (¹) (Arr. de C. du 24 août 1808).

5° Quand ils sont contraires à l'une des obligations déterminées (Arr. du 22 thermidor an 10, art. 7).

11. Visa des passavans. 1° Les passavans doivent être visés dans tous les bureaux indiqués pour ce visa (Loi d'août 1791, tit. 3, art. 16).

2° Il est défendu de viser un passavant pour une destination ultérieure (Lille, tom. 8, pag. 47).

(¹) La loi n'ôte point au marchand le droit de vendre en route et de disposer de sa marchandise comme bon lui semble : elle veut seulement que le transport soit effectué à certaines conditions, telles que le visa, le délai, etc.

3° Une fois arrivées à leur destination, on ne peut saisir les marchandises sous prétexte que le passavant n'a pas été visé au bureau de la route indiquée (Arr. de C. du 29 frimaire an 11).

4° On peut visiter le marchandises dans chaque bureau et chaque poste de passage.

5° Le passavant ne doit être remis à l'intéressé qu'au moment du départ des marchandises (Loi du 28 avril 1816 , art. 52).

Le passavant pour la circulation du *menu bétail* est exempt de timbre (Circ. , n° 1114).

12. CIRCULATION DES MARCHANDISES PROHIBÉES ou payant 20 fr. et plus les 100 kilogrammes. « Les marchandises de la classe de celles qui sont prohibées à l'entrée, ou dont l'admission est réservée à certains bureaux par l'article 20 de la présente loi (ceux tarifés à 20 fr. et plus les 100 kilog.), seront réputées avoir été introduites en fraude, dans tous les cas de contravention ci-après :

» 1° Lorsqu'elles seront trouvées dans le rayon des frontières, sans être munies d'un acquit de paiement, passavant ou autre expédition valable pour la route qu'elles tiendront, et pour le temps dans lequel se fera le transport, à moins qu'elles ne viennent de l'Intérieur par la route qui conduira directement au premier bureau de 2° ligne.... » (Loi du 28 avril 1816 , art. 58 , § 1er).

13. DÉFAUT D'IDENTITÉ. 1° EN NATURE OU EN ESPÈCE. « Si , à la vérification des objets présentés en douane, *pour obtenir un passavant de circulation,* on découvre un manque d'identité *en nature ou en espèce,* les objets seront saisis en garantie de l'amende de 500 fr. qui, en cas d'insuffisance de valeur, sera recouvrée par voie de contrainte , et après jugement.... » (Loi du 7 juin 1820 , art. 13 , § 1er).

2° SIMULACRE. « Si l'objet présenté n'était qu'un simple simulacre, sans valeur aucune, et que le déclarant n'eût pas de domicile connu , ou ne pût fournir caution, celui-ci sera traduit, à l'instant même, pardevant le procureur du roi, ou autre magistrat chargé de la police judiciaire, qui le ferait conduire devant le juge d'instruction , lequel aurait à décider si, pour garantie de l'amende encourue, il y a lieu de s'assurer de sa personne, et de décerner contre lui un mandat de dépôt: et, dans le cas où le mandat de dépôt aurait été décerné , le déclarant sera traduit au tribunal correctionnel, et condamné en la dite amende de 500 fr., pour le paiement de laquelle il pourra, comme en toute autre matière de délit, être retenu pendant le tems déterminé par la loi » (Loi du 7 juin 1820, art. 13, § 2).

3° **Absence d'une partie de la marchandise.** L'absence d'une partie de la marchandise déclarée pour obtenir un passavant de circulation, est punie par l'article 15 de la loi du 7 juin 1820 (Paris, 4 mars 1857, et Besançon, 16 mars 1857).

§ 2.

SAISIES A L'IMPORTATION.

1. *Objets non prohibés payant moins de* 20 *fr. les* 100 *kilogrammes.*

1° « Toutes les marchandises et denrées importées dans le royaume, *seront conduites directement au premier bureau d'entrée de la frontière* à peine de confiscation.... Les marchands et voituriers seront tenus de combiner leur marche de manière à prendre la route directe du lieu où sera situé le premier et le plus prochain bureau..... » (Loi du 22 août 1791, tit. 2, art. 1ᵉʳ).

2° « Les mêmes peines seront encourues lorsque les marchandises *auront dépassé les bureaux*, ou lorsqu'avant d'y avoir été conduites, *elles seront introduites dans quelque maison ou auberge....* » (Idem, art. 2).

3° « Toutes marchandises importées par terre en France, seront conduites au premier bureau d'entrée, à peine de confiscation et de deux cents francs d'amende.... » (Loi du 4 germinal an 2, tit. 3, art. 4).

4° « Il y aura lieu aux mêmes condamnations pour les objets saisis, après avoir dépassé le bureau sans permis » (Idem, art. 5).

2. *Objets prohibés, ou payant* 20 *fr. et plus les* 100 *kilogrammes.*

1. « Toute importation par terre d'objets prohibés, et toute introduction frauduleuse d'objets tarifés dont le droit serait de 20 fr. par quintal métrique et au-dessus, donneront lieu à l'arrestation des contrevenans, et à leur traduction devant le tribunal correctionnel, qui, indépendamment de la confiscation de l'objet de contrebande et des moyens de transport, prononcera solidairement contre eux une amende de cinq cents francs, quand la valeur de l'objet de contrebande n'excèdera pas cette somme, et, dans le cas contraire, une amende égale à la valeur de l'objet » (Loi du 28 avril 1816, art. 41, tit. 5).

« Les contrevenans seront, en outre, condamnés à la peine d'emprisonnement » (Idem, art. 42).

« Si ces importations ou introductions ont été commises par moins de trois individus, l'emprisonnement sera d'un mois au plus, et pourra être réduit à trois jours lorsque l'objet de fraude n'excèdera pas dix mètres, si ce sont des tissus, ou cinq kilogrammes si ce sont d'autres merchandises » (Idem, art. 43).

« Dans le cas où elles auraient été commises par une réunion de trois individus et plus, jusqu'à six inclusivement, l'emprisonnement sera d'un an, au plus, et de trois mois, au moins » (Idem, art. 44).

« Seront justiciables des cours prévôtales (¹) les prévenus de toute importation prohibée ou frauduleuse, si, étant à cheval, ils sont au nombre de trois, et plus; et si, étant à pied, ils sont en nombre supérieur à six » (Idem, art. 48).

« Tout fait de contrebande de la compétence prévôtale, entraînera :

1° La confiscation des marchandises et des moyens de transport ;

2° Une amende solidaire de 1000 francs, si l'objet de la confiscation n'excède pas cette somme, ou du double de la valeur des objets confisqués, si cette valeur excède mille francs ;

3° Un emprisonnement qui ne pourra être moindre de six mois, ni excéder trois ans » (Idem, art. 51).

2. Poursuite de la fraude. 1° « Les préposés pourront, en cas de poursuite de la fraude, la saisir même en deçà du rayon, pourvu qu'ils l'aient vue pénétrer et qu'ils l'aient suivie sans interruption » (Loi du 22 août 1791, tit. 13, art. 35).

2° « Les marchandises prohibées ou réputées introduites en fraude, *seront saisissables à quelque distance qu'elles puissent être arrêtées dans l'In-*

(¹) « Les tribunaux correctionnels connaîtront des faits de contrebande dont la connaissance était attribuée aux cours prévôtales par l'art. 48 du titre 3 de la loi du 28 avril 1816, et appliqueront les peines prononcées par l'art. 51, soit que la contrebande ait été faite ou tentée par les frontières de terre, ou sur les côtes maritimes » (Loi du 21 avril 1818, art. 37).

térieur, s'il est constaté, par le procès-verbal en bonne forme rédigé par les préposés saisissans :

I° » Qu'elles ont franchi la limite du rayon, et qu'ils les ont poursuivies, sans que leur transport ni leur poursuite aient été interrompus, jusqu'au moment où ils auront atteint et arrêté ce transport sur les routes ou en pleine campagne, ou jusqu'à celui de l'introduction des marchandises dans une maison ou autre bâtiment, dans le cas de poursuite prévu à l'article 36 du titre 13 de la loi du 22 août 1791 (Voir cet article au mot : *Recherche de la fraude*) ;

2° » Que les dites marchandises sont dépourvues, au moment de la saisie, de l'expédition qui était nécessaire pour les transporter ou faire circuler dans le rayon des frontières » (Loi du 28 avril 1816, art. 59).

3° Le rapport ne peut être attaqué lorsque l'un des préposés poursuivant la fraude vient, *après l'avoir momentanément perdue de vue, et sans avoir diverti à d'autres actes*, attester l'exactitude de ce rapport (Arr. de C. du 12 août 1833).

4° Le concours de deux préposés n'est exigé que pour constater la saisie : il ne l'est pas *pour constater et certifier la poursuite à vue* (Arr. de C. du 23 août 1836).

5° Les marchandises que les préposés *ont vues sortir du rayon et qu'ils ont suivies sans interruption* jusqu'à un bâtiment de l'intérieur où les porteurs les auraient momentanément déposées, peuvent être valablement saisies par application des lois sur l'importation (Arr. de C. du 11 février 1837).

Toutes ces saisies sont considérées et traitées comme saisies faites dans les lignes.

Voir le mot : *Saisies hors des lignes.*

§ 3.

SAISIES A L'EXPORTATION.

I. *Objets non prohibés.*

I° Il faut regarder comme constant et conforme au véritable vœu de la loi que l'exportation est caractérisée du moment que le dernier bureau de sortie est dépassé (Circ. du 11 prairial an 6).

2° « Ceux qui voudront faire sortir du royaume des marchandises ou denrées, seront tenus..... de les conduire au premier bureau de sortie *par la route la plus directe et la plus fréquentée.*

» Il leur est défendu de prendre *aucun chemin oblique tendant à contourner et éviter les bureaux.*

» Il y aura lieu à pareilles peines *lorsqu'ils auront dépassé ces bureaux*, et qu'ils se trouveront entre les deux lignes sur lesquelles ils seront établis, sans les expéditions ci-après prescrites » (Loi du 22 août 1791, tit. 2, art. 3).

3° « Les marchandises *(qui doivent être exportées)* seront, après le permis..., conduites, par terre, à l'étranger...... *immédiatement et sans délai, sans emmagasinage ni transport rétrograde* » (Loi du 4 germinal an 2, tit. 3, art. 2).

4° « Les marchandises qui doivent être exportées seront conduites au premier bureau de sortie, par la route la plus directe, à peine de confiscation et de deux cents francs d'amende » (Idem, art. 4).

2. *Objets prohibés.*

1° « Si des marchandises dont la sortie est prohibée sont exportées, elle seront confisquées, ainsi que les bâtimens, voitures et animaux servant au transport » (Loi du 4 germinal an 2, tit. 2, art. 10).

2° « Toutes les marchandises prohibées à l'entrée que l'on introduira..... seront confisquées ainsi que les voitures, chevaux et équipages servant au transport. Les propriétaires des dites marchandises, voituriers et autres préposés à la conduite, seront solidairement condamnés en l'amende de cinq cents francs, sauf leur recours..... » (Loi du 22 août 1791, tit. 5, art. 1er).

3° « Seront réputées dans le cas des dispositions de l'article ci-dessus, les marchandises prohibées qui auront passé au-delà du premier bureau, ou qui auront pris un chemin différent; ainsi que celles que les préposés auront.... vu mettre à terre » (Idem, art. 2).

4° « Les dispositions des deux articles précédens seront exécutées à l'égard des marchandises prohibées à la sortie... » (Idem., art. 3).

§ 4.

SAISIES A DOMICILE OU A L'ENTREPÔT.

1. *Objets non prohibés.*

« Les marchandises et denrées ainsi entreposées, seront saisies et confisquées avec amende de cent francs contre ceux qui les auront reçues en entrepôt..... » (Loi du 22 août 1791, tit. 13, art. 39).

2. *Objets prohibés.*

1° « Les marchandises de la classe de celles qui sont prohibés à l'entrée, ou dont l'admission est réservée à certains bureaux par l'article 20 de la présente loi (ce sont celles taxées à 20 fr. et plus les 100 kilogrammes), seront réputées avoir été introduites en fraude, dans tous les cas de contravention ci-après indiqués :

.... Lorsqu'elles auront été reçues en magasin ou en dépôt dans le rayon des frontières, en contravention aux ordonnances du Roi......... » (Loi du 28 avril 1816, art. 38, § 4).

2° «... Les cotons filés, les tissus et tricots de cotons et de laine, et tous autres tissus de fabrique étrangère, seront recherchés et saisis dans toute l'étendue du royaume..... » (Idem, art. 59).

3° L'article 41 et les suivans de la loi du 28 avril 1816, punissent de la confiscation des objets et d'une amende de 500 francs, ouégale à la valeur, les détenteurs d'objets prohibés ou réputés avoir été introduits en fraude. Voir ces articles au mot : *Importation d'objets prohibés* (Circ. du 14 février 1817).

5. *Dispositions générales,*

I. Entrepôts défendus. « Tout magasin ou entrepôt de marchandises manufacturées, ou dont le droit d'entrée excède douze francs par quintal, ou enfin dont la sortie est prohibée ou assujétie à des droits par le nouveau tarif, est défendu dans la distance *des deux* (1) *myriamètres* des frontières de terre, à l'exception des lieux dont la population sera *au moins de deux mille âmes* » (Loi du 22 août 1791 , tit. 13, art. 57).

La population des hameaux et écarts ne peut concourir à former le nombre de 2000 âmes dont parle l'art. 57 de la loi de 1791, tit. 13. La loi veut, au contraire, que ce nombre se trouve au moins dans l'enceinte même du lieu où l'on prétend établir des magasins ou entrepôts (Cir. du 11 octobre 1795).

2. « Sont réputées en entrepôt toutes celles des dites marchandises autres cependant *que du crû du pays*, qui seront en balles ou ballots, et pour lesquelles on ne pourra pas représenter d'expéditions d'un bureau de douane délivrées dans le jour pour le transport des dites marchandises » (Loi du 22 août 1791, tit. 13, art. 58).

On doit entendre par les mots *crû du pays*, les productions mêmes de la commune où est l'entrepôt (Cir. du 5 mars 1800).

L'article 58, tit. 13 de la loi du 22 août 1791, n'est point limitatif de l'article 57, quand il déclare un des caractères auxquels on reconnaitra l'entrepôt.

Les dispositions de l'art. 57 sont générales et embrassent toutes les marchandises prohibées à l'entrée et à la sortie, et dont les droits sont de 12 fr. par 100 kilogrammes (Arr. de C. du 18 novembre 1817).

3. Recherche de la fraude. 1° « Les préposés pourront (en cas de poursuite de la fraude), faire leurs recherches dans les maisons situées dans l'étendue des *deux myriamètres* frontières de terre, pour y saisir les marchandises de contrebande et autres ; mais seulement dans le cas où, n'ayant pas perdu de vue les dites marchandises, il seraient arrivés au moment où on les aura introduites dans les dites maisons.

» Si, alors, il y a refus d'ouverture des portes, ils pourront les faire ouvrir en présence d'un juge ou d'un officier municipal du lieu qui, dans

(1) La loi du 8 floréal an II, art. 84, en ordonnant l'exécution, dans les deux myriamètres frontières, des lois et arrêtés sur le transport et la circulation des marchandises, embrasse nécessairement, par ses expressions, les dispositions et les mêmes lois et arrêtés qui règlent la station et l'entrepôt de ces mêmes marchandises. (Arr. de C. du 27 juillet 1805).

tous les cas, devra être appelé pour assister au procès-verbal . . . . » (Loi du 22 août 1791, tit. 15, art. 36).

2⁰ A l'effet de découvrir les marchandises frauduleusement entreposées « les préposés pourront faire leurs recherches dans les maisons où les entrepôts seront formés, en se faisant assister d'un officier municipal du lieu ».

« Ces visites, dans aucun cas, ne pourront être faites pendant la nuit » (Idem, art. 59, § 2 et 3).

3⁰ « Si le juge et l'officier municipal refusent d'assister au procès-verbal des préposés des douanes, sur la réquisition que ceux-ci leur auront faite, il suffit, pour la régularité de leurs opérations, que le procès-verbal contienne la mention de la réquisition et du refus » (Décret du 20 septembre 1809, art. 2).

4⁰ Les préposés ne peuvent jamais s'introduire dans un domicile, pour y rechercher la fraude, sans être accompagnés d'un officier public, dans tous les cas où son assistance est ordonnée par les lois de douanes :
Il n'y a d'exception que pour un seul cas, celui prévu par l'article 56, tit. 15 de la loi de 1791, où, n'ayant pas perdu de vue l'objet de fraude, les préposés arriveraient au moment où on l'aurait introduit dans une maison (Circ. du 27 avril 1822, n° 721).

5⁰ Les perquisitions faites et la fraude découverte, les préposés peuvent rédiger leur procès-verbal de saisie en l'absence du fonctionnaire dont la présence aurait autorisé leur entrée dans la maison, si ce fonctionnaire refuse de satisfaire à la réquisition qui lui aurait été faite de rester présent ; réquisition et refus que le rapport doit expressément constater (Même circulaire).

6⁰ Les préposés ont également la faculté de se retirer au bureau pour y verbaliser, s'ils ne peuvent le faire dans la maison même où ils auraient saisi, sans compromettre leur sûreté : et leur procès-verbal doit contenir, alors, les motifs qui les auraient forcés de se retirer (Même circulaire et arr. de C. du 25 octobre 1807).

7⁰ Si, le cas arrivant où, sachent qu'une maison recèle un objet de fraude, qu'ils n'auraient pas suivi à vue jusqu'au moment même de son introduction dans cette maison, les préposés requéraient vainement l'assistance de l'officier public du lieu pour y entrer, ces préposés devraient tenir la maison cernée et recourir à l'autorité supérieure pour lui dénoncer l'officier qui aurait méconnu ses devoirs, et obtenir d'elle qu'elle en déléguat immédiatement un autre (Même circ., n° 721).

8⁰ « S'il y a *opposition* des parties à ce que le procès-verbal soit rédigé dans la maison, cet acte sera fait dans le bureau le plus voisin » (Loi du 22 août 1791 , tit. 10, art. 6, et arr. de C. du 23 octobre 1807).

Cet art. 6 de la loi de 1791 , tit. 10 , doit être entendu en ce sens, *qu'il y a opposition des parties* à ce que le procès-verbal des préposés des douanes soit rédigé dans la maison où ils ont fait la saisie, non-seulement lorsque les parties elles-mêmes empêchent ces préposés, par des voies de fait ou des actes de violence, de procéder à leurs opérations, mais encore lorsqu'il résulte des circonstances constatées par le procès-verbal qu'ils ne pouvaient y procéder sans compromettre leur sûreté (Décret du 20 septembre 1809 , art. 1er).

9° Les officiers publics qui assistent les préposés doivent être présens à la rédaction du rapport et le signer (Arr. de C. du 20 juin 1805).

10° L'assistance d'un officier public autre que celui qui habite le lieu où se fait la saisie n'est pas une cause de nullité (Arr. de C. du 22 juillet 1808 et 29 mars 1811).

11° Un rapport n'est pas nul quand bien même les préposés auraient procédé à une visite dans une maison sans être assistés d'un officier municipal, d'un juge de paix, ou d'un commissaire de police, au désir des articles 56 et 59, titre 13 de la loi du 22 août 1791 ; le défaut de cette assistance pouvant seulement autoriser le refus aux exercices (Arr. de C. des 22 juillet 1808, 29 mars et 5 avril 1811).

12° Les préposés *sont autorisés d'une manière absolue* à faire des recherches dans les maisons où les entrepôts sont formés, et la loi n'exige nullement que les marchandises seront ou *circulantes* ou *introduites sans avoir été perdues de vue* (Arr. de C. du 18 novembre 1817).

4. Indemnités. L'article 40, tit. 13 de la loi du 22 août 1791, porte : « S'il n'est point constaté qu'il y ait entrepôt ni motif de saisie, il sera payé la somme de 24 francs à celui au domicile duquel les recherches auront été faites, sauf plus grands dommages et intérêts auxquels les circonstances de la visite pourraient donner lieu. »

Mais quand les visites sont infructueuses il faut avoir soin de dresser un acte par lequel on déclare qu'on a procédé en vertu du tit. 6 de la loi du 28 avril 1826. Dans ce cas, on n'est pas tenu à payer d'indemnité (Cir., n° 1023. Arr. de C. du 31 juillet 1826).

Cet acte, fait sur papier timbré, est aux frais de l'administration. Copie doit en être donnée au particulier au domicile duquel on le rédige. Il doit être enregistré.

5. Mode de procéder aux saisies. « Lorsqu'il y aura lieu de saisir dans une maison, la description y sera faite et le rapport y sera rédigé. — Les marchandises dont la consommation n'est pas prohibée, ne seront pas

déplacées, pourvu que la partie donne caution solvable pour leur valeur —
si la partie ne fournit pas caution. — ou s'il s'agit d'objets prohibés —
les marchandises seront transportées au plus prochain bureau » (Loi du
9 floréal, an 7, art. 7, tit. 4).

Ces formalités sont indépendantes de celles voulues par les 10 premiers
articles de la même loi du même titre.

1° Si les moyens manquent pour constater le poids des objets saisis à
domicile, il suffit que le procès-verbal en contienne l'évaluation (Arr. de
C. du 30 mars 1831. Cir. 1427).

2° La présomption d'identité entre les marchandises trouvées dans une
maison et celles qu'on y a vu introduire ne peut être détruite que par la
représentation immédiate d'une expédition de douane (Arr. de C. des 5
janvier 1810 et 12 août 1835).

3° Le défaut de déplacement des objets prohibés saisis, emporte la nullité du rapport.

Ces objets ne sont laissés à la disposition du prévenu qu'autant qu'ils ne
sont prohibés ni à l'entrée ni à la sortie (Décision du ministre du 9 prairial an 8, et arr. de C. du 1er février 1806).

4° En cas d'opposition des parties à la rédaction du rapport, voir au
mot : *Recherche de la fraude*, n° 8.

5° Le prévenu ne peut se prévaloir de son ignorance du lieu et de
l'heure de la rédaction, quand le rapport a été affiché à la porte du bureau, conformément à la loi (Arr. de C. du 30 mars 1831).

6° La rédaction du rapport peut être terminée au bureau le plus voisin,
en ce qui concerne le dépôt des marchandises et l'affirmation (Arr. de C.
du 8 novembre 1805).

L'enlèvement et le dépôt, au plus prochain bureau, des marchandises
saisies, peuvent être effectués hors de la présence des prévenus, faute par
ces derniers d'avoir déféré à la sommation d'y assister (Arr. de C. du
8 novembre 1805).

Dans ce dernier cas, comme dans le premier, l'acte de dépôt doit contenir, à peine de nullité, que copie en a été affichée à la porte du bureau,
ou si le prévenu est présent, qu'il lui en a été donné lecture et remis copie (Arr. de C. du 14 janvier 1805).

7° Le propriétaire d'une forge dont les bâtimens sont ordinairement fermés, est responsable des condamnations encourues, s'il y a lieu à saisir
dans cette forge pour cause d'entrepôt prohibé (Arr. de C. du 20 août
1818).

8º Toute saisie faite dans une partie quelconque d'une maison *fermée* ou *non*, doit être constatée par procès-verbal qui contiendra la description des objets saisis, et sera rédigé, contre le propriétaire de la maison, sur le lieu même, c'est-à-dire, dans la maison, conformément à l'art. 7, du tit. 4 de la loi du 9 floréal an 7 (Arr. de la cour royale de Besançon du mois de mai 1828. Besançon, 10 mai 1828).

§ 5.

DES SAISIES DE BUREAUX.

1. « La même compétence (*celle du juge de paix*) a lieu pour les saisies faites dans les bureaux des côtes ou frontières, par suite de déclarations, les dites saisies n'entraînant que les condamnations établies par les lois des 22 août 1791 et 4 germinal an 2 » (Loi du 27 mars 1817, art. 15).

L'article 55, tit. 6 de la loi du 21 avril 1818 porte: « Les juges de paix continueront à connaître des fraudes tentées dans les ports de commerce..... ainsi que de celles découvertes par suite de visites de douanes. Ils appliqueront à ces fraudes les peines déterminées par les lois de 22 août 1791 et 4 germinal an 2. »

Les articles 15 et 55 des lois précitées ne sont applicables qu'aux saisies *opérées dans les bureaux de première ligne*. S'il s'agit de marchandises tarifiées, quel que soit le droit, il n'y a lieu à requérir que le paiement de l'amende et la confiscation des marchandises, mais jamais celle des moyens de transport.

S'il s'agit, au contraire, d'objets prohibés, la saisie donne lieu à l'amende de 500 francs, quelle que soit la valeur des marchandises, ainsi qu'à leur confiscation et à celle des moyens de transport. Il ne peut être question de l'arrestation du prévenu (Cir. du Direct. de Besançon, du 51 octobre 1856).

2. Toutes les fois que le *premier bureau* d'entrée est dépassé, et qu'il s'agit de marchandises tarifiées à 20 francs et plus les 100 kilogrammes, ou prohibées, la saisie qui en est faite *dans les bureaux de ligne intermédiaire ou de deuxième ligne*, doit être suivie d'après les dispositions combinées des art. 58 et 41 de la loi du 28 avril 1816, et portée devant le tribunal correctionnel, comme si cette saisie avait été opérée en campagne (Besançon, 51 octobre 1856 et Circ., nº 150 du 1ᵉʳ mai 1816).

3. PÉNALITÉS. 1º OBJETS PROHIBÉS. « Toutes marchandises, prohibées à l'entrée, que l'on introduira par mer ou par terre dans l'étendue du royaume, seront confisquées, ainsi

que les voitures, chevaux et équipages servant au transport. Les propriétaires des dites marchandises , voituriers et autres préposés à la conduite, seront solidairement condamnés en l'amende de cinq cents francs , sauf leur recours.... » (Loi du 22 août 1791 , tit. 5, art. 1er).

« Si des marchandises dont l'entrée.... est prohibée.... sont importées par terre, elles seront confisquées, ainsi que les bâtimens, voitures et animaux servant au transport » (Loi du 4 germinal an 2 , tit. 2, art. 10).

2° OBJETS NON PROHIBÉS. Les peines édictées sont les mêmes que celles qui punissent l'importation des marchandises et denrées : les voir à l'article : *Importation des objets non prohibés*.

4. Les fausses déclarations , les excèdans , les déficits, les soustractions, les substitutions , l'altération du plombage, etc. , etc. , étant régardés et traités comme saisies de bureau , nous pensons que c'est ici le lieu de nous en occuper.

§ 6.

DÉCLARATIONS POUR L'ACQUITTEMENT DU DROIT.

I. DÉCLARATIONS. « Les voituriers ou conducteurs des marchandises entrant et sortant par terre, seront tenus , sous les peines portées par l'article premier du présent titre (amende de 100 francs et confiscation), de faire , à leur arrivée dans les lieux où ces bureaux sont établis, déclaration sur le registre du bureau, ou d'en présenter une signée des marchands ou propriétaires des marchandises, ou de leurs facteurs, laquelle déclaration demeurera au bureau et sera transcrite sur le registre par les préposés de la regie , et signée par les dits voituriers ou conducteurs, et dans le cas où il ne sauraient signer, il en sera fait mention sur le registre (Loi du 22 août 1791, tit. 2, art. 8). Ces déclarations sont affranchies du timbre (Circ. , n° 1450 et 1454).

« Les déclarations contiendront la qualité, le poids, la mesure ou le nombre des marchandises, ainsi que le nom, la profession et le domicile de la personne à qui elles seront adressées. Elles énonceront également le lieu du chargement, celui de la destination..... » (Même loi , art. 9 et loi du 28 avril 1816, art. 23, tit. 4).

« Ceux qui auront fait leurs déclarations, n'y pourront plus augmenter ni diminuer sous quelque prétexte que ce puisse être.....

» Néanmoins, si, dans le jour de la déclaration, et avant la visite, les propriétaires ou conducteurs de marchandises reconnaissaient quelque erreurs dans les déclarations, quant au poids, au nombre, à la mesure, ou à la valeur, ils pourraient rectifier les dites déclarations en représentant toutefois les balles, caisses ou tonneaux en même nombre, marques et numéros que ceux énoncés aux déclarations, ainsi que les mêmes espèces de marchandises.

» Après ce délai, ils n'y seront plus reçus » (Loi du 22 août 1791, tit. 2, art. 12).

« Aucune des dites marchandises ne pourra être retirée du premier bureau d'entrée, qu'après qu'elle y aura été déclarée en détail; que la vérification aura été faite, sous la responsabilité personnelle des employés chargés d'y procéder, et des chefs du bureau; que les résultats de la visite auront été constatés sur des régistres spéciaux; que les droits auront été portés en recette, et que le conducteur sera muni de l'expédition nécessaire pour circuler » (Loi du 28 avril 1816, tit. 4, art. 26).

« Les transports, déballage, remballage et pesage des marchandises, seront aux frais des propriétaires » (Loi du 4 germinal an 2, tit. 3, art. 9).

« La visite ne pourra être faite qu'en présence des maîtres du voiturier, ou des facteurs : En cas de refus de leur part d'y assister, les marchandises resteront en dépôt au bureau, et il en sera usé, à cet égard, comme pour celles qui restent en douane sans être réclamées » (Loi du 22 août 1791, tit. 2, art. 16).

2. Marchandises prohibées déclarées sous leur vraie dénomination. « Elles ne seront point saisies : celles destinées à l'importation seront renvoyées à l'Etranger; celles dont on demanderait la sortie, resteront dans le royaume » (Même loi, tit. 5, art. 4).

Il en est de même des marchandises dont l'entrée et la sortie sont restreintes à certains bureaux (Idem., tit. 4, art. 8).

3. Fausse déclaration. « Si la déclaration se trouve fausse *dans la qualité ou l'espèce* des marchandises, et si le droit auquel on se soustrairait pour cette fausse déclaration, s'élève *à douze francs et au-dessus*, les marchandises faussement déclarées seront confisquées, et celui qui aura fait la fausse déclaration sera condamné à une amende de cent francs. »

« Si le droit est *au-dessous de douze francs*, il n'y aura pas lieu à la confiscation, mais seulement à la condamnation en la dite amende de cent francs pour sûreté de laquelle la marchandise sera retenue. »

« Les dites peines n'auront pas lieu en cas de vol ou de substitution juridiquement prouvés » (Loi du 22 août 1791, tit. 2, art. 21).

4. EXCÉDANT. « Si les marchandises représentées *excèdent le poids*, *le nombre ou la mesure* déclarés, l'excédant sera assujetti au paiement du double droit ; ce qui, cependant, n'aura pas lieu si l'excédant n'est que du vingtième pour les métaux, et du dixième pour les autres marchandises. »

« L'excédant, dans ce cas, ainsi que les quantités déclarées, n'acquitteront ensemble que le simple droit » (Même loi, tit. 2, art. 18).

« Tout excédant quant au nombre de *balles, ballots, caisses, tonneaux et futailles* déclarés, sera saisi, pour la confiscation en être prononcée avec amende de cent francs» (Mêmes loi et titre, art. 20).

5. DÉFICIT. « Dans le cas où, lors de la visite, *les balles, ballots, caisses ou futailles* se trouveraient en moindre nombre que celui porté en la déclaration, les voituriers et ceux qui auront fait les déclarations, seront condamnés solidairement en trois cents francs d'amende pour chaque ballot, balle, caisse ou futaille manquant, pour sûreté de laquelle amende les voitures et chevaux servant au transport seront retenus, sauf le recours, s'il y a lieu... contre ceux qui auront fait les déclarations » (Idem., art. 22).

6. VALEUR FAUSSEMENT DÉCLARÉE. PRÉEMPTION. 1° La facture faite par l'envoyeur étranger doit être jointe à l'évaluation donnée par le déclarant au lieu de l'importation pour les marchandises dont les droits sont perçus sur la valeur, tant à l'entrée qu'à la sortie (Loi du 4 germinal an 2, tit. 6, art. 5).

2° Ces marchandises peuvent être retenues par les préposés des douanes en payant la valeur déclarée, et le dixième en sus , dans les quinze jours qui suivent la notification du procès-verbal (Loi du 4 floréal an 4 , art. 1er).

2° Ne sont pas sujets à cette retenue : 1° Les objets dont la perception définitive est , aux termes des lois des 27 mars 1817 et 7 juin 1820, subordonnée à la décision du comité consultatif des arts et manufactures ; 2° les grands miroirs dont la valeur est fixée par le tarif de la manufacture royale ; 3° les marchandises qui ne paient qu'un quart pour cent de la valeur , ou moins.

Si , dans ce dernier cas , on reconnaît que toute la valeur n'a pas été déclarée , il suffit de la porter d'office à ce qu'elle doit être. (Circ. , n° 818).

4° La retenue n'est soumise à aucune autre formalité qu'à celle de l'offre souscrite par le receveur du bureau, et signifiée au propriétaire ou à son fondé de pouvoir (Loi du 4 floréal an 4 , art. 2).

5° Le procès-verbal à signifier est rédigé par deux employés au moins (loi du 9 floréal an 7, tit. 4, art. 1er), et au moment même où ils reconnaissent que la valeur déclarée est insuffisante (Circ. du 25 mai 1826, n° 987).

6° Ce procès-verbal doit être affirmé devant le juge de paix , comme ceux de saisie, dans les 24 heures de sa rédaction.

Il doit être enregistré dans les 4 jours (Loi du 22 frimaire an 7, art. 20).

Le droit d'enregistrement de cet acte est d'un franc, comme les procès-verbaux ordinaires , conformément à la loi du 22 frimaire an 7 , art. 68 , § 1er , n° 51 (Décisions du ministre des finances des 4 septembre 1810 et 5 mars 1811).

7° Les préposés ont qualité pour faire le signification (Loi du 22 août 1791 , tit. 13 , art. 18).

Elle doit être faite à celui qui expédie les marchandises et qui signe la déclaration : on ne peut en reconnaître d'autre (Circ. du 15 prairial an 4).

8° La préemption ne peut être déclarée par les vérificateurs et autres employés qu'après qu'ils ont pris l'avis et réclamé le concours du receveur qui doit avancer les fonds de sa caisse et qui répond de la bonté de l'opération (Circ. du 15 prairial an 4).

Si le receveur n'est pas d'avis de la préemption, il ne délivre les fonds nécessaires qu'au moyen de garanties produites par les employés , et, dans ce cas , il n'a droit à aucune part dans le bénéfice qui peut résulter de la préemption.

9° En cas de préemption , les employés doivent compte des droits de douanes sur la valeur déclarée et le dixième en sus (sauf le cas où il s'agit

de marchandises destinées pour l'Étranger et qui restent dans l'Intérieur) :
après quoi ils peuvent garder les marchandises pour leur compte , ou les
vendre de telle manière qu'ils jugent convenable (Circ. du 15 prairial
an 4).

10° En cas de vente publique , un droit d'enregistrement de 2 pour 0/0
de la valeur est dû (Loi du 22 frimaire an 7 , art. 69 , § 5 , n° I⁰ʳ).

11° Le bénéfice résultant du droit de préemption appartient en entier
aux employés qui ont retenu les marchandises pour leur compte , ainsi
qu'au receveur qui a souscrit l'engagement de payer la valeur déclarée et
le dixième en sus , et est , en outre , divisible entre eux par égales portions , et sans distinction de grade (Circ. du 15 ventose an 6. Réglement
du 25 juin 1827).

7. PRÉEMPTION SUR LES LAINES A L'ENTRÉE. I° « Pour les laines seulement,
l'administration des douanes peut aussi exercer , au compte de l'Etat , le
droit de préemption tel qu'il est réglé ci-dessus (Loi du 27 juillet 1822 ,
art. 1ᵉʳ).

2° Les laines déclarées pour le transit sont sujettes à préemption (Arr.
de C. du 50 août 1856 , circ. 1574).

5° « La préemption sur les laines s'exercera au compte de l'administration ou des employés , conformément à la loi du 4 floréal , an 4.
» Le délai de dix jours accordé par la loi du 17 mai 1826 , pour déclarer
la préemption , est réduit à trois jours.
» Lorsque la vérification n'aura pu être faite dans les trois jours de la
déclaration , le déclarant aura le droit de modifier sa déclaration , quant
à la valeur » (Loi du 2 juillet 1856 , section Iʳᵉ. Consulter la circ. du 16
juillet 1856 , n° 1550).
Le délai de trois jours compte à partir du jour où la mésestimation aura
été reconnue (Ordonnance du 8 juillet 1854).

4° La retenue peut être exercée sur telles balles que la douane juge convenable , sans qu'elle soit tenue de préempter celles des balles comprises
en même déclaration que l'on trouve bien évaluées (Ordonnance du 26
juillet 1826 , art. 5).

5° Lorsque l'administration ou les chefs locaux auront été consultés pour
savoir si une préemption doit être déclarée au compte du trésor , et qu'il
aura été répondu négativement , les employés pourront encore exercer la
préemption à leurs propres risques comme il est établi plus haut.

6° Les employés auront , pour acquitter les droits des laines préemptées
par eux , les mêmes délais que le redevable aurait pu obtenir , s'ils four-
nissent au receveur les garanties voulues par les réglemens sur les crédits,
et si le receveur les agrée sous sa responsabilité.

7⁶ Les laines préemptées pour le compte de l'Etat doivent être vendues sans retard, à la diligence du receveur des douanes qui est tenu d'obtenir l'agrément du directeur, ou, en cas d'urgence, de l'inspecteur local, sur le choix à faire entre la vente par criées, par comtage, ou sur offres écrites.

8⁰ L'acquéreur, à quelque titre que ce soit, doit prendre immédiatement livraison des marchandises et en compter le prix au receveur des douanes.

9⁰ Si la vente des laines préemptées pour le compte de l'Etat, offre, après le recouvrement des sommes avancées, des droits calculés sur le montant de la déclaration augmenté d'un dixième, et des frais, un net produit quelconque, le receveur et les employés de la douane qui ont effectué la retenue en recevront la moitié pour être répartie entre eux par égales portions, et sans distinction de grade.

(Réglement du 25 juin 1827).

§ 7.

DES EXCÉDANS.

1. PACAGES. Voir ce mot.

2. PAIEMENT DES DROITS. Voir le mot *déclaration*, n° 4.

3. ACQUITS-A-CAUTION, n° 18. 1° *Objets tarifés.* «....... En cas d'excédant, il sera soumis au double droit.... » (Loi du 22 août 1791, tit. 3, art. 9).

2" *Objets prohibés.* «...... Si les marchandises sont prohibées à l'entrée, elles seront confisquées avec amende de cinq cents fr., le tout indépendamment des condamnations qui seront poursuivies au bureau du départ contre les soumissionnaires et leurs cautions, et d'après leurs soumissions » (Idem, art. 9).

4. EMPRUNT DU TERRITOIRE ÉTRANGER. Mêmes peines qu'au numéro précédent.

5. TRANSIT PROHIBÉ. 1° «..... Si la vérification fait découvrir *un ou plusieurs colis en excédant* du nombre déclaré....

les dits colis et marchandises seront confisqués avec amende du triple de la valeur » (Loi du 9 février 1832, art. 4, § 4).

2° Si l'excédant porte sur *le nombre, la mesure, ou le poids*, voir, pour la pénalité l'article *différences*, n° 4.

6. Transit non prohibé. « Les fausses déclarations faites au bureau d'entrée pour obtenir irrégulièrement le transit, entraîneront, suivant leur espèce, l'application des peines portées par les articles 18, 20, 21 et 22, tit. 2, de la loi du 22 août 1791..... » (Loi du 17 décembre 1814, art. 6).

Pour la peine encourrue, voir le mot *excédant*, à l'article *déclaration*, n° 4, en observant que l'amende à infliger ne doit comporter que le *double droit*, attendu que le droit *simple* n'est pas exigible (Paris, 18 février 1859).

§ 8.

DES DÉFICITS.

1. Pacages. Voir ce mot.

2. Paiement des droits. Voir le mot *déficit* à l'article *déclarations*, page 136, n° 5.

3. Acquits-a-caution, n° 18. «...... Si la quantité est inférieure à celle portée dans l'acquit-à-caution, il ne sera déchargé que pour la quantité représentée...... le tout indépendamment des condamnations qui seront poursuivies au bureau du départ contre les soumissionnaires et leurs cautions, et d'après leurs soumissions (Loi du 22 août 1791, tit. 3, art. 9).

4. Emprunt du territoire étranger. Mêmes peines qu'au précédent numéro.

5. **Transit prohibé.** 1° *Colis*. « Tous les colis portés aux déclarations devront être présentés à la visite, et, en cas de déficit, le signataire de la déclaration sera condamné à une amende de 1000 francs par colis manquant, pour sûreté de laquelle la voiture et l'attelage servant au transport, seront retenus, à moins que le montant de l'amende ne soit immédiatement consigné, ou qu'il ne soit fourni bonne et suffisante caution..... » (Loi du 9 février 1832, art. 4, § 3).

2° *Nombre, mesure, poids*. Voir le mot différences, n° 4.

5. **Transit non prohibé.** Les déficits reconnus à la sortie sur le poids des caisses, ballots et futailles, et qui ne seront pas au-dessus du dixième du poids énoncé, ne seront assujettis qu'au paiement du simple droit » (Loi du 17 décembre 1814, art. 8, § 2. Voir la circ. n° 373).

Pour les peines, voir le mot *déficit* à l'article *déclarations*, n° 5, et le mot *excédant, transit, non prohibé*, n° 6.

§ 9.

DES DIFFÉRENCES.

1. **Paiement des droits.** Voir le mot *déclarations*, n° 3.

2. **Acquits-a-caution**, n° 18. *Dans l'espèce*. « Dans le cas où, lors de la visite au bureau de destination ou de passage, les marchandises mentionnées en l'acquit-à-caution, se trouveront différentes dans l'espèce, elles seront saisies, et la confiscation en sera prononcée contre les conducteurs avec amende de 100 francs, sauf leur recours contre les expéditionnaires........ Si les marchandises représentées sont prohibées à l'entrée, elles seront confisquées avec amende de cinq cents livres, le tout indépendamment des

condamnations qui seront poursuivies au bureau du départ contre les soumissionnaires et leurs cautions, et d'après leurs soumissions » (Loi du 22 août 1791, tit. 3, art. 9).

3. Emprunt du territoire étranger. Mêmes peines qu'au n° 2 ci-dessus.

4. Transit prohibé. 1° Si la différence porte sur le *nombre*, la *mesure*, le *poids*, le signataire de la déclaration sera condamné à une amende du triple de la valeur réelle des quantités qui formeront excédant, ou de la valeur des quantités manquantes établie sur celle des marchandises reconnues à la vérification. Toutefois l'amende sera réduite à la simple valeur si l'excédant ou le déficit n'excède pas le vingtième du nombre, de la mesure, ou du poids déclarés......» (Loi du 9 février 1832, art. 4, § 5).

2° « Si les marchandises ont été faussement déclarées, *quant à l'espèce ou à la qualité*, les colis et marchandises seront confisquées avec amende du triple de la valeur » (Loi du 9 février 1832, art. 4, § 4).

5. Transit non prohibé. Voir le mot *excédant, transit non prohibé*, n° 6, et, pour la pénalité, le mot *fausse déclaration*, n° 3, à l'article *déclarations*.

Bureau de sortie. Toute différence d'espèce ou de qualité, résultant d'une comparaison entre la dénomination donnée aux marchandises par les acquits-à-caution et la nature des objets présentés à la sortie, justifierait le refus du certificat de décharge et les poursuites qui seraient ensuite dirigées contre les soumissionnaires pour le paiement du quadruple droit, et de l'amende, suivant l'article 5 de la loi du 17 décembre 1814 (Circ., n° 396, du 16 mai 1818, § 22).

Voir cet article au mot *non rapport des acquits-à-caution*, n° 2.

§ 10.

DES SOUSTRACTIONS.

1. TRANSIT PROHIBÉ. Si le bureau de sortie reconnaît qu'il y a eu soustraction d'une partie des marchandises décrites en l'acquit-à-caution, il ne donnera décharge que pour ce qui aura été réellement réexporté, et le conducteur sera personnellement condamné à une amende égale à la valeur des moyens de transport, chevaux et voitures, lesquels seront retenus pour sûreté de la dite amende, si elle n'est immédiatement consignée, ou s'il n'est fourni bonne et suffisante caution . . . . . » (Loi du 9 février 1832, art. 7, § 1er).

« L'amende à prononcer dans le cas ci-dessus sera indépendante des poursuites à exercer contre le soumissionnaire de l'acquit-à-coution..... pour ce qui n'aura pas été réellement réexporté » (Même loi et article, § 3).

La circulaire du 10 octobre 1832, n° 1551, s'exprime ainsi : « Lorsqu'on reconnaît sur des marchandises de transit un déficit ne résultant évidemment d'aucune manœuvre frauduleuse, la douane de sortie se borne à le constater sur l'acquit-à-caution, et l'acte de décharge n'est délivré que pour la partie de marchandise qu'on a représentée.

» Si l'examen des colis fait, au contraire, reconnaître qu'il y a eu soustraction, avec ou sans substitutions, l'expédition n'est également régularisée que pour ce qu'on a trouvé à la vérification ; mais, alors, la fraude, si minime qu'elle soit, doit être constatée par un procès-verbal, et le bureau de sortie poursuit contre le conducteur non-seulement l'application de l'article 7 de la loi du 9 février dernier (il est transcrit plus haut), s'il s'agit de marchandises prohibées, mais encore, lorsqu'il y a lieu, la confiscation de l'objet substitué. Voir le mot *substitutions*, n° 5.

» Quant au bureau de départ, il doit, dans tous les cas de soustraction, faire réaliser, selon que la marchandise est ou non prohibée à l'entrée, le paiement des amendes édictées par l'article 6 de la loi précitée, ou par l'article 5 de celle du 17 décembre 1814 » (Voir ces articles au mot *non rapport des acquits-à-caution*, n°s 1 et 2.)

« On doit adresser à l'administration une copie du procès-verbal, avec l'acquit-à-caution de transit, à moins que cette expédition n'ait été falsifiée, cas auquel il faut qu'elle soit annexée au rapport. »

2. Transit non prohibé. Un déficit pur et simple au-dessous du dixième ne donnerait lieu qu'au paiement du simple droit, suivant l'article 8 de la loi du 17 décembre 1814 (cité à l'article *déficit, transit non prohibé*, n° 6); mais dès qu'il est prouvé qu'il y a eu soustraction et substitution, on est fondé à poursuivre l'application de l'article 54 de la loi du 8 floréal an 11, dans toute sa rigueur (Voir cet article au mot: *Non rapport des acquits-à-caution*, n° 2. *Transit non prohibé*). (Circ., n° 596, du 16 mai 1818, § 10).

Le § 9 de cette même circulaire porte «...... Les soumissionnaires des acquits-à-caution de transit seront en même tems poursuivis, conformément à l'article 5 de la loi du 17 décembre 1814 et à l'article 54 de celle du 8 floréal an 11, pour le paiement du quadruple droit d'entrée des *objets soustraits*, et de l'amende de 500 francs. »

§ 11.

DES SUBSTITUTIONS.

1. **Pacages.** Voir ce mot.

2. **Paiement des droits.** «...... L'article 42 de la loi du 8 floréal an 11, sera appliqué à toutes les marchandises qui seront transférées, pour la visite en détail et le paiement des droits, d'un premier bureau d'entrée à un autre bureau» (Loi du 28 avril 1816, art. 31).

Voici l'article 42 de la loi du 8 floréal an 11. «...... S'il y a déficit de colis, ou s'il est constaté qu'une marchandise a été substituée à celle qui aura été déclarée, le voiturier ou le batelier sera condamné à deux mille francs d'amende par chaque colis manquant, ou dans lequel on aura mis une marchandise autre que celle déclarée: pour sûreté de laquelle amende les voitures, chevaux et bateaux seront saisis.

» S'il s'agit de colis qu'on aura vu décharger dans le transport de la douane à l'entrepôt, le colis sera saisi, et le voiturier ou batelier condamné à l'amende de cinq cents francs.

23

» Si c'est un colis qu'on a voulu échanger, le colis qui aura été vu déchargé et celui qui lui aura été substitué, seront saisis avec pareille amende de cinq cents francs, le tout conformément à l'article 15 de la loi du 7 septembre 1792. »

3. TRANSIT PROHIBÉ. « ...... Si aux marchandises décrites il en a été substitué d'autres, celles-ci seront confisquées et le conducteur sera personnellement condamné à une amende égale à la valeur des moyens de transport, chevaux et voitures, lesquels seront retenus pour sûreté de l'amende, si elle n'est immédiatement consignée, ou s'il n'est fourni bonne et suffisante caution.

» L'amende à prononcer.... sera indépendante des poursuites à exercer contre le soumissionnaire de l'acquit-à-caution..... pour ce qui n'aura pas été réellement réexporté » (Loi du 9 février 1832, art. 7).

4. TRANSIT NON PROHIBÉ. La circulaire du 24 janvier 1828, n° 1082, confirmée par celle du 10 octobre 1832, n° 1331, porte en son dernier paragraphe :

« Les directeurs voudront bien donner des ordres pour qu'à l'avenir il soit toujours procédé à la saisie des objets substitués par application de l'article 9 du titre 3 de la loi du 22 août 1791, si ces objets sont tarifés. »

Voir cet article 9 au mot *différences*, n° 2, *acquits-à-caution*, n° 18. Le second § de cet article se trouve au mot *déficit*, n° 3 et le troisième § au mot *excédant*, n° 3.

Voir l'article *soustractions*.

Quand des marchandises prohibées non déclarées se trouvent parmi d'autres objets tarifés expédiés en transit, on peut appliquer ou l'article 9, titre 3 de la loi du 22 août 1791 (dont il est parlé ci-dessus), ou l'article 58 de la loi du 28 avril 1816 (le voir au mot *saisies à l'importation*, n° 3), qui, tous deux, édictent la peine de 500 francs (Paris, 7 décembre 1836).

⬱ ❍ ⬳

§ 12.

DÉFAUT DE VISA.

Des acquits-à-cautions de transit.

Loi du 9 février 1832, art. 12. « Le conducteur des marchandises expédiées en transit, devra les présenter au bureau des douanes de seconde ligne par lequel il entrera sur le territoire des deux myriamètres frontières, ou en sortira, pour faire viser l'acquit-à caution après que les employés auront reconnu que le chargement est intact, ainsi que les enveloppes des colis, les cordes et les plombs. »

« Dans le cas seulement où il y aurait déficit ou altération des colis, des cordes, ou des plombs, les préposés des douanes pourront procéder à la visite complète et constater les soustractions ou substitutions qui auraient eu lieu. »

« Si le conducteur ne satisfait pas à cette obligation, et s'il a dépassé le bureau sans avoir requis et obtenu le visa de la douane, il sera passible, solidairement avec le soumissionnaire de l'acquit-à-caution, d'une amende de cinq cents francs. »

Cet article est commun au transit du prohibé et du non prohibé. La circulaire du 23 mars 1832, n⁰ 1513, indique, ainsi qu'il suit, la marche à suivre pour son application :

« Lorsqu'un acquit-à-caution de transit n'aura pas été visé au bureau de deuxième ligne, on s'abstiendra de constater ce *non-visa* par un procès-verbal, attendu qu'on ne constate pas des faits négatifs qui se pr — vent suffisamment d'eux-mêmes, et l'on n'exercera contre le conducteur aucune action directe. L'acquit-à-caution sera renvoyé, dan la forme ordinaire, au bureau de départ où l'on décernera contrainte, en vertu de la soumission, contre l'expéditeur et sa caution, afin de paiement de l'amende de 500 francs, sauf le recours de cet expéditeur contre le conducteur de la marchandise, recours dont le fondement a été, d'avance, assuré par la loi elle-même, puisque celui-ci est solidairement passible de l'amende en question, et que c'est par son fait seul qu'elle est devenue exigible. »

§ 15.

PERTE DES MARCHANDISES ET RETARDEMENT.

1. PERTE DES MARCHANDISES. « Le transit sera entièrement aux risques des soumissionnaires, sans qu'ils puissent être exemptés du paiement des droits, en alléguant la perte totale ou partielle des marchandises » (Loi du 17 décembre 1814, art. 8, § 1er, et arr. de C. du 17 mars 1835. Circ., nos 1338, 1351 et 1487).

« Seulement dans le cas de perte justifiée par un procès-verbal du juge ou d'un officier public, rédigé sur les lieux et rapporté en tems utile avec l'acquit-à-caution, la douane ne pourra exiger que le paiement du simple droit d'entrée» (Mêmes loi et article, § 2).

Les marchandises présentées au bureau de destination sont saisissables si elles ne sont pas identiquement les mêmes que celles décrites dans l'acquit-à-caution (Arr. de C. du 19 novembre 1834, circ. 1467).

2. RETARDEMENS. «...... Les marchands ou conducteurs des marchandises transportées par terre, seront également admis à justifier des retardemens qu'ils auront éprouvés pendant la route, en rapportant, au bureau de la régie, des procès-verbaux en bonne forme, faits par les juges des lieux où ils auront été retenus, et, à défaut d'établissement d'aucune juridiction, par les officiers municipaux des dits lieux, lesquels procès-verbaux feront mention des circons-tances et des causes du retard : dans ce cas, les acquits-à-caution auront leur effet, et les certificats de décharge se-ront délivrés par les préposés de la régie.

» Il ne pourra être suppléé par la preuve testimoniale au défaut desdits rapports ou procès-verbaux , qui ne seront admis qu'autant qu'ils auront été déposés au bureau de destination ou de passage , en même tems que les marchandises y auront été représentées. »

(Loi du 22 août 1791 , tit. 3 , art. 8).

§ 14.

RUPTURE OU ALTÉRATION DES PLOMBS.

1. COLIS PRESSÉS. « Les peines déterminées par les articles 6 et 7 ci-dessus, seront appliquées , quelles que soient les marchandises présentées au bureau de sortie, et dans le cas même où elles ne différeraient pas de celles désignées dans l'acquit-à-caution , si , lorsque les marchandises auront été vérifiées, scellées et plombées d'après le mode autorisé par l'article 5 de la présente loi . . . . . les plombs et cachets apposés sur le colis intérieur , sont reconnus avoir été levés ou altérés » (Loi du 9 février 1832, art. 8).

Voir l'article 6 aux mots *non rapport d'acquits-à-caution, transit prohibé*, n° 1er, et l'article 7 aux mots *soustractions, transit prohibé*, n° 1er, et *substitutions , transit prohibé*, n° 3.

2. TRANSITS. Le déficit ou altération des colis, des cordes ou des plombs reconnu au bureau de deuxième ligne, n'entraine aucune pénalité ; il donne seulement à ce bureau la faculté de procéder à une visite complète et de constater les soustractions et substitutions qui auraient lieu. Mais en cas d'altération du plombage au bureau de sortie, la douane , en vertu de l'article 12 de la loi du 17 décembre 1814 , est fondée à refuser le certificat de décharge , ce qui amène nécessairement la poursuite , au bureau de départ, des soumissionnaires aux fins de droits.

Art. 12 de la loi du 17 décembre 1814. « Les préposés du bureau de sortie n'accorderont les certificats de décharge des acquits-à-caution de transit , qu'après une vérification exacte de l'état des plombs, de l'espèce, de la qualité, du nombre et du poids des marchandises. Ils exigeront, en outre, avant la décharge, que les marchandises soient conduites à l'Étranger sous l'escorte des préposés.

» Les actes de décharge ne seront valables qu'autant que les opérations successives de la visite, du transport sous escorte et de la sortie, auront été certifiées sur les acquits-à-caution par les vérificateurs et les préposés d'escorte, et que ces actes de décharge seront en outre signés du receveur et d'un autre employé. »

§ 13.

PÉNALITÉS EN MATIÈRE DE PRIMES.

1. « Lorsque, par suite de procès-verbaux ou d'autres actes conservatoires dressés par les agens des douanes, la fausseté des déclarations faites pour obtenir une peine quelconque aura été reconnue, soit quant à la valeur, soit quant à l'espèce ou au poids des marchandises, le déclarant sera passible d'une amende égale au triple de la somme que sa fausse déclaration aurait pu lui faire allouer en-sus de ce qui lui était réellement dû, et néanmoins la prime légale sera liquidée pour ce qui aura été réexporté » (Loi du 5 juillet 1836, 2e section, art. 1er. Circ. 1551).

2. On doit dresser procès-verbal immédiatement, toutes les fois qu'on présente à la douane, sous quelque dénomination que ce soit, un objet qui n'est pas susceptible de prime, comme aussi toutes les fois que les employés ont la certitude que l'objet présenté, encore qu'il soit apte à la prime, est d'une qualité ou valeur au-dessous de la qualité ou de la valeur déclarée.

Cependant, si les employés n'ont pas de raisons suffisantes pour saisir, mais seulement pour douter, ils doivent se borner à dresser un acte conservatoire par lequel ils constatent le prélèvement des échantillons (Circ., n° 1026, § dernier), et se réservant d'exercer les poursuites de droit dans le cas où les commissaires experts institués par l'article 16 de la loi du 27 juillet 1822 viennent à déclarer que la qualité ou la valeur a été faussement déclarée.

On fait souscrire cet acte au déclarant, ou l'on fait mention de son refus (Circ. du 5 février 1827, n° 1052).

§ 16.

Timbre des lettres de voiture.

1. « Les lettres de voiture, connaissemens, chartes-parties et polices d'assurance, continueront d'être assujettis au timbre de dimension. Les parties, pour rédiger ces actes, pourront se servir de telles dimensions de papier timbré qu'elles jugeront convenable, sans être tenues d'employer, exclusivement à cet usage, du papier frappé du timbre d'un franc. »
(Décret du 5 janvier 1809, art. 1er).

2. « Ne sont point assujettis à se pourvoir de lettres de voitures timbrées, les propriétaires qui font conduire par leurs voitures à leurs propres domestiques ou fermiers, les produits de leurs récoltes » (Idem, art. 2).

3. « Les préposés des douanes.... sont tenus de se faire représenter les lettres de voiture, connaissemens, chartes-parties et polices d'assurance des marchandises et autres objets dont le transport se fait par terre ou par eau, et de vérifier si ces actes sont écrits sur papier timbré » (Décret du 5 juillet 1805, art. 1er).

« En cas de contravention, ils en rédigeront des procès-verbaux pour faire condamner les souscripteurs et porteurs solidairement à l'amende fixée par l'article 4 de la loi du 6 prairial an 7 (¹) » (Même décret, art. 2).

« Toutes les amendes fixes prononcées par les lois sur l'enregistrement et le timbre, sont réduites, savoir : celles de 500 francs à 50 francs, — celles de 100 francs à 20 francs, — celles de 50 francs à 10 francs, — et toutes

(¹) Cet article, modifié par la loi du 16 juin 1824, portait : « Les contraventions aux dispositions de la présente seront punies, indépendamment de la restitution des droits fraudés, d'une amende de 25 francs pour la première fois, de 50 francs pour la seconde, et de 100 francs pour chacune des autres récidives ».

celles au-dessous de 50 francs à 5 francs » (Loi du 16 juin 1824, art. 10).

4. Le simple refus d'un voiturier de représenter une lettre de voiture, sous prétexte qu'il ne lui en a pas été remis, ne suffit pas pour autoriser des poursuites: il est nécessaire de produire la preuve matérielle de la contravention par la représentation de la lettre de voiture écrite sur papier libre (Décision minist. du 9 octobre 1810. Circ., n° 55 du 27 mai 1815).

5. Les contraventions concernant particulièrement l'administration des domaines et de l'enregistrement, le procès-verbal, rédigé à la requête de cette administration, sera remis à ses receveurs sur les lieux pour y donner les suites convenables (Circ. des 15 thermidor an 15 et 27 mai 1815).

6. « Pour indemniser les préposés..... il leur sera accordé la moitié des amendes qui auront été payées par les contrevenans » (Décret du 5 juillet 1805, art. 3. Circ., n° 55).

Les préposés seront payés sur une quittance ou sur un état. Les signatures seront légalisées par le maire de leur résidence (Inst. de l'enreg., n° 575).

§ 17.

NON RAPPORT DES ACQUITS-A-CAUTION.

1. TRANSIT PROHIBÉ. « Si l'acquit-à-caution n'est pas dûment déchargé en tems utile, par le bureau désigné, le soumissionnaire sera contraint au paiement, 1° de la valeur des marchandises telle qu'elle aura été indiquée dans l'acquit-à-caution ; 2° et, en outre, d'une amende égale au triple de la valeur » (Loi du 9 février 1832, art. 6).

2. TRANSIT NON PROHIBÉ. « Ceux qui voudront jouir de ce transit, soit à l'arrivée des marchandises, soit en les retirant des entrepôts réels, seront tenus d'en déclarer à la douane les quantités, espèces et qualités, et de les y faire vérifier, plomber et expédier pour acquit-à-caution.

» Ils fourniront, en conséquence, au même bureau, leur soumission cautionnée de faire sortir les dites marchandises du royaume, et d'en justifier, en rapportant l'acquit-à-caution dûment revêtu du certificat de décharge et de sortie, sous les peines prononcées par l'article 54 de la loi du 8 floréal an 11.

» Les acquits-à-caution et soumissions indiqueront le bureau de sortie, limiteront, suivant la distance, le délai dans lequel les marchandises devront y être conduites et exportées à l'Etranger. On ajoutera à ce délai celui de 20 jours pour le rapport des acquits-à-caution déchargés » (Loi du 17 décembre 1814, art. 5).

L'article 54 de la loi du 8 floréal an 11 est ainsi conçu : « Si les denrées coloniales déclarées en transit ont été soustraites, ou qu'il en ait été substitué d'autres, il y aura lieu au quadruple des droits de consommation, et à une amende de 500 francs contre les contrevenans. »

3. Acquits-a-caution, n° 18. 1° « Si les certificats de décharge qui devront être délivrés dans les bureaux de destination ou de passage, ne sont pas rapportés dans les délais fixés par les acquits-à-caution, et s'il n'y a pas eu consignation du simple droit à l'égard des marchandises qui y sont soumises, les préposés à la perception, dans les bureaux, décerneront contrainte contre les soumissionnaires et leur caution, *pour le paiement du double droit de sortie* » (Loi du 22 août 1791, tit. 3, art. 12).

2° « Si les marchandises expédiées par acquit-à-caution *sont de la classe de celles prohibées à la sortie*, les préposés à la perception pourront pareillement décerner contrainte pour la valeur des dites marchandises fixée par les soumissions, et pour l'amende de cinq cents francs aussi conformément aux dites soumissions » (Mêmes loi et titre, art. 13).

4. Emprunt du territoire étranger. Mêmes peines qu'au numéro 3 ci-dessus.

24

5. PACAGE DES BESTIAUX. Voir ce mot, n° 1, 2 ou 3, suivant le cas.

6. OUVRAGES D'OR ET D'ARGENT. Ils seront envoyés sur un bureau de garantie sous le double plombage prescrit par l'article 51 de la loi du 21 avril 1818, avec un acquit-à-caution énonçant que, faute d'en accomplir les conditions, le soumissionnaire encourra les peines édictées par l'article 76 de la loi du 5 ventose an 12, ainsi conçu :

« En cas de fraude... des droits... de la marque d'or et d'argent, les objets de fraude seront saisis et confisqués, et les contrevenans condamnés à une amende égale au quadruple des droits fraudés. »
(Circ. du 4 août 1825, n° 932).

7. ARMES. « Les fabricans, négocians et armateurs français ou étrangers qui voudront faire entrer en France des armes, seront tenus de prendre au bureau de douane des ports, villes ou bourgs frontières, un acquit-à-caution portant la qualité et la quantité des armes montées ou en pièces détachées contenues dans les caisses qui les renfermeront, le nom du lieu et de la personne pour laquelle elles seront destinées. Cet acquit-à-caution sera visé par la municipalité du lieu du domicile de la personne à qui ces armes auront été envoyées, et chez laquelle elles auront été déchargées sous peine de saisie et de confiscation des caisses, armes et pièces détachées » (Décret du 22 août 1792, art. 2).

L'acquit-à-caution sera déchargé par le maire du lieu où réside la personne à qui les armes sont adressées (Circ. du 13 février 1815).
Le visa étant prescrit sous peine de confiscation, et la confiscation entrainant de droit l'amende de 500 fr., les acquits-à-caution garantiront, dans les soumissions, le paiement, tant de la valeur des armes que de l'amende, s'ils ne sont pas rapportés dans les délais, on décernera immédiatement contrainte (Circ. n° 90, du 50 novembre 1815).

8. LIBRAIRIE. Les soumissions pour la délivrance des acquits-à-caution devront être cautionnées, et spécifier la valeur des livres, ainsi que les peines qui seraient encourues si toutes les conditions de l'acquit venaient à n'être pas remplies, et si de la vérification il résultait la preuve que les espèces ont été mal déclarées (Circ. n° 265, du 28 mars 1817).

M. Fasquel, au sujet du non rapport de ces sortes d'acquits-à-caution, s'exprime ainsi : « Le non rapport de l'acquit-à-caution, dûment déchargé, suppose une importation frauduleuse : la peine alors encourue est celle de la confiscation avec amende de 500 francs : en cas d'inexactitude dans les quantités ou espèces, on applique les dispositions générales concernant les importations en fraude. »

La décharge des acquits-à-caution sera constatée, à Paris, par les employés des douanes concurremment avec la direction de la librairie, et, dans les départemens, par le secrétaire général de la préfecture, et les commissaires spécialement délégués par le préfet (Circ. n° 263).

9. DRILLES ET CHIFFONS. Le non rapport de l'acquit-à-caution délivré pour leur circulation, donne lieu au paiement de la valeur et à l'amende de cinq cents francs. Voir ce mot.

10. FILS ET TISSUS NON PROHIBÉS. « Toutes les dispositions relatives au transit des marchandises prohibées, présentées et expédiées en colis pressés, pourront, à la demande des expéditeurs, être appliquées aux fils et tissus non prohibés » (Ordonnance du 8 juillet 1834, art. 15).
Bien qu'il s'agisse ici de marchandises non prohibées, ce ne sont pas les peines édictées par la loi du 17 décembre 1814 qui devront être stipulées et poursuivies en cas de non rapport de l'acquit-à-caution, mais bien celles portées par l'article 6 de la loi du 9 février 1832 (Circ. du 15 juillet 1834, n° 1450, page 3).
Voir, pour l'application de cet article, le n° Ier du présent paragraphe : *Transit prohibé*.

11. AUTRES OBJETS PROHIBÉS ou *soumis à un régime spécial*. « Lorsqu'il s'agit d'une marchandise prohibée, soit qu'elle soit soumise au régime général ou à un régime spécial, on doit toujours requérir, dans la contrainte, l'application des peines prononcées par les lois contre la sortie frauduleuse des dites marchandises (M. D.).

§ 18.

DES SAISIES A L'INTÉRIEUR.

1. « .... Les cotons filés, les tissus et tricots de coton et de laine, et tous autres tissus de fabriques étrangères prohibés, seront recherchés et saisis dans toute l'étendue du royaume..... » (Loi du 28 avril 1816, art. 59, § Ier du titre 6).

Mêmes loi et titre, art. 60 : « Devront en conséquence, les préposés des douanes, en se faisant accompagner d'un officier municipal ou d'un commissaire de police, qui sera tenu de se rendre à leur réquisition, se transporter, de jour seulement, dans les maisons et endroits situés dans toutes les villes et communes de l'étendue du rayon, qui leur seraient indiquées comme recélant des marchandises de l'espèce de celles dénommées en l'article 59 et en effectuer la saisie. »

Art. 61. « Le procès-verbal, qui, à moins d'empêchement, sera rédigé au domicile même de la partie, devra faire mention :

1° De la désignation des marchandises par poids, nombre et nature des pièces, ou par mètre, s'il ne s'agit que de coupons ;

2° Du prélèvement qui sera fait d'échantillons sur chaque pièce ou coupon ;

3° Et de la mise sous enveloppe des dits échantillons.

« Cette enveloppe sera revêtue du cachet de l'officier public, de celui des saisissans, et de celui de la partie, à moins qu'elle ne s'y refuse, ce dont le procès-verbal fesait également mention. Les mêmes cachets seront apposés en marge du rapport : les marchandises, ensuite emballées et scellées des dits cachets, seront transportées et déposées au plus prochain bureau, autant que les circonstances pourront le permettre, et le paquet contenant les échantillons sera immédiatement transmis au directeur de l'administration des douanes. »

Art. 62. « Les mêmes obligations et les mêmes formes de procéder sont imposées dans les villes et endroits de l'Intérieur où il n'y a point de bureau de douanes, aux juges de paix, maires, officiers municipaux, et commissaires de police.

» Les préfets et sous-préfets veilleront à ce qu'elles soient exactement remplies.

» Les marchandises saisies dans ces communes seront transportées et déposées au chef-lieu de l'arrondissement, et les échantillons, ainsi que le procès-verbal, seront envoyés au préfet du département qui les transmettra au directeur général des douanes. »

Art. 63. « Aussitôt que ces procès-verbaux et échantillons lui seront parvenus, le directeur général des douanes les adressera au ministre de l'Intérieur, qui fera procéder à l'examen des dits échantillons par un jury assermenté et composé de cinq négocians pris dans la classe des fabricans et manufacturiers les plus connus. »

Tissus dépourvus de la marque.

2. « A l'effet de distinguer les tissus fabriqués en France, toute pièce d'étoffe de la nature de celles prohibées devra porter une marque et un numéro de fabrication (Voir plus bas), pour servir de premier indice au jury... » (Loi du 28 avril 1816, art. 59, § 2).

«.... Toute marchandise de l'espèce de celles désignées dans l'article 59 de la loi du 28 avril 1816, (le voir aux n°^{os} 1 et 2 ci-dessus), qui sera trouvée dépourvue de la marque de fabrique ou d'origine, sera saisie pour ce seul fait : et lors même que le jury, auquel elle sera soumise selon l'art. 63 de la dite loi, la déclarerait d'origine française, le propriétaire ou détenteur ne pourra la recouvrer qu'après avoir payé une amende de 6 pour 100 de la valeur, telle qu'elle aura été estimée et déclarée par le dit jury » (Loi du 21 avril 1818, art. 42).

« Si les tissus saisis faute de marque sont reconnus par le jury être de fabrication étrangère, leurs détenteurs seront punis, outre la confiscation, d'une amende égale à la valeur de l'objet estimé par le jury, mais qui ne pourra jamais être au-dessous de cinq cents francs » (Loi du 21 avril 1818, art. 43, tit. 6).

Tissus revêtus de la marque.

3. « Si des tissus saisis, portant la marque de fabrication française, sont reconnus par le jury être de fabrication étrangère, les détenteurs encourront la peine déterminée par l'article précédent, sauf leurs recours contre tout fabricant ou vendeur qui les aurait induits en erreur sur l'origine des marchandises, et sans préjudice des peines encourues en cas de faux caractérisé par le code pénal » (Mêmes loi et titre, art. 44).

« Si des tissus portant la marque de fabrication française sont néanmoins saisis pour présomption d'origine étrangère, et que leur origine française soit ensuite reconnue par le jury, le propriétaire ou détenteur des dits tissus recevra, des caisses de la douane, à titre de dommages-intérêts ;

1° Une indemnité de 6 pour 100 de la valeur arbitrée par le jury ;

2° Une seconde indemnité de 1 pour 100 par mois de la dite valeur, pour tout le tems que la dite marchandise aura été retenue sous le séquestre, si l'offre de main-levée n'est pas faite et signifiée dans le courant du premier mois » (Idem, art. 45).

« Les dispositions des articles composant le présent titre, sont communes aux cotons filés . . . . . . » (Idem, art. 46).

Marque des tissus, etc.

I. *Cotons filés.* 1° « Au moment de l'acquittement en douane, les cotons filés recevront une marque dont la forme et les conditions seront déterminées par des ordonnances du Roi.

» A défaut de cette marque, les cotons filés , même du n⁰ 143 et au-dessus , continueront à être saisissables dans l'Intérieur , suivant la loi du 28 avril 1816 » (Loi du 2 juillet 1836 , Iʳᵉ section).

2° « Tout entrepreneur de filatures, commerçant, fabriquant de tissus , entre les mains duquel existent des cotons filés... sera tenu :

1° D'apposer à chaque paquet de cette sorte de coton suivant la manière indiquée dans l'article qui précède, une étiquette collée ou cachetée, portant la marque et le numéro du fil ;

2° De reprendre et décrire sur son livre d'entrée et de sortie des matières, tous les paquets ainsi marqués à l'extraordinaire, dont l'état sera par lui arrêté sur le dit registre , daté et signé.

» Pour ceux qui n'auront point de registre, il pourra y être suppléé par un inventaire ou état sur feuille volante, déposé à la mairie de leur commune , et, pour Paris, à la préfecture de police » (Ordonnance du 1ᵉʳ décembre 1819 , art. 5).

3° Le mode indiqué par l'article 4 de cette ordonnance consiste « à appliquer cette étiquette, portant la marque du fabricant, collée ou cachetée, sur une des cordes qui servent de lien au paquet, de manière que cette corde ne puisse se détacher sans déchirer l'étiquette. »

4° « Sont dispensés de l'application de bande, corde ou ficelle, ainsi que du plomb ou cachet, les colis, balles, ou caisses renfermant les cotons livrés par les filatures aux entrepreneurs de tissage, soit en chaines ourdies, soit simplement en bobines » (Ord. des 16 juin 1819, art. 1ᵉʳ, et 1ᵉʳ décembre 1819 , art. 6).

5° « Tous les entrepreneurs de filature de coton... seront tenus de composer d'un fil de *cent mètres* de longueur, l'échevette des fils par eux fabriqués, et de former l'écheveau de dix de ces échevettes, en sorte que la longueur totale du dit fil composant l'écheveau soit de mille mètres » (Ord. du 26 mai 1819 , art. 2).

6° « Chaque entrepreneur de filature devra... effectuer à la sous-préfecture de son arrondissement le dépôt de deux empreintes ou modèles de la marque par lui adoptée..... » (Même ordonnance, art. 6).

7° Toutes les dispositions en général concernant le nouveau système de devidage et de numérotage des cotons filés , ainsi que le mode d'enveloppe des paquets , ne seront rigoureusement applicables qu'à ceux des dits cotons filés qui sont livrés au commerce *en écru*, et dont le degré de finesse est au-dessus de 16,000 mètres, correspondant au n⁰ 20 à peu près de l'ancien écheveau de 650 aunes » (Ord. du 1ᵉʳ décembre 1819 , art. 7).
(Circ. des 30 août 1819, 20 janvier et 22 février 1825).

8° « Les marques indiqueront le nom de la ville ou de l'arrondissement où la fabrication a lieu, et le nom du fabricant, ou tel signe ou chiffre qu'il déclarera choisir.... » (Ord. du 8 août 1816, art. 2, et décision du ministre du 12 mai 1820, cir. n° 575).

2. *Bonneterie.* « La bonneterie de coton ou de laine est aussi assujettie à la marque de fabrication. Cette marque consistera, autant qu'il sera possible, en lettres, chiffres ou signes travaillés dans le tricot même, et à l'aide desquels on puisse reconnaître le nom du fabricant et sa résidence, en recourant aux modèles qui seront déposés *à la sous-préfecture de l'arrondissement* » (Ord. du 8 août 1816, art. 7).

« Il sera libre au manufacturier de rassembler les produits de fabriques de bonneterie en paquets de douze articles de même nature, et de les réunir sous un plomb ou cachet unique, portant l'empreinte de la marque qu'il aura adoptée et scellant une étiquette sur laquelle sera inscrit le numéro d'ordre.... » (Ord. du 22 septembre 1818, art. 1er, § 2).

3. *Châles.* « Les châles ou mouchoirs de cou en laine, en coton, ou mélangés de ces deux matières ou de soie, etc.,.... pourront recevoir un plomb ou cachet apposé à chaque pièce, scellant une étiquette sur laquelle sera inscrit le numéro d'ordre.
» Ces plombs ou cachets devront présenter les indications prescrites par l'article 2 de notre ordonnance du 8 août 1816, et leur modèle ou empreinte sera de même déposée à la sous-préfecture de l'arrondissement » (Même ordonnance, art. 4).
Voir le 1er § de cet article 2 au n° 8 ci-dessus.

4. *Tissus prohibés.* « Les fabricans d'étoffes pleines ou mélangées en laine ou en coton, et de tous tissus de la nature de ceux qui sont prohibés venant de l'Etranger, ne pourront mettre dans le commerce ces étoffes et tissus que revêtus d'une marque de fabrique et d'un numéro d'ordre repris de leurs registres d'entrée et de sortie » (Ord. du 8 août 1816, art. 1er).

« Les marques indiqueront le nom de la ville ou de l'arrondissement où la fabrication a lieu, et le nom du fabricant, ou tel chiffre ou signe qu'il déclarera choisir. Elles seront tissues, brodées, ou imprimées, selon la nature de l'étoffe et à la volonté du fabricant, mais de manière à pouvoir se conserver le plus longtems qu'il sera possible » (Idem, art. 2).

« Chaque fabricant est tenu de déposer à la sous-préfecture de son arrondissement deux empreintes ou modèles de la marque ... » (Idem, art. 4).

3. *Tulles.* « Tout fabricant de tulle de coton sera tenu d'apposer aux deux bouts de chaque pièce écrue.... une inscription indiquant son nom, celui de la commune de sa résidence, le numéro d'ordre de son registre de fabrication et le numéro du métier : cette inscription, rendue indélébile par l'emploi du chlorure de manganèse exclusivement à tout autre procédé, sera apposée au moyen d'une estampille dont les caractères devront être parfaitement lisibles et ne pourront être moindres d'un demi-centimètre de hauteur » (Ordonnance du 3 avril 1836, art. 2).

« Indépendamment de cette première estampille, les pièces de tulle destinées à être divisées en bandes devront porter, aux deux bouts de chaque bande, une seconde estampille, apposée dans la longueur de la bande, toujours au moyen du chlorure de manganèse : cette seconde estampille indiquera, comme la première, les noms du fabricant et de la commune de sa résidence ; le numéro d'ordre du registre et celui du métier y seront rappelés ; elle ne sera point nécessaire pour les pièces de *picot* ou pour les *frivolités* en écru qui n'auront pas plus d'un centimètre de hauteur, lesquelles suivront le même régime que les pièces unies qui ne sont pas destinées à être en bandes » (Même ord., art. 3).

« Un modèle ou empreinte de chacune de ces estampilles devra être déposé, par le fabricant, soit au greffe du tribunal de commerce, soit au secrétariat du conseil des prud'hommes, pour y être conservé : pareil modèle ou empreinte... devra être transmis à notre ministre du commerce.... » (Idem, art. 4).

Observations.

1. « Les poursuites seront dirigées par le procureur du Roi.... » (Loi du 28 avril 1816, art. 66).

2. Les procès-verbaux doivent contenir :

1º Les longueurs et largeurs exactes des tissus calculées en mètres et fractions de mètres (Circ. du 7 janvier 1817, nº 237) ;

2º Les marques et numéros des pièces (Idem) ;

3º Le canton, l'arrondissement et le département dans lesquels se trouve le lieu des saisies (Circ. du 10 avril 1819, nº 485) ;

4º La description des objets saisis, article par article (Circ. nº 696) ;

5º Une série de numéros qui sera suivie depuis le premier article jusqu'au dernier, sauf, lorsqu'il y aura plusieurs objets absolument identiques en qualités et dimensions, à les mentionner conformément à l'exemple qui suit : Vingt pièces mousseline unie de.... mètres de long sur... mètres de large, numérotés de 17 à 37, etc. Les numéros ainsi mentionnés au procès-verbal; seront ensuite portés non-seulement sur chaque échantillon avant leur mise en liasses séparées, mais encore sur les pièces mêmes d'où les échantillons auraient été prélevés (Idem);

6° Le poids net des marchandises (Idem);

7° Le poids net des échantillons (Idem), et le nombre de liasses (Circ. n° 316);

8° L'impossibilité de prélever des échantillons sur les mouchoirs, linge de table, bonneterie, etc. (Circ. n° 696).

3. Lorsqu'il s'agira de mouchoirs, il sera prélevé un mouchoir entier pour échantillon.

S'il s'agit de tissus brodés, chaque échantillon offrira le complément du dessin de la broderie (Circ. du 6 avril 1817, n° **270**).

4. On doit apporter le plus grand soin au prélèvement et au dénombrement des échantillons.

A l'égard des cotons filés et des ouvrages de bonneterie, comme bas, bonnets, etc., pour lesquels il serait difficile et quelquefois même impossible de prélever des échantillons, il est de toute nécessité que les objets saisies soient intégralement envoyés à Paris (Circ. du 5 août 1817, n° 508).

5. Voici le mode d'envoi des échantillons : Il consiste à séparer des petits échantillons, et à traverser, par un fil cacheté, ceux qui ont une certaine valeur, tels que les châles, les cravattes, les mouchoirs, etc.; à séparer et à traverser également par un fil les petits échantillons, en les distinguant par espèces de tissus, unis, rayés, brochés et brodés; enfin, à relater, dans les procès-verbaux, que le paquet d'échantillons du poids de..... kilog. renferme, par exemple, quatre liasses, savoir: la première de 20 cravattes de percale; la 2e de 10 échantillons de mousseline unie; la 3e de 15 échantillons de percale brodée, et la 4e de vingt échantillons de tissus rayés (Circ. du 6 septembre 1817, n° 316).

6. Lorsque les colis renfermant les marchandises et les paquets d'échantillons auront été fermés, et qu'on aura solidement fixé sur chacun d'eux une note indicative de la date et du lieu de la saisie, du nom du prévenu, etc.; si les paquets d'échantillons ne sont pas d'un volume assez petit pour être annexés à la lettre de transmission du procès-verbal et envoyés par la poste, il sera nécessaire de les revêtir d'un emballage et d'une seconde enveloppe, et de les expédier toujours par acquit-à-caution pour la douane de Paris.

L'acquit-à-caution, qui fera mention de ce double emballage, devra être revêtu du même cachet du bureau que celui qui aura été apposé sur la seconde enveloppe du paquet, et la lettre d'envoi du procès-verbal en indiquera la date et le numéro (Circ. du 10 avril 1819, n° 485).

7. Les procès-verbaux rédigés en vertu du titre 6 de la loi du 28 avril 1816 ne sont pas assujettis aux formalités prescrites par la loi du 9 floréal an 7 (Arr. de C. des 10 mars 1820 , 4 mai 1833 et 20 décembre 1854).

8. Il n'est pas dû d'indemnités pour les visites domiciliaires faites en exécution du titre 6 de la loi du 28 avril 1816 (Arr. de C. du 31 juillet 1826 , circ. n° 1023).

§ 19.

FALSIFICATION OU ALTÉRATION DES EXPÉDITIONS.

1. « Dans le cas où le motif de la saisie portera sur le faux où l'altération des expéditions, le rapport énoncera le genre de faux, les altérations ou surcharges. Les dites expéditions, signées et paraphées des saisissans, *ne varietur*, seront annexées au rapport qui contiendra la sommation faite à la partie de le signer, et sa réponse » (Loi du 9 floréal an 7 , art. 4 , tit. 4).

2. Le crime de faux entraîne nécessairement contre les coupables les peines portées par le code pénal, indépendamment de la saisie des objets transportés au moyen des faux plombs ou fausses expéditions.

Pour empêcher que, lors de la discussion devant les tribunaux, les prévenus ne déclarent la falsification des pièces postérieure à l'arrestation qui en aura été faite, et ne l'imputent aux préposés eux-mêmes, il est nécessaire que les pièces arguées de faux soient copiées et décrites fidèlement dans le corps du rapport. Ce rapport, qui, au surplus, doit être immédiatement rédigé, est porté devant le tribunal dont la saisie ressortit.

Ce tribunal, après s'être fixé sur les pièces arguées de faux, et s'il juge qu'il y a lieu à prononcer, renvoie, à cet effet, devant qui de droit, en suspendant d'ailleurs toutes poursuites sur le fond de la saisie, jusqu'après le jugement du faux (M. du Mesnil).

3. Quand, trompée par de faux acquits-à caution, la douane a laissé introduire des marchandises de fraude, elle peut, le faux étant reconnu, poursuivre la confiscation de ces marchandises, bien qu'il n'y ait eu ni saisie ni procès-verbal.

Une cour criminelle appelée à statuer sur la falsification d'acquits-à-caution à la faveur desquels on a essayé d'introduire, avec des marchandises prohibées, des objets dont l'introduction, si elle était tentée isolément, devrait être jugée par les tribunaux civils, doit, à cause de la connexité des délits, connaître également de la saisie de ces objets (Arr. de C. du 19 décembre 1806. Lille, t. 7, p. 535).

4. S'il était reconnu que des altérations abusives ont eu lieu, le directeur du bureau d'arrivée, après, toutefois, avoir demandé des explications au consignataire des marchandises, adresserait, à cet égard, un rapport circonstancié à l'administration. Elle examinerait si ces altérations constituent le crime de faux tel qu'il est défini par la loi, et, dans le cas de l'affirmative, non-seulement elle poursuivrait, en vertu du principe consacré par un arrêt de la cour de cassation du 19 décembre 1806 (le voir plus haut), le paiement avec amende d'une somme égale à la valeur des marchandises introduites à la faveur des fausses expéditions, mais encore elle déférerait les coupables à la justice, afin d'assurer l'application des peines afflictives et infamantes prononcées par la 3ᵉ section du chapitre 3 du code pénal (Circ. du 20 octobre 1834, n° 1460, page 6).

§ 20.

SAISIES DE MINUTIES.

1. « Lorsque plusieurs saisies de tabac auront été faites séparément sur des inconnus dans le ressort d'un même tribunal de district, et que la valeur de chaque partie saisie n'excédera pas *cinquante francs*, la régie pourra en demander la confiscation par une seule requête, laquelle contiendra l'estimation de chaque partie de tabac. Il sera statué sur la dite demande par un seul et même jugement » (Décret du 5 septembre 1792, art. 5).

« Les dispositions *ci-dessus* seront exécutées à l'égard de toutes les saisies faites sur des inconnus d'objets qui n'auront point été réclamés » (Même décret, art. 6).

2. Il y a, quand à leur nature, parfaite analogie, ou plutôt identité absolue entre les saisies dont parle la loi de 1792 *et celles faites partiellement sur inconnus des objets prohibés.*
Ce ne sera point s'écarter de l'esprit de cette loi que de cumuler également plusieurs de ces dernières saisies dans un seul et même procès-ver-

bal, après, toutefois., que chacune d'elles aura été d'abord, et de suite immédiate à son transport au bureau où l'objet en sera déposé, inscrite dans un registre ouvert à cet effet.

Ainsi, dans chaque bureau de douane, il sera tenu un registre coté et paraphé par le directeur ; la première page portera : *Registre des objets de minuties arrêtés sur inconnus et déposés au bureau de....*

A la fin du mois, où à telle autre époque plus rapprochée, si ces arrestations ont été très-nombreuses, il sera rédigé un procès-verbal dans lequel on les comprendra toutes, mais séparément, et telles qu'elles auront été inscrites, et ce procès-verbal sera remis, dans la forme ordinaire, à M. le procureur du Roi après avoir été dûment affirmé et enregistré. (Circ. du 5 novembre 1818 , n° 459).

3. Toute marchandise saisie sur inconnus et dont la valeur n'excèderait pas cinquante francs, peut être déposée aux minuties.

Mais si cette valeur est de 50 francs et plus, la marchandise saisie doit faire l'objet d'un rapport (Direction de Besançon).

4. Il n'y a jamais lieu de faire prononcer l'amende contre les inconnus (Circ. n° 604).

§ 21.

TROUBLE, INJURES, OPPOSITION.

« Les préposés de la régie sont sous la sauve garde spéciale de la loi : il est défendu à toute personne de les injurier ou maltraiter, et même de les troubler dans l'exercice de leurs fonctions, à peine de cinq cents francs d'amende, et sous telle autre peine qu'il appartiendra, suivant la nature du délit » (Loi du 22 août 1791, tit. 13, art. 14, § 1er).

« Toute personne qui s'opposera à l'exercice des préposés des douanes, sera condamnée à une amende de 500 francs..... » (Loi du 4 germinal an 2, tit. 4, art. 2, § 1er).

L'amende de 500 francs prononcée pour opposition à l'exercice des fonctions des préposés est individuelle (Circ. du 31 décembre 1819. Lille, tom. 12, p. 250).

2. « Les commandans militaires dans les départemens, les directoires de département, ceux de district et les municipalités, seront tenus de faire prêter main-forte *aux préposés*, et les gardes nationales, troupes de ligne ou gendarmerie nationale, de leur donner la dite main-forte, à la première réquisition, sous peine de désobéissance » (Loi du 22 août 1791, tit. 13, art. 14, § 2).

La désobéissance est punie ainsi qu'il suit : « Tout commandant, tout officier ou sous-officier de la force publique qui, après en avoir été légalement requis par l'autorité civile, aura refusé de faire agir la force à ses ordres, sera puni d'un emprisonnement d'un mois à trois mois, sans préjudice des réparations civiles qui pourraient être dues aux termes de l'article 10 du présent code » (Code pénal, art. 234).

« La condamnation aux peines établies par la loi est toujours prononcée sans préjudice des restitutions et dommages-intérêts qui peuvent être dûs aux parties » (Code pénal, art. 10).

3. Quand il y a simple opposition, trouble ou injures, le prévenu est cité à comparaître, dans les 24 heures, devant le juge de Paix (Arr. de C. des 21 juillet 1808, 9 juillet 1810 et 10 janvier 1840).

4. Les préposés aux douanes qui sont, soit en tournée, soit en observation, pour empêcher l'introduction des marchandises prohibées, sont *dans l'exercice de leurs fonctions* (Arr. de C. des 15 janvier et 23 avril 1807).
Ils ne cessent pas non plus d'être *dans l'exercice de leurs fonctions* après la visite des équipages conduits devant le poste où ils sont de service, et le trouble ou la résistance qu'ils éprouvent, alors même que cette visite est consommée, est punissable de l'amende spéciale édictée par les lois de 1791 et de l'an 2 (Arr. de C du 31 janvier 1840, circ. n° 1799).

5. Quand un procès-verbal constate de simples injures, il fait foi en justice ; le tribunal de paix est compétent, et la loi du 4 germinal an 2 est applicable pour l'amende de 500 francs (Arr. de C. des 26 août 1816, Lille, t. 9, p. 393, et 29 août 1838).
Le tribunal de paix ne peut admettre la preuve testimoniale contre les rapports qui constatent un trouble, sans violences, aux fonctions des préposés (Arr. de C. du 15 avril 1835).

6. Il y a opposition simple, quel que soit le nombre des opposans, quand, se bornant à des menaces ou à des injures, on ne laisse pas aux agens de la douane toute la liberté d'action qui leur est nécessaire pour se livrer à leurs fonctions.
L'opposition n'est point un délit proprement dit : c'est une simple contravention de douane, devant être constatée de la même manière que toutes

celles de ce genre, et, comme elles aussi, de la compétence du juge de Paix
(Circ. du 16 janvier 1854 , n° 1418).

7. Les circulaires des 20 décembre 1814 et 18 décembre 1815 prescrivent de ne répondre aux injures que par le mépris, et de ne rédiger procès-verbal que lorsque les circonstances l'exigent impérieusement.

§ 22.

RÉBELLION , VOIES DE FAIT.

1. « .... Dans le cas où il y aurait voies de fait, il en sera dressé procès-verbal... pour en poursuivre les auteurs et leur faire infliger les peines portées par le code pénal contre ceux qui s'opposent, avec violences, à l'exercice des fonctions publiques » (Loi du 4 germinal an 2, tit. 4, art. 2, § 2).

2. Toute plainte en rébellion , voies de fait , etc. , dont la connaissance appartient exclusivement aux tribunaux correctionnels, n'étant assujetie à d'autres formes qu'à la simple constation des faits, il est inutile de la rédiger sur papier timbré et de la faire enregistrer.

S'il y a procédure, le timbre est suppléé par un visa, et l'enregistrement est porté en débet.

D'un autre côté, foi n'étant pas due à ces sortes d'actes jusqu'à inscription de faux, il n'est pas nécessaire de les faire affirmer (Principalité de Pontarlier, 27 août 1854).

3. Quand les préposés ont à verbaliser pour cause de rébellion , ils doivent toujours faire connaître tout ce qui, pour leur propre défense , les aurait obligés d'opposer la force à la force. Ils doivent aussi recueillir, avec soin , les armes, bâtons, etc. , qu'ils auraient pu enlever aux rébellionnaires , ces preuves muettes étant toujours d'un grand poids aux yeux des juges (Circ. n°s 659 et 785).

4. Un agent du gouvernement qui, dans l'exercice des fonctions que la loi lui confie, aurait exercé des violences et voies de fait, n'est passible de peine qu'autant que la question de savoir s'il y aurait eu de sa part motif légitime, aurait été posée en termes exprès, et aurait été répondue négativement par le jury (Circ. n°s 659 et 785. Arr. de C. des 15 mars 1821 et 5 décembre 1822).

5. Si l'attaque, si la résistance aux fonctions des préposés ont eu lieu avec violence et voies de fait, il y a rébellion , suivant le code pénal , et

cette rébellion est qualifiée, d'après les circonstances, ou *délit* de la compétence des tribunaux correctionnels, ou *crime* de la compétence des cours d'assises.

Il y a *délit*, et lieu par conséquent à saisir la juridiction correctionnelle, dans les deux cas suivans :

1° Lorsque la rébellion a été commise par une personne ou deux, si elles étaient sans armes : les tribunaux leur appliquent alors la peine de six jours à six mois d'emprisonnement (Code pénal , art. 212, § 2e). Si l'une d'elles portait des armes, la peine encourue est un emprisonnement de six mois à deux ans (Idem, même article, § 1er).

2° Si la rébellion a été commise à l'aide d'une réunion non armée, de trois personnes au moins, et de vingt au plus : la peine est alors de six mois à deux ans de prison (Même code, art. 211, § 2).

La rébellion est qualifiée *crime*, et devient, comme telle, du ressort des cours d'assises :

1° Lorsqu'elle a eu lieu à l'aide d'une réunion de trois personnes ou plus jusqu'à vingt inclusivement, et que plus de deux personnes portaient des armes : la peine encourue est alors celle de la réclusion, c'est-à-dire, un emprisonnement de cinq à dix ans, avec exposition publique (Code pénal , art. 211, § 1er).

2° Lorsque la rébellion a été commise par plus de vingt personnes ; la peine est alors celle de la réclusion, s'il n'y a pas eu de port d'armes (Même code, art. 210, § 2e); et celle des travaux à tems, si plus de deux personnes étaient armées (Même article, § 1er).

(Circ. du 16 janvier 1834 , n° 1418).

6. Les préposés doivent particulièrement s'attacher à bien caractériser les faits dans leurs plaintes : ils ne peuvent sans doute y dissimuler les circonstances dont ils ont été les témoins et souvent les victimes; mais il est de leur devoir rigoureux de n'y énoncer que celles dont ils sont parfaitement assurés , et sur lesquelles ils pourront toujours donner aux tribunaux les renseignemens les plus précis et les plus concordans.

Ils ne doivent jamais surtout exagérer la gravité du fait, ni le nombre des coupables ; il ne faut pas non plus qu'ils confondent avec eux les personnes qui n'assistaient que par hasard à ces sortes de rébellions lorsque, d'ailleurs, elles n'y prennent aucune part.

En un mot, les plaintes ou procès-verbaux ne doivent indiquer, comme dans le cas d'être poursuivis, que les individus qui ont fait véritablement résistance. S'il y a doute à l'égard de quelques-uns, on doit s'abstenir de les désigner.

La rédaction de ces plaintes est placée sous la responsabilité des chefs, et les receveurs ne peuvent se dispenser d'y concourir (Même circulaire).

§ 23.

CONTREBANDE AVEC TOUBLE, INJURES OU RÉBELLION.

1. Il est souverainement reconnu que la douane est fondée à requérir l'amende de 500 francs édictée par les lois de 1791 et de l'an 2, toutes les fois que la rébellion ou les voies de fait, reconnues constantes, constituent, par cela même, l'existence d'une opposition à l'exercice des fonctions des préposés. Cette jurisprudence est consacrée par les arrêts annexés aux circulaires n° 1481, 1488, 1608, 1712 et 1726.

Il conviendra donc, dans les affaires de quelque gravité, et lorsqu'il y aura intérêt de service et de répression à aggraver la punition des individus qui se seraient rendus coupables d'un des délits dont la poursuite est réservée au ministère public, de faire intervenir l'administration comme partie civile pour requérir l'application de l'amende de 500 francs édictée par l'article 14 du titre 13 de la loi du 22 août 1791, et l'article 2 du titre 4 de la loi du 24 mars 1794 (4 germinal an 2) : si les condamnés que l'on aurait ainsi intérêt à retenir en prison ne se libèrent pas, on les recommandera sur l'écrou, suivant les formes de droit, et on prolongera leur détention pendant tout le tems déterminé par le jugement pour la contrainte.

(Circ. du 16 février 1839, n° 1736).

2. Les arrêts dont il a été parlé ci-dessus sont à la date des 21 décembre 1821, 17 décembre 1831, 8 décembre 1837, 29 août et 1er décembre 1838, et peuvent se résumer ainsi :

Les tribunaux peuvent prononcer, indépendamment des peines portées par le code pénal ou par la loi du 28 avril 1816, l'amende spéciale de 500 francs édictée par les lois d'août 1791 et de germinal an 2.

3. Toutes les fois qu'il y a en même tems voies de fait, injures, etc., et saisie de marchandises, ou contravention aux lois de douanes proprement dite, le procès-verbal doit être rédigé d'après la loi du 9 floréal an 7, et une copie de ce rapport est remise à M. le procureur du Roi à titre de plainte.

(Principalité de Pontarlier, 27 août 1834).

⟹○⟸

§ 24.

PILLAGE DES BUREAUX.

1. « .... Les communes sur le territoire desquelles des attroupemens ou rassemblemens armés ou non armés se seraient portés au *pillage des bureaux des dépôts des douanes*, et auraient exercé quelques violences contre les propriétés nationales ou privées, sont responsables de ces délits, et des dommages-intérêts auxquels ils donneront lieu » (Arrêté du 4ᵉ jour complémentaire an 11 , art. 15).

« Lorsque, par suite de rassemblemens ou attroupemens, un individu, domicilié ou non sur une commune, y aura été pillé, maltraité ou homicidé, tous les habitans seront tenus de lui payer, ou, en cas de mort, à sa veuve et à ses enfans, des dommages-intérêts..... » (Loi du 10 vendémiaire an 4, tit. 4, art. 6, confirmée par l'arrêté du 4ᵉ jour complémentaire an 11, art. 14).

« Dans le cas où les habitans de la commune auraient pris part aux délits commis sur son territoire par des attroupemens et rassemblemens, cette commune sera tenue de payer à l'Etat une amende égale au montant de la réparation principale » (Loi du 10 vendémiaire an 4, tit. 4, art. 2).

« Si les attroupemens ou rassemblemens ont été formés d'habitans de plusieurs communes, toutes seront responsables des délits qu'ils auront commis, et contribuables tant à la réparation et dommages-intérêts, qu'au paiement de l'amende » (Idem , art. 3).

« Les habitans de la commune ou des communes contribuables qui prétendraient n'avoir pris aucune part aux délits, et contre lesquels il ne s'élèverait aucune preuve de complicité ou participation aux attroupemens, pourront exercer leur recours contre les auteurs et complices des délits » (Idem, art. 4).

« Dans le cas où les rassemblemens auraient été formés d'individus étrangers à la commune sur le territoire de laquelle les délits ont été commis, et où la commune aurait pris toutes les mesures qui étaient en son pouvoir à l'effet de les prévenir et d'en faire connaître les auteurs, elle demeurera déchargée de toute responsabilité » (Idem., art. 5 et 4ᵉ jour complémentaire an 11, art. 15).

2. « Les dommages-intérêts dont les communes sont tenues..... seront fixés par le tribunal civil du département, sur le vu des procès-verbaux et autres pièces constatant les voies de fait, excès et délits » (Loi du 10 vendémiaire an 4 ; tit. 5, art. 4).

« Le tribunal civil du département réglera le montant de la réparation et des dommages-intérêts dans les *dix jours* au plus tard qui suivront l'envoi des procès-verbaux » (Idem, art. 5).

« Les dommages-intérêts ne pourront jamais être moindres que la valeur entière des objets pillés et choses enlevées » (Idem., art. 6).

« Le jugement du tribunal civil, portant fixation des dommages-intérêts, sera envoyé, dans les 24 *heures*, par le commissaire du pouvoir exécutif, à l'administration départementale, qui sera tenue de l'envoyer, *sous trois jours*, à la municipalité ou à l'administration municipale du canton » (Idem, art. 7).

3. « Lorsqu'un délit de la nature de ceux exprimés aux articles précédens aura été commis sur une commune, les officiers municipaux ou l'agent municipal seront tenus de le faire constater sommairement dans les *vingt-quatre heures*, et d'en adresser procès-verbal sous *trois jours* au plus tard, au préfet du département » (Idem, art. 3).

« .... La poursuite de la réparation et des dommages-intérêts ne pourra être faite qu'à la diligence du préfet du département, autorisé par le gouvernement, devant le tribunal civil de l'arrondissement dans lequel le délit aura été commis » (Arrêté du 4e jour complémentaire an 11, art. 16).

4. Les procès-verbaux des officiers municipaux ne sont pas indispensables. Le rapport des préposés des douanes suffit pour statuer sur la responsabilité des communes (Avis du Conseil-d'Etat du 5 floréal an 13. Arr. de C. des 28 prairial an 13 et 9 décembre 1806). (M. D.)

5. Dans ces affaires, il y a deux actions distinctes, l'une qui se poursuit devant le tribunal civil pour les dommages-intérêts, et l'autre devant le tribunal correctionnel, ou la cour d'assises, suivant la nature des délits ou du crime commis par l'attroupement (M. D.).

§ 25.

SPOLIATION.

Lorsque des marchandises importées en fraude sont saisies par les employés, puis reprises de force par les fraudeurs, deux délits distincts sont commis, savoir : celui de rébellion contre les préposés dans l'exercice de leurs fonctions, et celui d'importation frauduleuse. L'un et l'autre de ces délits doivent être punis des peines spécialement applicables à chacun.

Le délit de rébellion est prévu par le code pénal, et c'est au ministère public à en poursuivre la répression.

Le délit de fraude doit aussi être l'objet de poursuites spéciales : la douane doit intervenir au procès et prendre des conclusions avant le jugement, en requérant le paiement de la valeur approximative des marchandises spoliées, et une amende, soit égale à cette valeur, soit double, selon les cas prévus par les articles 41 et suivans de la loi du 28 avril 1816, et 54 de celle du 21 avril 1818 (Circ. du 22 mars 1828, n° 1092).

§ 26.

VERSEMENS, FRAUDES, SOUSTRACTIONS, SUBSTITUTIONS,

commis par les négocians et les commissionnaires.

« Tous négocians et commissionnaires qui seront convaincus d'avoir *importé ou exporté* en fraude, des denrées et marchandises, ou d'avoir, à la faveur de l'entrepôt et du transit, *effectué des soustractions, substitutions, ou versemens dans l'intérieur*, pourront, indépendamment des peines portées par les lois, être privés, par un arrêté spécial du gouvernement, de la faculté de l'entrepôt et du transit, ainsi que de tout crédit de droit.

» Les négocians et commissionnaires qui prêteraient leur nom pour soustraire aux effets de cette disposition ceux qui en auraient été atteints, encourront les mêmes peines » (Loi du 8 floréal an II, tit. 4, art. 85).

§ 27.

EMPLOYÉS QUI FONT OU FAVORISENT LA CONTREBANDE.

« Tous préposés des douanes..... qui seraient convaincus d'avoir favorisé ou fait la contrebande, même sans attroupement et port d'armes, seront punis de cinq à quinze ans de fers.

» Ils seront punis de la peine de mort si la contrebande qu'ils ont faite ou favorisée a été faite avec attroupement et port d'armes (Loi du 15 floréal an II , art. 6 , confirmée par l'art. 59 de la loi du 21 avril 1818).

§ 28.

EMPLOYÉS QUI SE LAISSENT CORROMPRE.

« Si des préposés des douanes reçoivent quelque récompense , gratification ou présent, ils seront punis comme fonctionnaires qui se laissent corrompre » (Loi du 4 germinal an 2 , tit. 4 , art. 5).

« Si un des coupables dénonce la corruption , il sera absous des peines , amendes et confiscations » (Idem , art. 4).

L'art. 177 du code pénal porte : « Tout fonctionnaire public de l'ordre administratif ou judiciaire , tout agent ou préposé d'une administration publique , qui aura agréé des offres ou promesses, ou reçu des dons ou présens pour faire un acte de sa fonction ou de son emploi , même juste , mais non sujet à salaire , sera puni de la dégradation civique et condamné à une amende double de la valeur des promesses agréées ou des choses reçues , sans que la dite amende puisse être inférieure à deux cents francs.

» La présente disposition est applicable à tout fonctionnaire , agent ou préposé de la qualité ci-dessus exprimée , qui, par offres ou promesses agréés , dons ou présens reçus , se sera abstenu de faire un acte qui entrait dans l'ordre de ses devoirs. »

L'article 178 du même code est ainsi conçu : « Dans le cas où la corruption aurait pour objet un fait criminel emportant une peine plus forte que celle de la dégradation civique , cette peine plus forte sera appliquée aux coupables. »

§ 29.

DÉTOURNEMENT DES DENIERS PUBLICS.

« Tout comptable convaincu d'avoir *omis* ou *retardé* de se charger en recette des sommes qui lui auront été versées pour le service public , sera destitué et poursuivi comme coupable de détournement des deniers publics, conformément au code pénal art. 169, 170, 171 et 172 » (Arrêté du 27 prairial an 10, art. 4).

La peine est l'emprisonnement ou les travaux forcés à tems, suivant les cas : Voir le code pénal.

§ 50.

CONCUSSIONS.

« Il est défendu aux préposés de percevoir d'autres et plus forts droits que ceux fixés par la loi, à peine de concussion. » (Loi du 22 août 1791, tit. 15, art. 29).

« Tous fonctionnaires..... qui se seront rendus coupables du crime de concussion..... seront punis, savoir : les fontionnaires ou les officiers publics, de la peine de la réclusion, et leurs commis ou préposés, d'un emprisonnement de deux ans au moins et de cinq ans au plus.

» Les coupables seront, de plus, condamnés à une amende dont le maximum sera le quart des restitutions et des dommages-intérêts, et le minimum le douzième (Art. 174 du code pénal).

§ 51.

CRIME DE FAUX.

commis par des fonctionnaires publics.

« Tout fonctionnaire, ou officier public qui, dans l'exercice de ses fonctions, aura commis un faux,

Soit par fausses signatures.

Soit par altération des actes, écritures ou signatures,

Soit par supposition de personnes,

Soit par des écritures faites ou intercalées sur des registres ou autres actes publics, depuis leur confection ou clôture,

Sera puni des travaux forcés à perpétuité » (Code pénal, art. 145).

« Sera puni des travaux forcés à perpétuité, tout fonctionnaire ou officier public qui, en rédigeant des actes de son ministère, en aura frauduleusement dénaturé la substance ou les circonstances, soit en écrivant des contraventions autres que celles qui auraient été tracées ou dictées par les parties, soit en constatant comme vrais des faits faux, ou comme avoués des faits qui ne l'étaient pas » (Idem , art. 146).

§ 52.

ABUS D'AUTORITÉ CONTRE LES PARTICULIERS.

« Tout fonctionnaire de l'ordre administratif ou judiciaire, tout officier de justice ou de police, tout commandant ou agent de la force publique, qui, agissant en sa dite qualité, se sera introduit dans le domicile d'un citoyen contre le gré de celui-ci, hors les cas prévus par la loi, et sans les formalités qu'elle a prescrites, sera puni d'un emprisonnement de six jours à un an, et d'une amende de seize francs à cinq cents francs, sans préjudice de l'application du second paragraphe de l'article 114 (¹).

» Tout individu qui se sera introduit, à l'aide de menaces ou de violences, dans le domicile d'un citoyen, sera puni d'un emprisonnement de six jours à trois mois, et d'une amende de 16 francs à 200 francs » (Code pénal , art. 184).

« Lorsqu'un fonctionnaire..... aura, sans motif légitime, usé ou fait user de violences envers les personnes, dans l'exercice ou à l'occasion de l'exercice de ses fonctions, il sera puni suivant la nature et la gravité de ses violences.. .. » (Idem , art. 186).

(¹) « Si néammoins *le fonctionnaire public* justifie qu'il a agi par ordre de ses supérieurs pour des objets du ressort de ceux-ci, sur lesquels il leur était dû obéissance hiérarchique, il sera exempt de la peine, laquelle sera, dans ce cas, appliquée seulement aux supérieurs qui auront donné l'ordre » (Code pénal, art. 114, § dernier).

CHAPITRE DEUXIÈME.

De la procédure.

On distingue la procédure *civile* et la procédure *criminelle* qui embrasse les officiers du ressort des tribunaux correctionnels.

Dans la première, la douane agit seule en vertu du droit qu'elle tient de la loi ; dans la seconde, elle intervient comme partie civile pour réclamer les confiscations et amendes encourues, tandisque, d'autre part, le procureur du Roi, à qui le procès-verbal des préposés doit être remis, exerce l'action publique et poursuit l'application des peines corporelles (M. D., p. 526).

REGLES GÉNÉRALES.

1. « Les préposés des douanes pourront faire, pour raison des droits de douanes, tous exploits et autres actes de justice que les huissiers ont accoutumé de faire ; ils pourront toutefois se servir de tel huissier que bon leur semblera, notamment pour les ventes d'objets saisis, confisqués ou abandonnés » (Loi du 22 août 1791, tit. 13, art. 18). — S'ils se servent d'avocats, les honoraires dûs à ces derniers ne doivent jamais être mis à la charge de la partie qui succombe (Paris, 6 octobre 1838).

2. Ils sont suffisamment autorisés pour appeler, au nom de l'administration, des jugemens rendus à son préjudice (Arr. de C. du 28 messidor an 8), et ils peuvent instruire les procès sur de simples mémoires, sans l'intervention d'avoués (Circ. n° 1625, et loi du 4 germinal an 2, art. 17).

3. « Les juges.... ne pourront.... expédier des acquits de paiement ou à caution, congés, passavans, réceptions ou décharges de soumissions, ni rendre aucun jugement pour tenir lieu des dites expéditions, mais en cas de difficultés entre les marchands et les voituriers et les préposés des douanes, les juges règleront les dommages-intérêts que les dits marchands ou voituriers pourraient prétendre à raison du refus qu'ils auraient éprouvé de la part des dits préposés, de leur délivrer les acquits de paiement ou à caution, congés ou passavans » (Loi du 22 août 1791, tit. 11, art. 2).

4. « Aucun juge ne modèrera les droits, ni les confiscations, ni l'amende, sous peine d'en répondre personnellement » (Loi du 4 germinal an 2, tit. 6, art. 23).

5. « Il est expressément défendu aux juges d'excuser les contrevenans sur l'intention » (Loi du 9 floréal an 7, tit. 4, art. 16, § 2).

Les juges ne peuvent excuser sur l'intention. L'administration seule a le droit de remettre ou de modérer les condamnations pécuniaires encourues, parce que, seule, elle peut juger des motifs qui rendent une contravention plus ou moins excusable (Arr. de C. du 11 juin 1818).

6. « Tout jugement de condamnation rendu contre le prévenu et contre les personnes civilement responsables du délit, ou contre la partie civile, les condamnera aux frais, même envers la partie publique » (Art. 194 du code d'inst. crimin.).

7. Voir, à l'article *Prévenus*, les mots : *solidarité, responsabilité, preuve contraire, testimoniale, de non contravention, intervention, amende*, etc.

SECTION PREMIÈRE.

Procédure civile.

1. TRIBUNAL DE PAIX.

---

§ 1er.

COMPÉTENCE DU JUGE DE PAIX.

« Le juge de paix, dans l'arrondissement duquel l'objet saisi sera déposé, connaîtra, en première instance, *des contraventions aux lois sur les douanes* » (Loi du 27 mars 1817, art. 14).

« La même compétence a lieu pour les saisies faites dans les bureaux des côtes ou frontières, *par suite de déclarations*, les dites saisies n'entraînant que les condamnations établies par les lois des 22 août 1791 et 4 germinal an 2 » (Idem, art. 15).

« Les juges de Paix continueront à connaître des fraudes tentées dans les ports de commerce,.... ainsi que de celles découvertes *par suite des visites de douanes*. Ils appliqueront à ces fraudes les peines déterminées par les lois des 22 août 1791 et 4 germinal an 2 » (Loi du 21 avril 1818, art. 55).

« Les tribunaux de paix qui connaissent en première instance des saisies, jugeront également en première instance les contestations concernant *le refus de payer les droits, le non-rapport des acquits-à-caution, et les autres affaires relatives aux douanes* » (Loi du 14 fructidor an 5, art. 10).

Ces tribunaux sont encore compétens pour juger les injures et les oppositions sans violences (Circ. du 20 décembre 1814 et arr. de C. des 21 juillet 1808 et 9 juillet 1810).

Ils connaissent aussi du visa des contraintes décernées par les receveurs (Arr. de C. du 7 fructidor an 10).

§ 2.

COMPARUTION DES PARTIES.

1. « Le juge de paix peut juger tous les jours, même ceux de dimanches et de fêtes, le matin et l'après-midi » (Code de procéd. civ., art. 8).

Ce juge ne peut prononcer sur des rapports non enregistrés sans en prononcer la nullité; mais il peut surseoir à statuer pendant le délai déterminé pour l'enregistrement du rapport.

Quoique cet acte ne serait pas enregistré, ce ne serait point une raison pour le juge de s'abstenir de prononcer. Une décision du ministre de la justice du 15 juin 1809 a prévu le cas où le juge de paix délivre une cédule pour abréger les délais de la citation, ou permet même de citer, dans le jour, ainsi qu'il y est autorisé par la loi, et elle porte qu'il suffit alors que l'exploit soit enregistré dans les quatre jours de sa date (Circ. n° 1056. Paris, 6 novembre 1832. Pontarlier, novembre 1853. Arr. de C. du 12 août 1855 et circ. n° 1510).

Les rapports rédigés la veille d'un jour férié doivent, quand le juge de paix est compétent, contenir toujours citation à comparaître dans les 24 heures devant ce magistrat (Circ. n° 1056).

2. « Au jour indiqué pour la comparution, le juge entendra la partie si elle est présente, et sera tenu de rendre de suite son jugement.

» Si les circonstances de la saisie nécessitaient un délai, ce délai ne pourra excéder trois jours ; et, dans ce cas, le jugement de renvoi autorisera la vente provisoire des marchandises sujettes à dépérissement, et des chevaux saisis comme ayant servi au transport » (Loi du 9 floréal an 7, art. 15).

Le délai de 24 heures ou de trois jours, au plus, fixé par l'article ci-dessus, est de toute rigueur ; tout jugement rendu au-delà de ce terme est frappé de nullité (Arr. de C. du 5 prairial an 11).

« Au jour fixé par la citation, ou convenu entre les parties, elles comparaîtront en personne, ou par leurs fondés de pouvoir, sans qu'elles puissent faire signifier aucune défense » (Code de procédure civile, art. 9).

« Les parties ou leurs fondés de pouvoir seront entendus contradictoirement. La cause sera jugée sur le champ, ou à la première audience ; le juge, s'il le croit nécessaire, se fera remettre les pièces » (Idem, art. 15).

« Si, au jour indiqué par la citation, l'une des parties ne comparaît pas, la cause sera jugée par défaut, sauf la réassignation dans le cas prévu dans le dernier alinéa de l'art. 5 » (le voir au mot citation) (Idem, art. 19).

§ 5.

DE L'OPPOSITION.

« La partie condamnée par défaut pourra former opposition, dans les trois jours de la signification faite par l'huissier du juge de paix, ou autre qu'il aura commis.

» L'opposition contiendra sommairement les moyens de la partie, et assignation au prochain jour d'audience, en observant toutefois les délais prescrits pour les citations (24 heures) ; elle indiquera les jour et heure de la comparution, et sera notifiée ainsi qu'il est dit ci-dessus » (Code de procéd. civ., art. 20).

« La partie opposante qui se laisserait juger une seconde fois par défaut, ne sera plus reçue à former une nouvelle opposition » (Même code, art. 22).

2. TRIBUNAL D'INSTANCE.

§ 1er.

DE L'APPEL.

« L'appel devra être notifié dans la huitaine de la signification du jugement, sans citation préalable, au bureau de paix et de conciliation : après ce délai, il ne sera plus recevable, et le jugement sera exécuté purement et simplement.

» La déclaration d'appel contiendra assignation à trois jours devant le tribunal civil dans le ressort duquel se trouvera le juge de paix qui aura rendu le jugement, et le tribunal sera tenu de prononcer, dans les délais fixés par la loi, pour les appels des jugemens des juges de paix » (Loi du 14 fructidor an 5, art. 6, et arr. de C. du 23 février 1856).

Le délai de huit jours pour interjeter appel compte, pour les jugemens contradictoires, à partir du jour de la signification (Arr. de C. du 17 mars 1806, et art. 443 du code de procéd. civil.), et, pour les jugemens rendus par défaut, du jour où l'opposition n'est plus recevable (Même code, art. 443 et 455. Cir. du 7 novembre 1807).

§ 2.

DE L'OPPOSITION.

« L'opposition est recevable contre tout jugement rendu par défaut par un tribunal civil jugeant sur l'appel. On suit les formes prescrites par le titre 8 du livre 2 du code de procédure, art. 149 à 165, en observant toutefois que l'administration des douanes n'est réellement pas tenue de constituer avoué lorsqu'elle plaide sur simple mémoire » (M. D., page 459).

§ 3.

DU POURVOI EN CASSATION.

1. « La cour de cassation ne connait point du fond des affaires ; mais elle casse les jugemens rendus sur des procédures dans lesquelles les formes ont été violées, ou qui contiennent quelque contravention expresse à la loi ; et elle renvoie le fond du procès au tribunal qui doit en connaitre » (Acte constitutionnel du 22 frimaire an 8, art. 66).

2. « Le délai pour se pourvoir en cassation est de trois mois francs, dans lesquels ne seront point compris ni le jour de la signification du jugement, à personne ou à domicile, ni le jour de l'échéance....» (Ier frimaire an 2. art. Ier).

«Lorsque la main-levée des objets saisis pour contravention aux lois dont l'exécution est confiée à l'administration des douanes, sera accordée par jugemens contre lesquels il y aurait pourvoi en cassation, la remise n'en sera faite à ceux au profit desquels les dits jugemens auront été rendus, qu'au préalable ils n'aient donné bonne et suffisante caution de leur valeur.

» La main-levée ne pourra jamais être accordée pour les marchandises dont l'entrée est prohibée » (Loi du 9 floréal an 7, art. 15).

3. Pour se pourvoir en cassation, les employés des douanes sont dispensés de produire un pouvoir spécial de leur administration (Arr. de C. des 6 juin 1811 et 12 août 1835).

4. En matière civile, la demande en cassation n'arrête pas l'exécution du jugement : dans aucun cas, et sous aucun prétexte, il ne doit être accordé de surséance (Loi du Ier décembre 1790, art. 16).

SECTION DEUXIÈME.

𝔓𝔯𝔬𝔠𝔢́𝔡𝔲𝔯𝔢 𝔠𝔬𝔯𝔯𝔢𝔠𝔱𝔦𝔬𝔫𝔫𝔢𝔩𝔩𝔢.

---

§ Iᵉʳ.

COMPÉTENCE.

Le tribunal correctionnel est compétent,

1° Quand l'objet de fraude est prohibé ou paie vingt francs et plus par 100 kilogrammes (Loi des 28 avril 1816, art. 41, et 21 avril 1818, art. 54);

2° Quand les faits de contrebande sont de nature de ceux dont la connaissance était attribuée aux cours prévotales (Loi du 21 avril 1818, art. 57);

3° Quand l'objet, étant prohibé d'abord, a été ensuite imposé à des droits (Loi du 5 juillet 1836, art. 5);

4° Quand on saisit, à l'intérieur, des fils, tissus et tricots prohibés (Loi du 28 avril 1816, art. 65 et 66);

5° Quand il s'agit d'armes prohibés (Ord. du 24 juillet 1816);

6° Quand l'objet de fraude est régi par une loi qui ordonne la peine d'emprisonnement;

7° Enfin quand il s'agit de rébellion ou de voies de fait.

§ 2.

COMPARUTION DES PARTIES.

1. Le prévenu, arrêté ou non, doit être assigné à comparaître (Voir le mot *citation*).

« L'instruction sera publique à peine de nullité.

Le procureur du Roi, la partie civile ou son défenseur..... exposeront l'affaire ; les procès-verbaux ou rapports , s'il en a été dressé , seront lus par le greffier ; les témoins pour et contre seront entendus, s'il y a lieu , et les reproches proposés et jugés ; les pièces pouvant servir à conviction ou à décharge seront représentées aux témoins et aux parties ; le prévenu sera interrogé ; le prévenu et les personnes civilement responsables proposeront leurs défenses ; le procureur du Roi résumera l'affaire et donnera ses conclusions ; le prévenu et les personnes civilement responsables du délit pourront répliquer.

Le jugement sera prononcé de suite, ou au plus tard, à l'audience qui suivra celle où l'instruction aura été terminée » (Art. 190 du code d'instr. crimin).

2. « Dans les affaires relatives à des délits qui n'entraineront pas la peine d'emprisonnement, le prévenu pourra se faire représenter par un avoué : le tribunal pourra néanmoins ordonner sa comparution en personne » (Art. 185 du code d'inst. crimin.).

3. « Si le prévenu ne comparait pas, il sera jugé par défaut (Idem, art. 186), et le tribunal sera tenu de rendre son jugement » (28 avril 1816, art. 46).

« Si, le prévenu comparaissant, il y a lieu d'accorder une remise, elle ne pourra excéder cinq jours, et, le cinquième jour, le tribunal prononcera, partie présente ou absente » (Même loi, art. 47).

4. « Le jugement sera exécuté à la requête du procureur du Roi et de la partie civile, chacun en ce qui le concerne » (Code d'inst. crimin., art. 197, § 1er).

§ 3.

OPPOSITION EN PREMIÈRE INSTANCE.

« La condamnation par défaut sera comme non avenue, si, dans les cinq jours de la signification qui en aura été faite au prévenu, ou à son domicile, outre un jour par cinq myriamètres, celui-ci forme opposition à l'exécution du jugement, et notifie son opposition tant au ministère public qu'à la partie civile.

» Néanmoins, les frais de l'expédition de la signification du jugement par défaut et de l'opposition, demeureront à la charge du prévenu » (Code d'inst. crimin., art. 187).

« L'opposition emportera de droit citation à la première audience; elle sera non avenue, si l'opposant n'y comparait pas, et le jugement que le tribunal aura rendu sur l'opposition ne pourra être attaqué par la partie qui l'aura formée, si ce n'est par appel.... » (Idem, art. 188).

Voir la circulaire du 25 mai 1856, n° 1546.

§ 4.

OPPOSITION EN APPEL.

« Les jugemens rendus par défaut sur l'appel, pourront être attaqués par la voie de l'opposition, dans la même forme et dans les mêmes délais que les jugemens par défaut rendus par les tribunaux correctionnels.

» L'opposition emportera de droit citation à la première audience, et sera comme non avenue, si l'opposant n'y comparait pas. Le jugement qui interviendra sur l'opposition, ne pourra être attaqué par la partie qui l'aura formée, si ce n'est devant la cour de cassation » (Idem, art. 208).

§ 5.

DE L'APPEL.

1. « Les jugemens rendus en matière correctionnelle pourront être attaqués par la voie de l'appel » (Code d'instr. crimin, art. 199).

» Les appels des jugemens rendus en police correctionnelle seront portés des tribunaux d'arrondissement au tribunal du chef-lieu du département ».

« Les appels des jugemens rendus en police correctionnelle au chef-lieu du département, seront portés au tribunal du chef-lieu du département voisin quand il sera dans le ressort de la même cour royale, sans néanmoins que les tribunaux puissent, dans aucun cas, être respectivement juges d'appel de leurs jugemens..... » (Idem, art. 200).

» Dans le département où siège la cour royale, les appels des jugemens rendus en police correctionnelle seront portés à la dite cour.

» Seront également portés à la dite cour les appels des jugemens rendus en police correctionnelle dans le chef-lieu d'un département voisin, lorsque la distance de cette cour ne sera pas plus forte que celle du chef-lieu d'un autre département » (Idem, art. 201).

2. « La faculté d'appeler appartiendra :
1° Aux parties prévenues ou responsables ;
2° A la partie civile, quant à ses intérêts-civils seulement ;.....
3° Au procureur du Roi près le tribunal de première instance, lequel, dans le cas où il n'appellerait pas, sera tenu dans le délai de quinzaine, d'adresser un extrait du jugement au magistrat du ministère public près le tribunal ou la cour qui doit connaître de l'appel ;
4° Au ministère public près le tribunal ou la cour qui doit prononcer sur l'appel » (Idem, art. 202).

La douane n'a pas qualité pour appeler d'un jugement qui n'aurait pas prononcé la peine d'emprisonnement : elle ne peut se plaindre que de ce que la condamnation ne porterait pas sur tout ce qui rentre dans l'action civile (Arr. de C. des 4 octobre 1810 et 25 février 1811).

En cas d'opposition et de contrebande, elle est habile à appeller *aux fins civiles*, bien que la condamnation *correctionnelle* appliquée pour le même fait ait acquis la force de la chose jugée, à défaut d'appel de la part du ministère public (Arr. de C. du 31 janvier 1840. Cir. 1799).

5. « Il y aura, sauf l'exception portée en l'article 205 ci-après, déchéance de l'appel, si la déclaration d'appeler n'a pas été faite au greffe du
tribunal qui a rendu le jugement, dix jours au plus tard après celui où
il a été prononcé ; et, si le jugement est rendu par défaut, dix jours au
plus tard après celui de la signification qui en aura été faite à la partie
condamnée, ou à son domicile, outre un jour par trois myriamètres.

» Pendant ce délai et pendant l'instance d'appel, il sera sursis à l'exécution du jugement » (Code d'instr. crim., art. 203).

Si le dernier jour du délai accordé par l'article ci-dessus était un jour
férié, la déclaration d'appel ne pourrait pas être faite le lendemain, parce
que ces mots de la loi *au plus tard*, excluent toute exception ou modification (Arr. de C. du 28 août 1812). Voir la circ. n° 1546, du 25 mai
1856.

« La requête contenant les moyens d'appel pourra être remise, dans le
même délai, au même greffe : elle sera signée de l'appelant, ou d'un
avoué, ou de tout autre fondé de pouvoir spécial.

» Dans ce dernier cas, le pouvoir sera annexé à la requête.

» Cette requête pourra aussi être remise directement au greffe du tribunal où l'appel sera porté » (Code d'instr. crimin., art. 204).

4. « Le ministère public près le tribunal ou la cour qui doit connaître de
l'appel, devra notifier son recours, soit au prévenu, soit à la personne
civilement responsable du délit, dans les deux mois à compter du jour de
la prononciation du jugement, ou, si le jugement lui a été légalement notifié par l'une des parties, dans le mois du jour de cette notification ; sinon,
il sera déchu » (Idem, art. 205).

« L'appel sera jugé à l'audience, dans le mois, sur un rapport fait par
l'un des juges » (Idem, art. 209).

5. « Les dispositions des articles 180 à 197 sur la solennité de l'instruction, la nature des preuves, la forme, l'authenticité et la signature du
jugement définitif de première instance, la condamnation aux frais, ainsi
que les peines que ces articles prononcent, seront communes aux jugemens rendus sur l'appel » (Idem, art. 211).

§ 6.

DU POURVOI.

1. « La partie civile, le prévenu, la partie publique, les personnes
civilement responsables du délit, pourront se pourvoir en cassation contre
le jugement » (Code d'instr. crimin., art. 216).

2. « Le condamné aura trois jours francs, après celui où son arrêt aura été prononcé, pour déclarer au greffe qu'il se pourvoit en cassation.

» Le procureur général pourra, dans le même délai, déclarer au greffe qu'il demande la cassation de l'arrêt.

» La partie civile aura aussi le même délai ; mais elle ne pourra se pourvoir que quand aux dispositions relatives à ses intérêts civils.

» Pendant ces trois jours, et s'il y a eu recours en cassation, jusqu'à la réception de l'arrêt de la cour de cassation, il sera sursis à l'exécution de l'arrêt de la cour » (Idem, art. 575).

5. « La déclaration de recours sera faite au greffier par la partie condamnée, et signée d'elle et du greffier, et si le déclarant ne peut ou ne veut signer, le greffier en fera mention.

» Cette déclaration pourra être faite, dans la même forme, par l'avoué de la partie condamnée ou par un fondé de pouvoir spécial : dans ce dernier cas, le pouvoir demeurera annexé à la déclaration.

» Elle sera inscrite sur un registre à ce destiné.... » (Idem, art. 417).

(Voir les articles 407 à 442 du code d'instruction criminelle).

SECTION TROISIÈME.

Procédure criminelle.

1. Les crimes de rébellion, de contrebande armée, les actes de violences exercés contre les employés ou par eux, les inscriptions de faux contre leurs rapports, sont de la compétence des cours d'assises (M. D.).

La procédure à suivre devant ces cours est réglée par les art. 221 à 580 du code d'instruction criminelle.

2. Le receveur doit intervenir dans les *instances correctionnelles*, pour y requérir l'amende de 500 francs, conformément aux lois des 22 août 1791 et 4 germinal an 2, pour injures ou simple opposition ; mais il demeure bien entendu qu'avant d'intervenir, il aura soin de prendre d'exacts renseignemens sur la solvabilité des prévenus, et qu'il s'abstiendra de toute intervention lorsque cette solvabilité ne sera pas bien constante.

Quand l'affaire est portée devant *la cour d'assises*, si la culpabilité des accusés est reconnue, et qu'ils soient solvables, on sera toujours à tems d'engager, s'il y a lieu, une action aux fins civiles contre les condamnés pour obtenir les réparations et dommages-intérêts qui peuvent être dûs aux préposés. Mais, dans aucun cas, cette action ne devra être intentée sans l'agrément de l'administration (Circ. du 25 mars 1835, n° 1481).

SECTION QUATRIÈME.

Des causes.

1. Pour porter la cause à l'audience, le receveur, ou celui qui est chargé de plaider, présente au tribunal des qualités qui contiennent les conclusions de l'administration et au pied desquelles le jugement est rédigé.

2. Dans le cas où la marchandise saisie serait d'une valeur au-dessus de 500 francs, et où il y aurait lieu d'obtenir une amende égale à cette valeur, il conviendra que le défenseur, en requérant la confiscation avec amende, requière, en même tems, que, par le même jugement, la valeur des marchandises soit réglée par experts convenus de gré-à-gré entre la douane et le condamné, ou nommés d'office par le tribunal, conformément à l'article 1035 du code de procédure civile (Circ. n° 22 et 208).

3. Aux termes de l'article 359 du code d'instruction criminelle, la cour d'assises pouvant statuer sur les dommages et intérêts de la partie civile, le défenseur de l'administration devra prendre, lorsque l'affaire sera portée devant cette cour, des conclusions tendantes à obtenir soit les confiscations, amendes et autres peines pécuniaires encourues par suite de la saisie, soit la fixation par experts de la valeur de la marchandise, soit enfin l'amende édictée par les lois d'août 1791 et de germinal an 2. — Voir : *Procédure criminelle.*

4. Quand le jugement est signifié au prévenu arrêté avec commandement de payer, il faut de suite obtenir du procureur du Roi l'autorisation de recommander ce prévenu.

Cette autorisation peut être faite ainsi :

Vu le présent commandement notifié au sieur....

Vu aussi l'article 55 de la loi du 17 avril 1852 sur la contrainte par corps ,

Nous procureur du Roi, en conformité de la dite loi , autorisons la recommandation du dit condamné de la part de la douane.

Au parquet, à...... le.....

5. Cela fait , le receveur se rendra à la geole où il inscrira , sur un registre spécial , la recommandation suivante :

Attendu que le sieur..... n'a point satisfait au commandement qui lui a été fait, le présent jour, de payer de suite , entre les mains de M..... receveur..... des douanes à..... le montant des condamnations pécuniaires prononcées contre lui par le jugement du tribunal de..... rendu le.....

L'administration des douanes le recommande, et s'oppose à son élargissement de la maison d'arrêt où il est présentement détenu.

A...... le......

6. Puis, quand le condamné aura subi sa peine, ou bien aura transigé, le receveur se transportera de nouveau à la geole , et libellera ainsi l'acte d'élargissement :

Attendu que le sieur...... a subi la peine à laquelle il a été condamné par jugement du tribunal de...... en date du...... ou bien a satisfait aux condamnations pécuniaires prononcées contre lui par le jugement du...... ou bien encore, a terminé, par transaction de ce jour, l'affaire qui a donné lieu aux poursuites dirigées contre lui,

L'administration des douanes consent à son élargissement s'il n'est retenu pour autres causes.

A...... le......

SECTION CINQUIÈME.

De la contrainte par corps.

Il y a dans la contrainte par corps, à considérer deux choses : le droit et l'exercice de ce droit.

Tous jugemens rendus en matière de douanes et prononçant des condamnations civiles ; toutes contraintes décernées dans les cas où la loi l'autorise et dûment visées par le juge compétent, sont exécutoires par corps : voilà le droit. Il se fonde sur l'article 6 , titre 12 de la loi du 22 août 1791, et l'article 4, titre 6 de celle du 4 germinal an 2, ainsi que sur un avis du conseil d'état du 25 août 1804. En voici le texte :

Loi du 22 août 1791, tit. 12, art. 6 : « *Les jugemens portant condamnation au paiement des droits, à celui de la valeur des objets remis provisoirement et confisqués, ou de l'amende lorsqu'il n'aura pas été prononcé de confiscation, ou enfin à la restitution des sommes que l'administration aurait été forcée de payer, seront exécutés par corps, ce qui aura pareillement lieu contre les cautions, seulement pour le prix des choses confisquées.* »

Loi du 4 germinal an 2, tit. 6, art. 4 : « *Le gouvernement est préféré à tous créanciers, pour droits, confiscation, amende et restitution, et avec la contrainte par corps.* »

Avis du conseil d'état du 25 août 1804 : « *Le conseil d'état.... est d'avis que la loi du 4 germinal an 2 n'ayant pas été rapportée, les redevables des droits de douanes, amende et confiscation, peuvent être poursuivis par la voie de contrainte par corps.* »

Quant à l'exercice du droit d'exercer la contrainte, c'est-à-dire, au mode de procéder pour le mettre en action, il varie suivant la nature même des affaires où l'on est dans le cas de l'appliquer.

Trois cas se présentent : l'un relatif à la contrainte par corps en matière correctionnelle ; l'autre à cette même contrainte en matière civile, et le dernier concernant l'application de ce droit à la procédure par voie de contrainte.

§ 1er.

CONTRAINTE PAR CORPS EN MATIÈRE CORRECTIONNELLE.

Dans les affaires qui sont de la compétence correctionnelle, deux actions sont simultanément exercées : l'action publique, par le ministère du procureur du Roi, et l'action civile, à la requête de l'administration. Le jugement qui intervient, statuant sur l'une et sur l'autre, prononce à la fois la peine d'emprisonnement, et les condamnations civiles, savoir : la confiscation, l'amende et les frais.

Pour le recouvrement de ces condamnations civiles, l'administration peut exercer la contrainte par corps, c'est son droit ; comment peut-elle l'exercer ? c'est ce qu'il s'agit d'examiner.

Il faut distinguer deux cas :

Celui où le condamné est en liberté,

Et celui où il subit, en prison , la peine correctionnelle prononcée contre lui.

Dans le premier cas, aux termes de la loi du 17 avril 1832, le jugement ne pourra être exécuté par corps *que cinq jours après le commandement* qui sera fait au condamné ; et si ce même jugement ne lui a pas été préalablement signifié, un extrait, contenant le nom des parties et le dispositif, devra être placé en tête du commandement. Ensuite, sur le vu de cet acte et sur la demande du receveur, le procureur du Roi adressera les réquisitions nécessaires aux agens de la force publique et autres fonctionnaires chargés de l'exécution des mandemens de justice.

Dans le second cas, c'est-à-dire , si le condamné est détenu, la recommandation sur écrou pourra être *immédiatement ordonnée,* après la notification du commandement. Le receveur, après avoir fait notifier ce commandement, devra donc le porter au procureur du Roi, et requérir de ce magistrat qu'il veuille bien ordonner la recommandation *immédiate* du condamné pour sûreté des condamnations civiles (Voir le mot *causes*).

Les dispositions qui précèdent résultent du texte de l'article 33 de la loi, déjà citée, d'avril 1832. Le mode expéditif qu'il consacre pour l'exercice de la contrainte par corps contre les condamnés , peut être aussi légalement employé par l'administration des douanes que par celle de l'enregistrement et des domaines.

Aussitôt qu'un jugement aura été rendu, il conviendra que les receveurs s'empressent de faire faire le commandement que prescrit cet article 33 , et dans la forme ci-dessus indiquée, et qu'ils requièrent M. le procureur du Roi d'ordonner la recommandation sur écrou si le condamné est arrêté. Dans le cas contraire, c'est-à-dire, si ce dernier n'est pas sous la main de la justice, on attendra que le ministère public l'ait fait incarcérer pour lui faire subir la peine correctionnelle prononcée contre lui , et c'est alors que, par suite du commandement préalablement notifié , on requerra la recommandation.

Quant à la durée légale de la contrainte par corps, voici, d'après la combinaison des articles 7, 34, 35 et 40 de la loi du 17 avril 1832, les règles à observer :

1° Si les condamnations s'élèvent de 100 à 500 francs, la détention ne pourra être prolongée au-delà de *quatre mois*, dans le cas où le condamné justifiera, d'ailleurs, de son insolvabilité. Cette prolongation sera de droit, et sans que la durée de l'emprisonnement ait dû être fixée par le jugement de condamnation.

2° Cette détention sera *d'un an à dix ans*, que les condamnés soient insolvables ou non , si les condamnations excèdent 500 francs ; mais, dans ce cas, la durée, dans les mêmes limites d'un à dix ans, en devra être déterminée par le jugement.

29

§ 2.

CONTRAINTE PAR CORPS EN MATIÈRE CIVILE.

En matière ordinaire de douanes, et pour toutes les affaires qui ne donnent ouverture qu'à une action civile, la loi du 17 avril 1852, n'a, sous le rapport du droit, apporté aucun changement à la législation spéciale qu régit l'administration, et les lois de 1791 et de germinal an 2 sont toujours en vigueur.

Mais ces lois n'ayant point tracé le mode d'arrestation du prévenu, on est forcé de recourir aux dispositions de la loi générale, et la conséquence qui en découle nécessairement, est que les employés des douanes qui exercent la contrainte par corps contre un redevable, doivent observer les formalités prescrites par le code de procédure, art. 780 et suivans.

Toute fois, en rapprochant les dispositions de ce même code 1º de l'article 18, tit. 15 de la loi du 22 août 1791, 2º du décret du 4 mars 1808, on reconnaîtra, d'une part, que le § 2 de l'article 780 de ce code, n'est pas dans le cas d'être appliqué, en ce sens qu'il prescrit de faire commettre un huissier pour la signification du jugement, et, de l'autre, que l'administration n'est pas tenue de consigner des alimens, comme le porte l'article 789.

Il n'est pas nécessaire que le jugement de condamnation détermine la durée de la contrainte (Paris, 12 avril 1858).

Dans la loi du 17 avril 1852, une plus grande sévérité est apportée dans les affaires civiles que dans celles qui sont de la compétence correctionnelle. Ce serait plutôt le système contraire qu'il faudrait adopter ici; car, à coup sûr, les affaires correctionnelles sont, en général, d'une nature plus grave et réclament une répression plus sévère que celles qui sont de compétence civile.

Dès lors, et à moins de circonstances toutes particulières qui forceraient l'administration d'user de son droit dans toute sa plénitude, on se montrera généralement juste en appliquant, par analogie, aux affaires civiles, les dispositions des articles 55 et 45 de la loi nouvelle qui concernent les affaires correctionnelles. Ainsi la durée de la contrainte par corps pourra être, au cas dont il s'agit, de quatre mois au moins, et elle cessera sur la preuve acquise de l'insolvabilité du prévenu, d'après l'ordre de l'administration et la proposition spéciale des directeurs.

S'il s'agit de contraindre par corps un individu qui s'est obligé, soit comme débiteur principal, soit comme caution, pour raison de droits de douanes, l'article 13, § 2 de la loi du 17 avril 1832, est applicable, et l'emprisonnement cesse de plein droit à l'expiration du tems fixé par le jugement dans les limites tracées par l'art. 7.

§ 3.

PROCÉDURE PAR VOIE DE CONTRAINTE.

La contrainte dont il est ici question ne doit pas être confondue avec la contrainte par corps : celle-ci est un droit, l'autre est un acte.

Cet acte, quand il est revêtu de toutes les formalités légales, est un titre exécutoire, en vertu duquel on fait, comme en vertu d'un jugement, tous les actes d'exécution, et l'on exerce même la contrainte par corps.

Quant au mode à suivre pour l'exercice de la contrainte par corps en vertu d'une contrainte légalement décernée, et à la durée de l'emprisonnement, tout ce qui a été dit plus haut relativement à la contrainte par corps en matière civile, trouve ici son entière application. (Circ. des 15 septembre 1832, n° 1544, 6 septembre 1833, n° 1398, et 13 mai 1834, n° 1439).

Voici les cas dans lesquels on peut délivrer contrainte :

1° Contre les soumissionnaires et leurs cautions pour le paiement des droits et de l'amende, en cas de non rapport des certificats de décharge des acquits-à-caution (Lois du 22 août 1791, tit. 5, art. 12 et 13, et 4 germinal an 2, tit. 7, art. 4).

2° Contre tout redevable en cas de refus ou de retard d'acquitter les droits (Loi du 22 août 1791, tit. 13, art. 51).

3° Contre tout préposé démissionnaire ou destitué, qui refuse de remettre sa commission, etc., et de rendre ses comptes (Mêmes loi et titre, art. 24).

I. *Non rapport du certificat de décharge.*

La contrainte peut être exercée pendant une année (Loi du 22 août 1791, tit. 13, art. 23).

Cependant, à la fin du dixième mois, et lors-même que l'ordre de poursuivre ne serait pas encore émané de l'administration ni du directeur, on doit, pour les acquits-à-caution de toute nature, décerner contrainte contre les soumissionnaires en retard (Circ. du 18 novembre 1825, n° 951).

Les soumissionnaires et cautions ne cessent d'être garans de la fidélité du certificat de décharge, qu'après quatre mois pour le commerce en France, et six mois en Europe (Loi du 4 germinal an 2, tit. 7, art. 5).

Si, dans le terme de six mois après l'expiration du délai fixé par l'acquit-à-caution, les soumissionnaires rapportent des certificats de décharge en bonne forme, délivrés en tems utile, les droits, amendes et autres sommes qu'ils ont payés leur seront rendus, sauf les frais faits par la régie dont ils sont passibles jusqu'au jour du rapport (Loi du 22 août 1791, tit. 5, art. 14).

Après le délai de six mois aucune réclamation ne doit être admise (Idem).

Si la marchandise est présentée au bureau de destination ou de passage, après le délai pour son transport, elle est sujette au droit d'entrée comme si elle venait de l'Etranger (Mêmes loi et titre, art. 7).

Voir l'article : *Non rapport des acquits-à-caution.*

II. *Refus ou retard d'acquitter les droits.*

« Lorsque le receveur aura fait crédit des droits, il sera, en cas de refus ou de retard de la part des redevables, autorisé à décerner contrainte, en fournissant en tête de la contrainte extrait du registre qui contiendra la soumission des redevables » (Loi du 22 août 1791, tit. 13, art. 31).

Toutes les fois qu'il sera formé des demandes judiciaires contre les redevables en retard de se libérer, il sera nécessaire de conclure au paiement des intérêts, en vertu de l'article 1153 du code civil (Circ. du 15 octobre 1808).

A la suite de la copie exacte de la déclaration en paiement des droits à recouvrer, telle qu'elle aura été signée sur le registre par le redevable, les receveurs transcriront les traites ou obligations qu'ils auront admises pour garantir le crédit de ces droits (Circ. du 22 février 1817).

III. *Comptable qui refuse de rendre ses comptes.*

« Tout préposé destitué de son emploi, ou qui le quittera, sera tenu de remettre à l'instant sa commission, les registres et autres effets dont il sera chargé pour *l'administration*, et de rendre ses comptes ; sinon, et à faute de ce faire, il sera décerné contrainte..... et la contrainte, visée par l'un des juges.... sera exécutée par toutes voies, même par corps » (Loi du 28 août 1791, tit. 13, art. 24).

Voir les circ. des 22 février 1821, n° 639, et 23 décembre 1824, n° 594 et l'art. 197 du code pénal.

IV. *Visa des contraintes.*

« Les contraintes décernées, tant pour le recouvrement des droits dont il aurait été fait crédit, que pour défaut de rapport des certificats de décharge des acquits-à-caution, seront visées sans frais *par le juge de paix*, et exécutées par toutes voies, même par corps, sous le cautionnement de la régie ».

« Les juges ne pourront, sous quelque prétexte que ce soit, refuser le visa de toutes contraintes qui leur seront présentées, à peine d'être, en leur propre et privé nom, responsables des objets pour lesquels elles auront été décernées » (Loi du 22 août 1791, tit. 13, art. 52).

Ce visa n'est pas soumis à l'enregistrement (Circ. n° 231).

La cour de cassation a, par arrêt du 21 prairial an 13, décidé que le visa par le juge de paix du domicile du contraignable est suffisant, quoique l'emprisonnement soit fait dans un autre lieu.

V. *Exécution des contraintes.*

« L'exécution des contraintes ne pourra être suspendue par aucune opposition ou autre acte, si ce n'est quant à celles décernées pour défaut de rapport de certificats de décharge des acquits-à-caution, en consignant le simple droit.

» Il est défendu aux juges, sous les peines portées en l'article précédent (*le voir ci-dessus*), de donner, contre les dites contraintes, aucunes défenses ou surséances, qui seront nulles et de nul effet, sauf les dommages et intérêts de la partie » (Loi du 22 août 1791, tit. 13, art. 55).

La consignation dont il est parlé ci-dessus peut seule autoriser à former opposition à l'exécution de la contrainte ; l'action s'engage ensuite au tribunal de paix ; à lui seul appartient d'en connaître en première instance (Loi ci-dessus, art. 53. Arr. de C. du 14 vendémiaire an 11. M. D.).

VI. *Effets des contraintes.*

Les condamnations et les contraintes émanées de l'administration des douanes, dans le cas et pour les matières de sa compétence, emportent hypothèque de la même manière et aux mêmes conditions que celles de l'autorité judiciaire, et suffisent pour prendre inscription sur les biens de ceux contre lesquels elles sont décernées, sans qu'il soit nécessaire d'obtenir un jugement (Circ. du 25 avril 1812 et avis du conseil d'état du 16 thermidor an 12, approuvé le 25 du même mois).

VII. *Formalités des contraintes.*

Le receveur, ou autre employé supérieur, qui décerne une contrainte, doit fournir en tête l'extrait du registre ou copie littérale de la déclaration ou soumission, ou de tout acte qui motive la contrainte ; certifier cette copie véritable et signer ; énoncer la somme due au trésor par le contraignable, faute par lui d'avoir satisfait aux conditions rappelées dans la déclaration, soumission ou acte dont l'extrait est donné en tête de la contrainte, et terminer par requérir le paiement de la dite somme par toute voie. Il faut clore par l'énoncé du lieu et de la date, et signer. Il la fait viser par le juge de paix qui ne peut refuser son visa, et la fait exécuter par toutes voies, même par corps (M. D., page 223).

SECTION SIXIÈME.

Des significations.

§ Ier.

JUGEMENS RENDUS EN MATIÈRES CIVILES.

« Tous jugemens rendus sur une saisie seront signifiés, soit à la partie saisie, soit au préposé indiqué par le rapport.

» Les significations à la partie seront faites à son domicile, si elle en a un réel ou élu dans le lieu de l'établissement du bureau ; sinon à celui *du maire* de la commune.

» Les significations à *l'administration* des douanes seront faites au préposé » (Loi du 14 fructidor an 5 , art. II).

C'est au maire de la commune du lieu de l'établissement du bureau que la signification doit être faite (Circ. du Ier juin 1800).

La signification doit être enregistré dans les quatre jours, à peine de nullité, au bureau de la résidence des exploitans, ou de celle de la partie (Loi du 22 frimaire an 7, art. 20).

Comme tous les exploits, elle peut être faite par les préposés (Arr. de C. du Ier décembre 1850 , 22 août 1791 , tit. 15, art. 18).

Il n'est rien dû aux préposés pour les significations et autres actes que la loi les autorise à faire, puisqu'ils remplissent alors une des fonctions de leur place.

Cependant, il y aurait lieu de leur accorder les mêmes frais de transport qu'aux huissiers si, ce qui doit être fort rare, on les envoyait à une assez grande distance de leur domicile (Solution du 31 décembre 1819).

§ 2.

JUGEMENS RENDUS EN MATIÈRE CORRECTIONNELLE.

La circulaire du 23 mai 1836, n° 1546, trace, ainsi qu'il suit, la marche à suivre pour la signification des jugemens correctionnels :

« Jusqu'à présent, quelques receveurs avaient cru qu'il était nécessaire de signifier les jugemens *contradictoires* rendus en matière correctionnelle : cette formalité est complètement inutile, ces jugemens devenant définitifs par l'expiration des délais fixés soit pour l'appel, soit pour le recours en cassation » (Art. 203 et 373 du code *d'instr. crimin.*).

Les principes tracés par la cour suprême (Arrêt de C. du 6 janvier 1836) ne peuvent donc s'appliquer qu'aux jugemens rendus par défaut ; et, à leur égard, voici les différentes hypothèses dans lesquelles l'administration peut se trouver placée :

1° Lorsque *le domicile* du condamné *est connu*, le jugement doit être signifié, soit à sa personne, soit à son domicile.

Si le prévenu *n'est pas domicilié dans une localité soumise à l'action des douanes*, l'exploit de signification devra être adressé au procureur du Roi dans l'arrondissement duquel se trouve le domicile du condamné : en recourant à l'intervention de ce magistrat, qui est d'ailleurs l'auxiliaire naturel de l'administration, l'on sera toujours sûr que la signification sera faite avec soin et régularité.

2° Il peut arriver que le prévenu soit établi *chez l'Etranger* ou sur le *territoire français hors le continent*, et, comme le code d'instruction criminelle ne renferme aucune disposition spécialement applicable à ce cas, il faut recourir au principe général établi par le code de procédure civile (art. 69, § 9), lequel prescrit de signifier alors le jugement au domicile du procureur du Roi près le tribunal qui l'a rendu : ce magistrat transmet ensuite la signification, soit au ministre des affaires étrangères, soit à celui de la marine, si le prévenu est domicilié hors du continent.

3° Lorsque le condamné n'a *ni domicile ni résidence connus* en France, il faut encore, dans le silence du code d'instruction criminelle, avoir recours au code de procédure civile qui prescrit, pour tenir lieu de signification, d'afficher le jugement à la porte principale du tribunal, et d'en remettre une copie au procureur du Roi près le même siége.

Tout jugement rendu contre inconnu ou sur une saisie de minuties, doit, pour passer en force de chose jugée, être signifié au maire ou au procureur du Roi (Lettre du 25 janvier 1808).

§ 3.

CONTRAINTES ET AUTRES ACTES DE PROCÉDURE.

La signification des contraintes et autres actes de procédure se fait de la même manière que celle des jugemens, à l'exception de la signification de l'ordonnance portant permis de vendre les objets sujets à dépérissement, qui se fait comme il est dit au mot *Vente*, § 2.

SECTION SEPTIÈME.

Des citations.

§ 1er.

DEVANT LE JUGE DE PAIX.

Quand il s'agit d'une affaire de la compétence du juge de Paix, le rapport doit contenir citation au prévenu à comparaître devant ce magistrat dans les vingt-quatre heures, même quand le lendemain serait un jour férié (Loi du 9 floréal an 7, tit. 4, art. 6, et circ. n° 1056).

La loi n'exige pas qu'il s'écoule un délai de 24 heures entre la clôture du procès-verbal et la comparution à l'audience ; elle veut, au contraire, que l'assignation à comparaître soit donnée avant l'expiration de ces 24 heures : ainsi, un rapport *clos à midi*, par exemple, peut contenir assignation à comparaître le *lendemain à neuf heures du matin* (Arr. de C. du 3 juin 1806, M. D.).

Lorsqu'un rapport est rédigé contre une femme en puissance de son mari, l'assignation aux fins civiles doit aussi être donnée à ce dernier, sous peine de nullité (Arr. de C. des 21 juin 1801 et 15 février 1806).

§ 2.

DEVANT LE TRIBUNAL CORRECTIONNEL.

« La partie civile fera, par l'acte de citation, élection de domicile dans la ville où siége le tribunal : la citation énoncera les faits et tiendra lieu de plainte » (Code d'instr. crimin., art 183).

La citation est valable lorsque, sans énoncer tous les faits constitutifs de la prévention, elle fait suffisamment connaître l'objet des poursuites (Arr. de C. du 25 novembre 1831. Cir. n° 1426).

« Le prévenu qui n'aurait pas été mis en arrestation, sera cité à comparaître en personne devant le tribunal correctionnel ; la citation lui sera donnée à son domicile, s'il réside dans le ressort du tribunal, et, dans le cas contraire, elle lui sera donnée au domicile du procureur du Roi près ce même tribunal.

» Il y aura trois jours, au moins, entre celui de la citation et celui indiqué pour la comparution » (Loi du 28 avril 1816, art. 45. Circ. n° 1629).

« Il y aura au moins un délai de trois jours, outre un jour par trois myriamètres, entre la citation et le jugement, à peine de nullité de la condamnation qui serait prononcée par défaut contre la personne citée » (Code d'instr. crimin., art. 184).

La nullité d'une citation donnée à un délai plus court que celui réglé ci-dessus, peut être prononcée d'office (Arr. de C. du 15 novembre 1811).

« Le jour de la signification ni celui de l'échéance ne sont jamais comptés pour le délai général fixé pour les ajournemens, les citations, sommations et autres actes faits à personne ou domicile.... » (Art. 1033 du code de procéd. civ.).

« Le tribunal sera saisi..... de la connaissance des délits de sa compétence, soit par le renvoi qui lui en sera fait d'après *les lois de douanes,* soit par la citation donnée *directement* au prévenu et aux personnes civilement responsables du délit par la partie civile..... et, dans tous les cas, par le procureur du Roi » (Code d'inst. crimin. art. 182).

S'il s'agissait de citer des parens civilement responsables du fait de leurs enfans mineurs habitant avec eux, il fraudrait se conformer aux instructions données à l'article *Prévenus*, au mot *responsabilité*.

§ 3.

CITATION SUR APPEL EN MATIÈRE CIVILE.

«..... La déclaration d'appel contiendra assignation à trois jours devant le tribunal civil dans le ressort duquel se trouvera le juge de paix qui aura rendu le jugement...... » (Loi du 14 fructidor an 3, art. 6).

Il est inutile de consigner les moyens d'appel dans l'assignation (Arr. de C. du 19 frimaire an 9).

« Le délai de l'assignation sur appel fixé à trois jours par l'article 6 de la loi du 14 fructidor an 3, sera augmenté d'un jour par chaque deux myriamètres de distance entre la commune où est établi le tribunal de paix et celle où siége le tribunal civil » (Loi du 9 floréal an 7, tit. 4, art. 14).

Toute assignation doit être à jour fixe (Lille, tom. 3, p. 82, en note)

Quatrième partie.

TABLEAU

Des Contraventions.

NATURE DES CONTRAVENTIONS.	LOIS A INVOQUER.	PEINES ENCOURUES.	COMPÉTENCES.
ABUS D'AUTORITÉ. Contre les particuliers. Violation de domicile, introduction dans une maison, sans accomplir les formalités.	Art. 184, 185 et 186 du code pénal.	Amende de 16 fr. à 500 fr. Prison de 6 jours à un an.	Assises.
CIRCULATION. Fromages dans le département du Doubs, du Jura et de l'Ain (Ord. du 9 janvier 1818).	Loi du 22 août 1791, tit. 5, art. 15 et 16, et arr. du 22 thermidor an 10, art. 7.	Confiscation avec amende de 100 fr.	Juge de paix.
Bestiaux dans le rayon spécial.	Idem.	Idem.	»
Chevaux.	Idem.	Idem.	»
Denrées et objets payant moins de 20 fr. les 100 kilog.	Idem.	Idem.	»
De nuit, sans l'autorisation expresse.	Idem.	Idem.	»
Délais expirés.	Idem.	Idem.	»
Expédition irrégulière.	Idem.	Idem.	»
Visa négligé.	Idem.	Idem.	»
Identité (défaut d') — en nature ou en espèce.	Loi du 7 juin 1820, art. 15, § 1er.	Amende de 500 fr. en garantie de laquelle on retient les objets.	
Identité (défaut d') — simulacre.	Loi du 7 juin 1820, art. 15, § 2.	Amende de 500 fr. en garantie de laquelle on retient le prévenu à défaut de caution.	Trib. correc'.
Identité (défaut d') — absence de la marchandise.	Idem.	Idem.	
Défaut de représentation des objets non prohibés et payant moins de 20 fr.	Loi du 10 vendémiaire an 10, art. 5.	Amende de 300 fr.	Juge de paix.
Régimes spéciaux. — Boissons. *	Loi du 28 avril 1816, art. 17 et 19.	Confisc., amende de 100 à 600 fr., moyens de transport en garantie, à défaut de caution.	Trib. correc'.
Cartes à jouer. *	Idem, art. 166.	Amende de 1000 à 5000 fr. Prison, un mois. En récidive, l'amende est toujours de 5000 fr.	»
Drilles et chiffons.	Loi du 22 août 1791, tit. 5, art. 1 et 5, et décret du 13 août 1793, art. 5.	Amende de 500 fr. Confiscation des drilles et moyens de transport.	Juge de paix.
Lettres, paquets, journaux.**	Arrêté du 27 prairial an 9, art. 4, 5 et 9.	Amende de 150 f. au moins et de 500 f. au plus.	Trib. correc'.
Poudres et salpêtres. *	Arrêté du 13 fructidor an 5, art. 21 et 50.	Amende de 20 fr. 44 c. par kilog. Emprisonn'. Confisc. de la poudre et des moyens de transport.	»
Tabacs de la régie. *	Loi du 28 avril 1816, art. 222.	Amende de 500 fr. à 1000 fr. Prison, confisc. des tabacs et des moyens de transport.	»
Tabacs indigènes. *	Idem, art. 215 et 216.	Confisc. des tabacs et des moyens de transport, amende de 100 fr. à 1000 fr.	»
CHARGEMENT EN RECETTE. Tout comptable convaincu d'avoir omis ou retardé de se charger en recette des sommes reçues pour le trésor public.	Arrêté du 15 prairial an 10, art. 4. Code pénal, art. 169 à 172.	Destitution, 2 à 5 ans de prison, ou, travaux forcés à tems.	Assises.
CONCUSSIONS. Perceptions illégales.	Code pénal, art. 174, et loi du 22 août 1791, tit. 13, art. 29.	Réclusion, amende dont le minimum est le douzième des restitutions et dommages-intérêts, et dont le maximum est le quart.	»
CONTREBANDE. Faite ou favorisée par des employés des douanes.	Lois du 15 floréal an 11, art. 6, et 21 avril 1818, art. 59.	De 5 à 15 ans de fers. Et peine de mort si la contrebande a été faite avec attroupement et port d'armes.	»
Assureurs, agens de la fraude.	Loi du 28 avril 1816, art. 55 et 57 de la loi du 21 avril 1818, art. 57.	Solidarité de l'amende et emprisonnement.	Trib. correc'.
Recéleurs, acheteurs.	Loi du 4 germinal an 2, tit. 6, art. 2.	Amende de dix fois la valeur des objets recélés, achetés.	Juge de paix.
CORRUPTION. Si un employé reçoit directement ou indirectement des cadeaux, gratifications ou récompenses.	Loi du 4 germinal an 2, tit. 4, art. 3 et 4. Code pénal, art. 177 et 178.	Carcan, amende double de la valeur des choses reçues sans qu'elle puisse être inférieure à 200 francs.	Assises.
Si un des coupables dénonce la corruption.	Idem.	Absous de toutes peines.	»
DÉCLARATIONS. *Voir: excédans, déficits, différences, valeur faussement déclarée.* Si la déclaration porte comme unité deux ou plusieurs colis réunis de quelque manière que ce soit.	Loi du 27 juillet 1822, art. 16.	Confiscation avec amende de 100 francs.	Juge de paix.
Omission de fournir la déclaration en détail dans les deux mois (Pour les droits d'entrée).	Loi du 22 août 1791, tit. 2, art. 10.	Vente des marchandises.	»
Déclarations exactes de marchandises prohibées soit à l'entrée, soit à la sortie (Pour le paiement des droits).	Idem, tit. 5, art. 4.	Renvoi soit à l'Intérieur, soit à l'Étranger.	»
Fausse déclaration pour obtenir la prime quand elle n'est pas due.	Lois des 21 avril 1818, art. 17 et 5 juillet 1836, 2e section, article 1er.	Confiscation, amende égale à la valeur de la prime.	»
Fausse déclaration pour obtenir un surcroît de prime.	Idem.	Amende triple du surcroît demandé. La prime est liquidée pour la quantité réexportée.	»
Défaut de déclaration (Pour les droits d'entrée).	Loi du 22 août 1791, tit. 2, art. 8.	Confiscation avec amende de 100 francs.	»

N° 1.

NATURE DES CONTRAVENTIONS.	LOIS A INVOQUER.	PEINES ENCOURUES.	COMPÉTENCES.
DÉFICITS. § — Comptes ouverts.	Ord. du 28 juillet 1822, art. 4.	Décharge d'office.	Juge de paix.
Bestiaux. Pacages. Troupeaux indigènes.	Loi du 22 août 1791, tit. 3, art. 9, 12 et 13.	Double droit de sortie, décharge des quantités représentées : en cas de prohibition, valeur du bétail, et amende de 500 fr.	»
Bestiaux. Pacages. Troupeaux français à l'Étranger.	*Idem.*	Double droit de sortie ou amende de 500 fr. et valeur des bestiaux.	»
Bestiaux. Pacages. Troupeaux étrangers en France. Tarifés.	Ord. du 8 juillet 1834 (Circ. du 15 juillet 1835), et loi du 4 novembre an 2, tit. 3, art. 4.	Amende de 200 fr. et valeur du bétail.	»
Bestiaux. Pacages. Troupeaux étrangers en France. Prohibés.	*Idem*, tit. 2, art. 10.	Amende de 500 fr. et valeur du bétail.	»
Bestiaux. Pertes de bestiaux.	Ord. du 8 juillet 1834 et loi du 2 juillet 1836, art. 22.	Simple droit.	»
Droits. Balles, ballots, caisses, etc.	Loi du 22 août 1791, tit. 2, art. 22.	Amende de 500 fr. par balle, etc., moyens de transport retenus pour sûreté.	»
Droits. Colis du 1er bureau au deuxième.	Lois du 28 avril 1816, art. 31, et 8 floréal an 11, art. 42.	Amende de 2000 fr. par colis, moyens de transport retenus pour sûreté.	»
Acquits-à-caution, cas ordinaires (bureau de sortie ou de passage).	Loi du 22 août 1791, tit. 3, art. 9.	L'acquit n'est déchargé que pour les quantités représentées.	»
Emprunt du territoire étranger.	*Idem.*	*Idem.*	»
Transit prohibé. Poids, nombre, mesure.	Loi du 9 février 1832, art. 4, § 3.	Amende triple de la valeur des quantités manquantes.	»
Transit prohibé. Colis manquants.	*Idem*, § 3.	Amende de 1000 fr. par colis manquant, pour sûreté de laquelle on retient les moyens de transport à défaut de caution.	»
Transit non prohibé. Sortie : Poids.	Loi du 17 décembre 1814, art. 8, § 2.	Paiement du simple droit.	»
Transit non prohibé. Entrée : Colis manquant.	Lois du 22 août 1791, tit. 2, art. 22, et 17 décembre 1814, art. 6.	Amende de 500 fr. pour sûreté de laquelle on retient les moyens de transport.	»
IMPÔT — dans le rayon. Objets tarifés. Drilles et chiffons, même emballés, pesant 25 kilog.	Loi du 22 août 1791, tit. 3, art. 4 et 5, et décret du 15 août 1793, art. 5.	Amende de 500 fr. et confiscation.	»
dans le rayon. Objets tarifés. Objets payant moins de 20 fr. ou prohibés à la sortie.	Loi du 22 août 1791, tit. 13, art. 59.	Amende de 100 fr. et confiscation.	»
dans le rayon. Objets tarifés. Tabacs de la régie. *	Loi du 28 avril 1816, art. 218 et 219.	Amende de 10 fr. par kilog. : ne peut dépasser 5000 fr., ni être moindre de 100 fr.	Trib. correc.[1]
dans le rayon. Objets prohibés. Cartes à jouer.*	*Idem*, art. 166.	Amende de 1000 à 3000 fr., confiscation et 1 mois de prison. En récidive, l'amende est de 3000 fr.	»
dans le rayon. Objets prohibés. Objets prohibés ou payant plus de 20 fr. les 100 kilog.	*Idem*, art. 38 et 41.	Confisc., emprisonnement et amende de 500 fr., ou égale à la valeur si l'objet vaut plus de 500 fr.	»
dans le rayon. Objets prohibés. Poudres et salpêtres.*	Loi du 13 fructidor an 5, art. 21 et 30.	Amende de 20 fr. 44 c. par kilog., confiscation et emprisonnement.	»
dans le rayon. Objets prohibés. Râpes, moulins-hache-tabacs, ustensiles, etc.*	Loi du 28 avril 1816, art. 221.	Confiscation des ustensiles et amende de 1000 à 3000 fr. Double amende en récidive.	»
dans le rayon. Objets prohibés. Tabacs avec vignettes étrangères.	*Idem*, art. 38 et 41.	Confiscation et emprisonnement avec amende de 500 fr., ou égale à la valeur des tabacs s'ils dépassent 500 fr.	»
dans le rayon. Objets prohibés. Tabacs sans vignettes."	*Idem.*	*Idem.*	»
à l'Intérieur. Tissus de laine : Tricots, cotons filés, étrangers.	Loi du 21 avril 1818, art. 45.	Confiscation avec amende de 500 fr. ou égale à la valeur.	»
à l'Intérieur. Tissus - tricots : Cotons français, sans marques.	*Idem*, tit. 6, art. 42.	Amende de 6 pour 100 de la valeur.	»

N° 11.

NATURE DES CONTRAVENTIONS.	LOIS A INVOQUER.	PEINES ENCOURUES.	COMPÉTENCES.
DÉTOURNEMENT des deniers publics par les comptables.	Arrêté du 27 prairial, an 10, art. 4. Code pénal, art. 169 à 172.	Destitution, prison ou travaux forcés.	Assises.
DIFFÉRENCES. Droits. Dans la qualité ou l'espèce. Si le droit est de 12 fr. et plus.	Loi du 22 août 1791, tit. 2, art. 21.	Confiscation et amende de 100 fr.	Juge de paix.
Droits. Dans la qualité ou l'espèce. S'il est de moins de 12 fr.	Idem.	Amende de 100 fr., pour sûreté de laquelle on retient les marchandises.	»
Acquits-à-caution. Dans l'espèce.	Idem, tit. 3, art. 9.	Confiscation et amende de 100 fr.	»
Emprunt du territoire étranger.	Idem.	Idem.	»
Transit prohibé. Nombre, mesure, poids.	Loi du 9 février 1832, art. 4, § 3.	Amende du triple de la valeur réelle.	»
Transit prohibé. Espèce, qualité.	Idem, art. 4, § 4.	Confiscation des colis et des objets, et amende triple de la valeur.	»
Transit non prohibé. Dans la qualité ou l'espèce. Si le droit s'élève à plus de 12 fr.	Lois des 17 décembre 1814, art. 6, et 22 août 1791, tit. 2, art. 21.	Confiscation avec amende de 100 fr.	»
Transit non prohibé. Dans la qualité ou l'espèce. Si le droit est moindre de 12 fr.	Idem.	Amende de 100 fr., pour sûreté de laquelle on retient les marchandises.	»
EXCÉDANT. Compte-ouvert des Bestiaux.	Ordonnance du 28 juillet 1822, art. 4.	Double et simple droit d'entrée.	»
Compte-ouvert des Marchandises.	Arrêté du 22 thermidor an 10, art. 3, et loi du 28 avril 1816, art. 58, § 3.	Peine de l'importation frauduleuse.	»
Pacage des bestiaux. Au-delà de la première ligne.	Loi du 22 août 1791, tit. 3, art. 13, et tit. 2, art. 18, combinés.	Confiscation avec amende de 100 fr.	»
Pacage des bestiaux. Au bureau de passage ou d'expédition.	Idem, tit. 3, art. 9.	Double droit de sortie, ou amende de 500 fr.	»
Pacage des bestiaux. Troupeaux français à l'Étranger.	Idem, tit. 3, art. 1 et 2.	Peine de l'importation frauduleuse.	»
Pacage des bestiaux. Troupeaux étrangers en France.	Idem (et circulaire du 15 juillet 1825).	Idem.	»
Fromageries. Crédit épuisé.	»	Droits d'entrée ou consignation de ce droit.	»
Acquit des droits. Poids, nombre, mesure.	Idem, tit. 2, art. 18.	Double droit.	»
Acquit des droits. Balles, ballots, caisses.	Idem, tit. 2, art. 20.	Confiscation avec amende de 100 fr.	»
Acquits-à-caution, n° 18. Objets tarifés.	Idem, tit. 3, art. 9.	Double droit.	»
Acquits-à-caution, n° 18. Objets prohibés. Drilles et chiffons, etc.	Idem.	Confiscation et amende de 500 fr.	»
Emprunt du territoire étranger.	Idem.	Idem.	»
Transit. Prohibé. Poids, nombre, mesure.	Loi du 9 février 1832, art. 4, § 3.	Amende triple de la valeur des quantités en plus.	»
Transit. Prohibé. Colis.	Idem, § 4.	Confiscation et amende triple de la valeur.	»
Transit. Non prohibé. Poids, nombre, mesure.	Lois des 22 août 1791, tit. 2, art. 18, et 17 décembre 1814, art. 6.	Double droit.	»
Transit. Non prohibé. Balles, caisses, futailles, etc.	Lois des 22 août 1791, tit. 2, art. 20, et 17 décembre 1814, art. 6.	Confiscation de l'excédant avec amende de 100 fr.	»

N° III.

NATURE DES CONTRAVENTIONS.			LOIS A INVOQUER.	PEINES ENCOURUES.	COMPÉTENCES.
EXPORTATION.	Objets prohibés.	Armes de guerre.	Ordonnance du Roi du 24 juillet 1816, art. 5, 13 et 15.	Emprisonnement, confiscation et amende qui peut s'élever à 500 fr.	Trib. correc¹.
		Drilles et chiffons.	Loi du 22 août 1791, tit. 5, art. 4 et 5, et décret du 15 août 1793, art. 3.	Amende de 500 fr., confiscation des drilles et des moyens de transport.	Juge de paix.
		Écorces à tan.	Loi du 16 nivose, an 2.	Amende de 500 fr., confiscation des écorces et des moyens de transport.	»
		Objets prohibés. Chemin détourné, bureau dépassé.	Lois des 22 août 1791, tit. 5, art. 5, 4 germinal an 2, tit. 2, art. 10, et 14 fructidor an 3, art. 4.	Amende de 500 fr., confiscation des objets et des moyens de transport.	»
		Poudres et salpêtres.*	Idem.	Idem.	»
	Objets tarifés.	Denrées, objets tarifés à la valeur, par contenance et par tête.	Lois des 22 août 1791, tit. 2, art. 5, et 4 germinal an 2, tit. 5, art. 4 et 5.	Confiscation avec amende de 200 fr.	»
		Chemin détourné.	Idem.	Idem.	»
		Bureau dépassé.	Idem.	Idem.	»
		Introduction dans une maison après l'acquittement des droits.	Loi du 22 août 1791, tit. 2, art. 26.	Confiscation et 100 d'amende.	»
FABRICATION		Des poids et mesures anciens.	Lois des 18 germinal an 5, art. 24, et 4 juillet 1837, art. 5. Code pénal, art. 479.	Confiscation avec amende de 11 à 15 fr.	»
		Des armes de guerre.	Ord. du Roi du 24 juillet 1816, art. 5, 9 et 13.	Confiscation, amende de 500 fr. et emprisonnement de moins de 5 mois.	Trib. correc¹.
		Des cartes à jouer.*	Loi du 28 avril 1816, tit. 5, art. 166.	Confiscation, amende de 1000 à 5000 fr. Emprisonnement, 1 mois. En récidive, 3000 fr.	»
		Des poignards, stylets, épées en bâtons, etc.	Déclaration du Roi du 23 mars 1728, décret du 12 mars 1806. Code pénal et loi du 24 mai 1834, art. 1er.	Confiscation. Emprisonnement de 1 mois à un an. Amende de 16 à 500 fr.	»
		Des tabacs de la régie.*	Loi du 28 avril 1816, chap. 5, art. 221.	Amende de 1000 à 5000 fr. Tabacs et ustensiles saisis. Amende double en récidive.	»
FAUX.	Par le commerce.	Falsification, altération des expéditions, des marques de fabriques, etc.	Lois de douanes suivant les cas. Code pénal, art. 147 et 148.	Poursuite et pour la fraude et pour le faux.	Assises et trib. comp¹.
	Par les agens des douanes.	Dans l'exercice de leurs fonctions.	Code pénal, art. 145 et suivans.	Travaux forcés à perpétuité.	Assises.
FORFAITURE.	Employé qui a fait ou favorise la fraude.	Sans attroupement ni port d'armes.	Lois des 13 floréal an 11, art. 6, et 21 avril 1818, art. 59.	Cinq à quinze ans de fer.	»
		Avec attroupement et port d'armes.	Idem.	Peine de mort.	»

N° IV.

NATURE DES CONTRAVENTIONS.	LOIS A INVOQUER.	PEINES ENCOURUES.	COMPÉTENCES.
IDENTITÉ (défaut d'). Voir les mots : *Différences, circulation.*	»	»	»
IMPORTATION. — Objets tarifés. — Objets trouvés sur un chemin oblique.	Lois des 22 août 1791, tit. 2, art. 1 et 2, et 4 germinal an 2, tit. 3, art. 4 et 5.	Confiscation avec amende de 200 fr.	Juge de paix.
Objets ayant dépassé le 1er bureau.	Idem.	Idem.	»
Tentative d'- 1er bureau d'entrée.	Idem.	Idem.	»
Objets introduits dans une maison avant d'avoir acquitté les droits.	Idem.	Idem.	»
Objets taxés à la valeur, par contenance et par tête.	Idem.	Idem.	»
Objets payant moins de 20 fr. les 100 kilog.	Idem.	Idem.	»
Objets prohibés. — Tentative d'- devant un bureau de 1re ligne.	Lois des 22 août 1791, tit. 5, art. 1er, et 27 mars 1817, art. 14.	Amende de 500 fr., confiscation des objets et des moyens de transport.	»
Poids et mesures anciens.	Loi du 18 germinal an 3, art. 24.	Confiscation et amende de la double valeur.	»
Armes de guerre.	Ord. du Roi du 24 juillet 1816, art. 3, 14 et 15.	Confiscation, amende de moins de 500 fr. et emprisonnement de 3 mois au plus.	Trib. correc¹.
Cartes à jouer.*	Loi du 28 avril 1816, tit. 5, art. 166.	Confiscation, amende de 1000 à 5000 fr. et un mois de prison. 5000 fr. en récidive.	»
Écrits défendus, lettres, journaux.**	Arrêtés des 7 fructidor an 6, et 27 prairial an 9.	Amende de 150 à 500 fr.	»
Poudres et salpêtres.*	Arrêté du 13 fructidor an 5, art. 21 et 50.	Emprisonnement, amende de 20 fr. 44 c. par kilog. Confiscation de la poudre et des moyens de transport.	»
Librairie.	Loi du 28 avril 1816, art. 41.	Emprisonnement, amende de 500 fr., ou égale à la valeur des objets. Confiscation des objets et des moyens des transport.	»
Sels étrangers.	Idem.	Idem.	»
Tabacs étrangers.	Idem.	Idem.	»
Objets compris en l'art. 58 de la loi du 28 avril 1816.	Idem.	Idem.	»
Objets compris en l'art. 5 de la loi du 5 juillet 1836.	Idem.	Idem.	»
Objets payant plus de 20 fr. les 100 kilog.	Idem.	Idem.	»
Objets prohibés — de 1 à 6 fraudeurs à pied.	Idem.	Idem.	»
Objets prohibés — par plus de 6, ou 3 à cheval.	Lois des 28 avril 1816, art. 51, et 21 avril 1818, art. 57.	Emprisonnement, amende de 1000 fr., ou égale à la valeur des objets. Confiscation des objets et des moyens de transport.	»
INJURES — Sans voies de fait.	Lois des 22 août 1791, tit. 13, art. 14, et 4 germinal an 2, tit. 4, art. 2.	Amende de 500 fr.	Juge de paix.
Avec voies de fait.	Loi du 4 germinal an 2, tit. 4, art. 2, et code pénal, art. 209 à 301.	Amende de 500 fr. et emprisonnement.	Trib. correc¹.
INTÉRIEUR (saisies dans l'). Voyez le mot : *Dépôt.*	»	»	»
NON RAPPORT DES ACQUITS-A-CAUTION. — Circulation, formule n° 18. — Objets non prohibés.	Loi du 22 août 1791, tit. 3, art. 12,	Double droit.	Juge de paix.
Objets prohibés.	Idem, tit. 5, art. 13.	Valeur de la marchandise et amende de 500 fr.	»
Pacages. — Troupeaux indigènes.	Loi du 22 août 1791, tit. 3, art. 12 ou 13.	Double droit si les bestiaux sont tarifés, ou, s'ils sont prohibés, leur valeur, et, de plus, l'amende de 500 fr.	»
Troupeaux français à l'Etranger.	Idem.	Idem.	»
Troupeaux étrangers en France.	Loi du 4 germinal an 2, tit. 3, art. 4 et 5 (Lettre adminis. du 4 décembre 1827).	Confiscation et amende de 200 ou de 500 fr. si l'objet est prohibé.	»
Transit. — Pour le prohibé.	Loi du 9 février 1832, art. 6.	Valeur des objets et amende triple de la valeur.	»
Pour le non prohibé.	Lois des 17 décembre 1814, art. 3, et 8 floréal an 11, art. 54.	Quadruple droit de consommation et amende de 500 fr.	»
Fils et tissus non prohibés.	Loi du 9 février 1832, art. 5 et 6, et ord. du 8 juillet 1834, art. 13.	Valeur des fils et tissus et amende triple de cette valeur.	»
Emprunt du territoire étranger. — Objets taxés.	Loi du 22 août 1791, tit. 3, art. 2 et 12.	Double droit.	»
Objets prohibés.	Idem, art. 4 et 13.	Valeur et amende de 500 fr.	»
Régimes spéciaux. — Armes de guerre.	Décret du 22 août 1792, art. 2 (Cir. du 30 novembre 1813, n° 90).	Valeur des armes et amende de 500 fr.	»
Drilles et chiffons.	Lois des 22 août 1791, tit. 5, art. 13, et 13 août 1793, art. 5.	Valeur et 500 fr. d'amende.	»
Librairie et musique.	Loi du 22 août 1791, tit. 3, art. 13 (Circ. n° 263).	Idem.	»
Ouvrages d'or et d'argent.	Loi du 3 ventose an 12, art. 76 (Circ. du 4 août 1825).	Valeur et amende quadruple des droits fraudés.	»

N° V.

NATURE DES CONTRAVENTIONS.	LOIS A INVOQUER.	PEINES ENCOURUES.	COMPÉTENCES.
DÉPOSSESSION TROUBLÉE. — Sans violences.	Lois des 22 août 1791, tit. 13, art. 14, et 4 germinal an 2, tit. 4, art. 2.	Amende de 300 fr.	Juge de paix.
DÉPOSSESSION TROUBLÉE. — Avec violences et voies de fait.	Loi du 4 germinal an 2, tit. 4, art. 2, et code pénal, art. 209 à 301.	Amende de 300 fr. et emprisonnement.	Trib. correc.[1]
PERTE DE MARCHANDISES. — Non justifiée.	Lois des 17 décembre 1814, art. 3 et 8, et 9 février 1832, art. 4.	Peines du non rapport de l'acquit-à-caution.	Juge de paix.
PERTE DE MARCHANDISES. — Justifiée par le rapport du juge.	Idem.	Paiement du simple droit.	»
PILLAGE DES BUREAUX. — Par des rassemblemens armés ou non armés.	Loi du 8 nivose an 6, et arrêté du 4e jour compl.re an II, art. 13.	Les communes sont responsables des délits et des dommages-intérêts.	Trib. correc.[1]
PILLAGE DES BUREAUX. — Si le préposé a été pillé, maltraité ou homicidé.	Loi du 10 vendémiaire an 4, tit. 4, art. 6, et arr., idem, art. 14.	Tous les habitans sont tenus de lui payer, ou à sa veuve, des dommages-intérêts.	»
PILLAGE DES BUREAUX. — Si la commune a pris les mesures nécessaires et si les prévenus sont étrangers.	Idem, tit. 4, art. 3, et arr., idem, art. 13.	La commune est déchargée de toute responsabilité.	»
PLOMBAGE LEVÉ OU ALTÉRÉ.	Loi du 9 février 1832, art. 8.	1° Peine de la substitution. 2° Valeur des objets et amende triple de la valeur.	Juge de paix.
PORT D'ARMES. — Fusils à vent.	Décret du 23 décembre 1805, art. 1er. Code pénal, loi du 24 mai 1834.	Confiscation et amende de 16 à 200 fr. ou de 16 à 500 fr., et emprisonnement de 6 jours à 6 mois ou de 1 mois à 1 an.	Trib. correc.[1]
PORT D'ARMES. — Pistolets de poche.	Ord. du 25 février 1837. Code pénal, loi du 24 mai 1834.	Idem.	»
PORT D'ARMES. — Armes cachées et secrètes.	Déclaration ou loi du 23 mars 1728, et décret du 12 mars 1806 ; code pénal, et loi du 24 mars 1834, art. 1er.	Idem.	»
PORT D'ARMES. — Epées en bâtons.	Idem.	Idem.	»
PORT D'ARMES. — Poignards et stylets.	Idem.	Idem.	»
PROVISION DES TABACS DE LA RÉGIE : au delà de 10 kilog. sans marques et vignettes.*	Loi du 28 avril 1816, art. 217 et 218, chap. 5.	Confiscation et amende de 10 fr. par kilog. Elle ne peut excéder 5000 fr. ni être moindre de 100 fr.	»
RASSEMBLEMENS. Voyez : *Pillage des bureaux.*	»	»	»
RÉBELLION-CONTREBANDE. — Sans attroupement ni port d'armes.	Lois de douanes applicables au fait de contrebande, et, selon les cas, loi du 13 floréal an 11, et code pénal, art. 209 à 213, 504, 463.	Peines pour la contrebande et peines pour la rébellion.	Trib. correc.[1] ou assises.
RÉBELLION-CONTREBANDE. — Avec attroupement et port d'armes.	Idem.	Idem.	»
SOUSTRACTIONS-TRANSIT. — Pour le prohibé.	Loi du 9 février 1832, art. 6 et 7.	Amende égale à la valeur des moyens de transport retenus pour sûreté de cette amende, à défaut de caution. L'acquit n'est déchargé que pour ce qui est réexporté.	Juge de paix.
SOUSTRACTIONS-TRANSIT. — Pour le non-prohibé.	Lois des 8 floréal an 11, art. 34, et 17 décembre 1814, art. 10.	Bureau de départ, amende de 500 fr. et quadruple droit de consommation. — Le bureau de sortie rédige rapport pour la soustraction et conclut à l'amende de 100 fr.	»
SUBSTITUTIONS. — Pacages. — Au bureau de passage.	Loi du 22 août 1791, tit. 5, art. 9, 12 et 13.	Confiscation et amende de 100 fr.	»
SUBSTITUTIONS. — Pacages. — Au bureau de décharge.	Idem.	Double droit de sortie.	»
SUBSTITUTIONS. — Pacages. — Bestiaux prohibés.	Idem.	Amende de 500 fr. et paiement de la valeur.	»
SUBSTITUTIONS. — Pacages. — Troupeaux français à l'Etranger.	Circ. réglementaire du 15 juillet 1825, art. 51.	Peines cumulées pour l'excédant et le déficit.	»
SUBSTITUTIONS. — Pacages. — Troupeaux étrangers en France.	Idem.	Peines de l'importation frauduleuse.	»
SUBSTITUTIONS. — Paiement des droits. — Entre le 1er et le 2e bureau.	Lois des 8 floréal an 11, art. 42, et 28 avril 1816, art. 51.	Amende de 2000 fr. par colis manquant, ou dans lequel on aura mis un objet autre que celui déclaré ; moyens de transport retenus pour sûreté.	»
SUBSTITUTIONS. — Paiement des droits. — Colis déchargé.	Idem.	Colis saisi avec amende de 500 fr.	»
SUBSTITUTIONS. — Paiement des droits. — Colis échangé.	Idem.	Saisie des deux colis avec amende de 500 fr.	»
SUBSTITUTIONS. — Transit. — Marchandises prohibées.	Loi du 9 février 1832, art. 7.	Confisc. de l'objet substitué et amende égale à la valeur des moyens de transport qui sont retenus pour sûreté, à défaut de caution.	»
SUBSTITUTIONS. — Transit. — Marchandises non prohibées.	Lois des 8 floréal an 11, art. 34, et 17 décembre 1814, art. 10.	Quadruple droit d'entrée et amende de 500 fr.	»
SUBSTITUTIONS. — Transit. — Objets avariés à d'autres tarifés.	Idem.	Idem.	»
SUBSTITUTIONS. — Transit. — Objets avariés à d'autres prohibés.	Lois des 22 août 1791, tit. 3, art. 9, et 28 avril 1816, art. 58 (Paris, 7 décembre 1856).	Confisc. des objets substitués et amende de 500 fr.	»

NATURE DES CONTRAVENTIONS.	LOIS A INVOQUER.	PEINES ENCOURUES.	COMPÉTENCES.
VALEUR FAUSSEMENT DÉCLARÉE, pour l'acquittement des droits. Entrée ou sortie.	Lois des 4 germinal an 2, tit. 3, art. 1er, et 4 floréal an 4, art. 1er.	Les marchandises sont retenues par les préposés en payant la valeur déclarée, et le dixième en sus (Préemption).	Juge de paix.
VENTE ILLICITE { Des armes défendues.	Code pénal, art. 314, et loi du 24 mai 1834, art. 1er.	Confiscation, emprisonnement de un mois à un an, amende de 16 à 300 fr.	Trib. correc.¹
Des cartes à jouer.*	Loi du 28 avril 1816, art. 166, tit. 3.	Confiscation, 1 mois de prison et amende de 1000 à 3000 fr. En récidive, 3000 fr.	»
Des poudres et salpêtres.*	Décret du 15 fructidor an 5, art. 21 et 50, et décret du 16 mars 1815.	Confiscation, amende de 20 fr. 44 c. par kilog. Emprisonnement.	»
Des tabacs de la régie,* dits de Cantine.	Loi du 28 avril 1816, art. 218 et 219.	Confiscation, amende de 10 fr. par kilog.; ne peut dépasser 5000 fr. ni être au-dessous de 100 fr.	»
Des tabacs de la régie, à domicile.*	Idem, art. 222.	Confiscation des tabacs et des ustensiles, amende de 500 à 1000 fr. Emprisonnement.	»
VERSEMENTS dans l'Intérieur des denrées et marchandises.	Loi du 8 floréal an 11, tit. 4, art. 85.	Peines suivant les cas. Privation de la faculté de l'entrepôt et du transit, ainsi que de tout crédit de droits.	»
VISA (défaut de) { Des acquits-à-caution de transit.	Loi du 9 février 1832, art. 12.	Amende de 500 fr.	Juge de paix.
Des acquits de paiement. Prohibé.	Loi du 28 avril 1816, art. 58, § 2 et 41.	Expédition nulle. Peines de l'importation des objets prohibés.	Trib. correc.¹
Non prohibé.	Idem, art. 58, § 2.	Expédition nulle. Peines de l'importation des denrées.	Juge de paix.
Des passavans.	Loi du 22 août 1791, tit. 3, art. 15 et 16.	Expédition nulle. Peines de la circulation.	»
VOIES DE FAIT, graves, Envers les Préposés } Sans légitime défense.	Loi du 4 germinal an 2, tit. 4, art. 2. Code pénal, art. 230 à 233.	Amende de 500 fr. au bénéfice des préposés. Prison. Réclusion. Travaux forcés à perpétuité, mort, suivant les cas.	Assises.
Par les préposés }	Code pénal.	Peines suivant les cas.	»

APPENDICE.

NATURE DES CONTRAVENTIONS.	LOIS A INVOQUER.	PEINES ENCOURUES.	COMPÉTENCES.
ABUS ET FRAUDES faits par les commissionnaires.	Loi du 8 floréal an 11, art. 85, tit. 4.	Indépendamment des peines portées par les lois, ils pourront être privés de la faculté de l'entrepôt et du transit.	»
ABSENCE d'un rapport de saisie de marchandises.	Arrêts de cassation des 22 novembre 1838, et 8 février 1839, circ. 1748.	Le délit peut être prouvé par les voies du droit commun, et le délinquant condamné à toutes les peines de la loi.	»
CHEVAUX DE POSTE servant à des voyageurs porteurs de contrebande.	Lettre de l'admin. au directeur de Besançon, du 9 février 1829.	Ils ne peuvent être saisis.	»
COURRIERS DES MALLES. { Ils ne doivent se charger d'aucune marchandise.	Loi du 4 germinal an 2, tit. 3, art. 7.	Confiscation, 500 fr. d'amende. Exclusion de tout emploi dans les postes.	Juge de paix.
Si la marchandise est prohibée.	Loi du 28 avril 1816, art. 41.	Confiscation et amende de 500 fr. seulement. Exclusion des postes.	Trib. correc.¹
FABRIQUES ET USINES. { Construction sans autorisation.	Loi du 22 août 1791, tit. 15, art. 41, 30 avril 1806, arrêt du 14 décembre 1832.	Démolition.	Ministre des finances.
Ayant autorisé ou protégé la fraude. Moulins ayant fait ou favorisé la fraude.	Loi du 4 ventose an 11, art. 1 et 2. Loi du 30 avril 1803, art. 76 et 77.	Déplacement dans l'année. Interdiction.	»
LETTRE DE VOITURE, non timbrée.	Loi du 15 juin 1824 sur l'enregist.¹	Amende de cinq francs.	Juge de paix.
MARCHANDISES cachant la fraude.	Arrêt de la cour de Metz du 6 septembre 1857.	Elles sont assimilées aux moyens de transport et deviennent saisissables.	»
MESSAGERIES. { Objets non portés sur la feuille de voyage.	Loi du 4 germinal an 2, tit. 3, art. 5.	Amende de 500 fr., confiscation des objets et des moyens de transport.	»
Objets prohibés ou payant plus de 20 fr. les 100 kilog.	Loi du 28 avril 1816, art. 41.	Amende de 500 fr. ou égale à la valeur. Confiscation des objets et des moyens de transport.	Trib. correc.¹
NULLITÉ D'UN RAPPORT de saisie de marchandises prohibées.	Arrêts de cassation des 22 novembre 1838, et 8 février 1839, circ. 1748.	Le délit peut être prouvé par les voies du droit commun, et le délinquant condamné à toutes les peines de la loi.	»
OMISSIONS dans un rapport.	Arr. de C. du 26 brumaire an 7.	Elles ne sont pas considérées comme nullités lorsque la loi ne les caractérise pas telles.	»
SAISIE HORS DES LIGNES.	Arr. de C. du 8 juin 1810.	Elle est nulle si la marchandise n'a pas été suivie à vue sans interruption.	»
SAISIE NON FONDÉE.	Loi du 9 floréal an 7, tit. 4, art. 16.	Elle est nulle, et le propriétaire a droit à un intérêt d'indemnité, à raison d'un pour cent par mois de la valeur des objets saisis depuis l'époque de la retenue jusqu'à celle de la remise.	»
TRANSIT.	Arr. de C. du 21 janvier 1839, circ. n° 1744.	Il est aux risques du soumissionnaire, et les tribunaux ne peuvent, même en cas de perte dûment justifiée, l'affranchir du paiement du simple droit.	»
VOIE PUBLIQUE embarrassée.	Code pénal, art. 471, § 4.	Amende de 1 à 5 fr.	Juge de paix.
VOITURES PUBLIQUES. Voyez: *Messageries.*	»	»	

N° VII.

Cinquième partie.

Modèles

et

Formules.

N° 1.

RÉQUISITION A L'AUTORITÉ

pour demander main-forte.

De par la Loi et le Roi, en vertu de l'article . . . .
60 de la loi du 28 avril 1816, tit. 6. | 14, tit. 13 de la loi du 22 août 1791,
Nous soussignés . . . . requérons, sous peine de désobéissance à la loi, Monsieur . . . .
Maire de la commune de . . . | Commissaire de police (*officier de*
. . . . | *gendarmerie, etc.*),
auquel nous avons préalablement fait connaitre nos qualités de préposés,
de nous assister dans la visite que | de nous prêter main-forte, et sur-
nous désirons faire chez le s^r....... | le-champ, à l'effet de . . .
habitant de sa commune | . . . .
et nous lui avons remis copie du présent acte, fait à . . . .
le . . . .

SIGNATURES.

Nota. *Si le fonctionnaire se rend à la réquisition, il est inutile de lui
donner copie de l'acte ci-dessus; mais s'il y a refus, on peut en dresser procès-verbal auquel la réquisition sera annexée, l'affirmer, le faire enregistrer, et l'envoyer au directeur qui, s'il le juge convenable, le déférera à
l'autorité judiciaire.*

N° 2.

AFFIRMATION.

L'an . . . . le . . . . . à . . . . heures . .
. . . du . . . . . Pardevant nous juge de paix du canton de
. . . . . . sont comparus les sieurs . . . . . des douanes, de résidence à . . . . . . saisissans dénommés et qualifiés
au rapport qui précède, lesquels ont, par serment prêté entre nos
mains, affirmé sincère et véritable le contenu du dit acte, après que
lecture leur en a été faite. En foi de quoi nous avons dressé le présent, qu'ils ont signé avec nous aussi après lecture.

N° 3.

ACTE D'APPEL.

A la requête de l'administration des douanes, poursuites et diligences de M' . . . . . receveur des dites douanes à . . . . .
au bureau duquel domicile est élu,
Soit déclaré au s' . . . . . demeurant à . . . . . que le
requérant appelle, par le présent, du jugement rendu, entre lui et
la dite administration, en la justice de paix du canton de . . . . .
le . . . . . pour les griefs et les moyens d'appel à déduire au
tribunal civil de l'arrondissement de . . . . . et que, jusque là,
il proteste de nullité contre tout ce qui sera fait au préjudice du
présent appel,
Dont acte fait à . . . . . le . . . . .

N° 4.

DÉSISTEMENT D'APPEL.

L'an . . . . le . . . . à la requête de l'administration des douanes dont les bureaux sont à Paris, poursuites et diligences de M^r . . . . son receveur à . . . . au bureau duquel domicile est élu, nous soussignés . . . . préposés des dites douanes, à la résidence de . . . . . avons intimé et signifié au s^r . . . . cultivateur demeurant et domicilié à . . . . que le requérant se désiste purement et simplement de l'appel qu'il a émis au greffe du tribunal . . . . de . . . . le . . . du jugement rendu . . . . le . . . . par le tribunal de . . . . offrant de lui rembourser tous les frais qu'il aurait pu faire à l'occasion du dit appel, s'il en justifie d'une manière légale, et se réservant tous droits et actions qu'il a à exercer contre lui par suite des adjudications faites à l'administration par le dit jugement auquel il acquiesce. Et pour que le dit sieur . . . . . n'en ignore, nous lui avons laissé copie du présent dans sa maison d'habitation au dit lieu de . . . . parlant à . . . . .

Fait à . . . . . les jour, mois et an que dessus.

N° 5.

PROCURATION A UN HUISSIER.

(*Art.* **556** *du code de procédure civile.*)

Je soussigné . . . . receveur des douanes a . . . . département de . . . en vertu de la contrainte décernée le . . . . contre le s^r . . . . . journalier demeurant à . . . . . laquelle a été rendue exécutoire par M^r le juge de paix du canton de . . . . . le . . . .

et enregistrée à . . . . le . . . . . et de la grosse du jugement de défaut rendu le . . . . par le juge de paix du canton de . . . . qui a débouté le dit sieur . . . . . de son opposition à l'exécution de la dite contrainte, donne, par le présent, en conformité de l'article 556 du code de procédure civile, pouvoir spécial au sieur . . . . . huissier près le tribunal civil de 1re instance séant à . . . de mettre à exécution la dite contrainte par corps contre le dit sieur . . . . . l'écrouer et l'emprisonner, en se conformant, à cet égard, aux dispositions de la loi, comme aussi de faire à ce sujet tout ce que le cas pourra requérir à l'effet de parvenir à l'exécution de la dite contrainte et à l'emprisonnement de la personne du dit sieur . . . sous promesse de relèvement et garantie de ma part.

Fait à . . . le . . . . .

Le receveur.

N° 6.

CÉDULE EN OPPOSITION.

Sur la demande à nous faite par le sieur . . . . . receveur des douanes à . . . . agissant au nom de son administration, de le recevoir opposant au jugement rendu par nous par défaut le . . . . . contre l'administration des douanes, ensuite et aux fins du rapport de saisie du . . . . . au préjudice du sieur . . . . demeurant à . . . . . défendeur,

Nous juge de paix du canton de . . . . . . mandons au dit sieur . . . . . de se présenter devant nous le . . . . . . à . . . . . heures du . . . . . au lieu ordinaire de nos séances à . . . . . pour être entendu contradictoirement avec le dit . . . . .

Donné à . . . . . le . . . .

Nota. Cet acte de comparution doit être enregistré et signifié de suite à a partie.

N° 7.

QUALITÉS DE CAUSE.

Entre

L'administration des douanes représentée par M^r . . . . . son receveur, à . . . . . y demeurant, demandeur comparant en personne,

Contre

Le nommé . . . . journalier, demeurant à . . . . . défendeur . . . .

Attendu que les préposés des douanes de la brigade de . . . . . ont, par procès-verbal rédigé le . . . . . au bureau de . . . . . saisi, au préjudice du sieur . . . . . défendeur, la quantité de . . . .

Attendu que cette marchandise est prohibée à l'entrée du royaume ou paie 20 fr. et plus par 100 kilog., et que la saisie qui en a été faite entraîne la confiscation des moyens de transport;

Attendu que par assignation donnée le . . . . . et dûment enregistrée, le prévenu a été cité à comparaître le présent jour,

L'administration des douanes, comme elle est représentée, conclut:

A ce qu'il plaise au tribunal déclarer bonne et valable la saisie opérée le . . . . au préjudice du défendeur, et, adjugeant le profit, prononcer la confiscation tant de la dite marchandise que des moyens de transport, et condamner le dit sieur . . . . . en l'amende de . . . . décime compris, et aux dépens, et fixer à un an la durée de la contrainte par corps à exercer contre lui, le sont en vertu des articles 38 et 41 de la loi du 28 avril 1816, 194 du code d'instruction criminelle, et 7 de la loi du 17 avril 1832.

A . . . . le . . . .

Le receveur.

Si la valeur de la marchandise saisie excède 500 fr. on pourra prendre les conclusions suivantes :

A ce qu'il plaise au tribunal 1° donner acte à l'administration des douanes de la nomination qu'elle fait, dès à présent, du sieur . . . . expert à l'effet de procéder à l'estimation des marchandises saisies ; 2° ordonner que, dans les trois jours, la partie adverse sera tenue d'en nommer un autre, si non, et faute par elle de ce faire, qu'il sera passé outre à la dite estimation par l'expert de l'administration et par tel autre qu'il plaira au tribunal indiquer d'office par le jugement à intervenir.

N° 8.

REQUÊTE POUR ÊTRE AUTORISÉ A VENDRE.

les moyens de transport et les objets sujets à dépérissement.

A Monsieur le juge de paix du canton de . . . . .

Le sieur . . . . receveur des douanes à . . . . . . au nom de son administration,

Requiert :

Qu'il vous plaise l'autoriser à procéder le . . . . . au bureau de la douane de . . . . . à la vente publique, au plus offrant et dernier enchérisseur, et en la manière accoutumée, des marchandises ci-après, savoir : . . . . Des quelles marchandises, sujettes à dépérissement, les propriétaires ont refusé la remise sous caution, ou en consignant la valeur, à eux offerte par le procès-verbal qui en constate la saisie opérée le . . . . . à leur préjudice, par les préposés des douanes à la résidence de . . . . . et vous ferez justice.

A . . . . . le . . . . .

Ou bien dans le cas de l'article 3 de la loi du 14 fructidor an 3 (Voir cet article au mot Vente) :

Attendu que par jugement du tribunal de paix de . . . . . . en date du . . . . la saisie constatée au préjudice du sieur . . . . le . . . . par le rapport rédigé au bureau de la douane de . . . . . n'a pas été déclarée valable et que la douane a interjeté appel du dit jugement :

Attendu que le prévenu, aux termes de l'article 5 de la loi du 14 fructidor an 5, n'a pas demandé, dans la huitaine de la date du dit jugement, la remise sous caution des . . . . . décrits au rapport prérappelé, remise qui, néanmoins, lui a été offerte :

Attendu que les dits moyens de transport et marchandises sont sujets à dépérissement, et que, dès lors, il y a péril en demeure :

Il vous plaise, Monsieur le juge de paix, autoriser la dite administration à procéder . . . . le . . . . . au bureau de la douane de . . . . . . en la manière accoutumée, à la vente publique des marchandises et moyens de transport dont il s'agit, et vous ferez justice.

A . . . . le . . . . .

Nota. *L'ordonnance à intervenir doit être enregistrée dans le jour et signifiée aux parties.*

N° 9.

SIGNIFICATIONS.

Pour signifier un jugement, une contrainte, ou tout autre acte, il faut le copier et mettre au pied ce qui suit :

L'an . . . . le . . . . . à la requête de l'administration des douanes dont les bureaux sont à Paris, laquelle fait élection de domicile au bureau de M^r . . . . . son receveur à . . . . nous soussignés . . . . . préposés des dites douanes, demeurant à . . . . . avons, en vertu de l'autorisation à nous donnée par l'art. 18, tit. 13 de la loi du 22 août 1791, signifié le . . . . dont copie est ci-dessus,

au sieur . . . . y dénommé,	au sieur . . . . détenu dans la
étant en son domicile à	maison d'arrêt de . . . . étant à
et parlant à	la geole, et parlant à sa personne
. . . .	sonne . . . .

avec commandement que nous lui avons fait d'avoir à payer , entre
les mains de M^r . . . . receveur des douanes à . . . .
les sommes qui lui sont réclamées par l'acte prérappelé , et , pour
qu'il n'en ignore et y satisfasse sous les peines de droit , nous lui
avons laissé copie tant du dit . . . . . . que du présent
exploit.

SIGNIFICATION

d'un jugement ordonnant expertise des marchandises.

A la requête de l'administration des douanes qui fait élection de
domicile au bureau de M^r . . . . son receveur à . . . .
y demeurant, soit signifié à . . . . que par son jugement
du . . . . le tribunal de 1re instance de . . . . a nommé
MM^s . . . . demeurant à . . . . experts aux fins d'esti-
mer les . . . . formant l'objet de la saisie faite le . . . .
au préjudice du dit . . . . Ces experts paraitront le . . . .
à . . . heures du . . . pardevant M^r . . . . commis
à cet effet, pour y prêter serment, et, le même jour, à . . . .
heures du . . . . , ils procèderont au bureau des douanes
à . . . . . à cette estimation. En conséquence, soit le dit
sieur . . . . sommé d'assister à cette opération, lui déclarant
que, faute par lui de s'y trouver, il sera procédé tant en présence
qu'en absence. Dont acte qui lui sera signifié.
A . . . . le . . . .

Le receveur,

Signifié l'acte ci-dessus, à M^r . . . . demeurant à . . . .
en son domicile au dit lieu et parlant à . . . . par nous
préposés des douanes à la résidence de . . . . . à ce autorisés
par l'art. 18 du tit. 15 de la loi du 22 août 1791, et, pour qu'il
n'en ignore, nous lui avons laissé copie, parlant comme devant,
tant du dit acte de sommation que du présent exploit.
A . . . . le . . . .

Nota. *Le jugement doit aussi être signifié aux experts.*

SIGNIFICATION DE JUGEMENT CONTRE INCONNUS.

. . . . y demeurant, nous soussignés . . . . . des douanes demeurant à . . . . . certifions nous être transportés cejourd'hui, en vertu de l'art. 18, tit. 13 de la loi du 22 août 1791, ...
au parquet de M. le procureur | au domicile de M. le maire de du Roi près le tribunal correc- | la commune de . . . . . . tionnel séant à . . . . | . . . .
où étant, et parlant à . . . . . nous avons signifié le jugement qui précède et fait, par cette voie, commandement aux individus y condamnés d'avoir à y satisfaire de suite, et, pour qu'ils n'en ignorent, nous avons, parlant comme devant, laissé à ce magistrat, qui a visé l'original, copie tant du dit jugement que du présent exploit dont le coût est de . . . . .

N° 10.

CITATIONS.

L'an . . . . . le . . . . à la requête de l'administration des douanes dont les bureaux sont à Paris, laquelle fait élection de domicile, pour les suites du présent, an bureau de M^r . . . . son receveur à . . . . . y demeurant, nous soussignés . . . préposés des dites douanes à la résidence de . . . . . en vertu de l'autorisation à nous donnée par l'art. 18 du tit. 13 de la loi du 22 août 1791, et spécialement délégués pour faire le présent exploit, nous sommes transportés au domicile du sieur . . . . . où étant et parlant à . . . . nous avons assigné le dit sieur . . . . à comparaître le . . . . à . . . . heures du . . . pardevant le tribunal correctionnel séant | M. le juge de paix du canton à . . . . | de . . . . au lieu ordinaire de ses séances, pour se défendre et s'entendre condamner sur les faits qui lui sont imputés par le rapport rédigé à son préjudice le . . . . . par les préposés des douanes de la brigade de . . . . . . énonçant que les dits préposés l'ont vu . . . . et, pour qu'il n'en ignore et y satisfasse, nous lui avons, parlant comme devant, laissé copie de la présente assignation dont le coût est de . . . . .

N° 11.

CONTRAINTES.

Extrait, etc. . . . . . *Copier l'acte et terminer ainsi :*

Certifié véritable et conforme à l'original, à . . . . . le . . . .

Le receveur,

Le sieur . . . . . demeurant à . . . . . dénommé et qualifié en l'acte qui précède, n'ayant point rapporté, dans le délai voulu, au dos de l'acquit-à-caution, un certificat de décharge en dûe forme, est redevable au trésor public de la somme de . . . . montant

| du double et sim-
ple droit d'entrée
. . . . . . | de l'amende et du
quadruple droit
d'entrée . . . . | de l'amende et de
la valeur . . . .
. . . . | du quadruple
droit de garantie
. . . . . . |

et de la valeur des marchandises mentionnées en sa dite soumission. En conséquence, et pour recouvrer le paiement de la dite somme, nous receveur des douanes à . . . . avons décerné contre le dit sieur . . . . la présente contrainte qui sera mise à exécution, par toutes voies et même par corps, par le premier huissier ou autre sur ce requis, nonobstant opposition ou appellation quelconque, sans préjudice di-celles, et sous la réserve expresse de tous droits et actions.

Fait à . . . . . le . . . .

Le receveur,

N° 12

ACTE DE VENTE.

L'an . . . . le . . . . . en vertu de . . . .
Jugement rendu le . . . . . | transaction passée le . . . . .
par le tribunal de . . . . . | au bureau de . . . .
dûment signifié le . . . . . | dûment enregistrée . . . . . ,
et à la requête de l'administration des douanes dont les bureaux sont
à Paris ,

Nous . . . receveur des dites douanes , demeurant à . . . .
assisté des sieurs . . . . . en présence de M^r . . . . (*inspecteur ou capitaine à . . . . .*) avons procédé publiquement, en
notre bureau, après les formalités d'usage, à la vente, au plus offrant et dernier enchérisseur, des marchandises ci-après désignées,
comprises au dit jugement (*ou en la dite transaction*), et détaillées
aux procès-verbaux rédigés, savoir: le . . . . . . au bureau
de . . . . . au préjudice du nommé . . . . ; le . . . .
au bureau de . . . . . au préjudice du sieur . . . . et
le . . . . . au bureau de . . . . . contre le nommé . . . .
et nous avons adjugé, ainsi qu'il suit, les dites marchandises, à la
charge par les acquéreurs, 1° de payer comptant le montant des
adjudications; 2° de réexporter, dans le délai d'un mois, les objets
prohibés; 3° et d'acquitter de suite, en sus du prix de la vente,
les droits d'entrée sur les denrées dont la consommation est permise,
savoir :

Bureau de . . . . .

Saisie du . . . .

A M^r . . . . . négociant demeurant à . . . . kilog. . . . .
décag. de . . . pour la somme de . . , ci . . . . „ „

Bureau de . . . . .

Saisie du . . . .

A M^r . . . . négociant demeurant à . . . . . kilog. . . . .
décag. de . . . . . pour la somme de . . . , ci . . . „ „
etc.

Nos opérations étant terminées, nous avons fermé le présent acte de vente s'élevant à la somme totale de . . . . . et nous l'avons signé avec nos témoins et les acquéreurs, après en avoir pris lecture.

Nota. On doit se rappeler ici qu'on ne doit rédiger un acte de vente collectif qu'autant que le produit brut de chaque saisie ne s'élèverait pas à vingt francs.

Si la vente exige plusieurs séances, on pourra rédiger ainsi :

Attendu qu'il est l'heure de . . . . nous avons prévenu le public que la continuation de la vente était renvoyée à . . . . . et avons clos la présente séance sous les signatures des témoins et la nôtre.

On ouvrira ainsi la seconde séance :

Et le . . . . . à . . . . heures du . . . . par continuation de notre procès-verbal du . . . . en présence des mêmes témoins, et au même lieu, nous . . . . . receveur des douanes à . . . . . avons adjugé au plus offrant et dernier enchérisseur,

savoir : etc.

N° 13.

TRANSACTIONS.

Entre

Le sieur . . . . . receveur des douanes demeurant à . . . . agissant au nom de son administration, d'une part,

Et

Le nommé . . . . . cultivateur demeurant à . . . . . au préjudice de qui les préposés des douanes de la brigade de . . . ont saisi, le . . . . . la quantité de . . . . . . d'autre part,

Il a été convenu ce qui suit :

Le dit sieur . . . . . offre, pour terminer administrativement cette affaire,

1° De rembourser les frais faits jusqu'à ce jour, montant à la somme de . . . . . ci . . . . » fr. » c.

Ou bien : de rembourser les frais tels qu'ils seront liquidés, et, à cet effet, il a donné, pour caution, le sieur . . . . . demeurant à . . . . . qui s'oblige à en acquitter le montant dès qu'ils seront connus. *Ou bien encore* : de rembourser les frais faits jusqu'à ce jour, et attendu qu'ils ne sont point encore liquidés, il a déposé entre les mains du dit sieur . . . . . la somme de . . . . . montant estimatif des dits frais, s'obligeant de les parfaire, s'il y a lieu, comme aussi ce dernier s'oblige, pour l'administration, à restituer la somme qui pourrait rester libre sur celle consignée après imputation de ces mêmes frais.

2° D'abandonner la marchandise saisie à son préjudice, *ou bien* : de payer la somme de . . . . . qui a été originairement par lui consignée pour obtenir la main-levée provisoire des marchandises saisies à son préjudice, ci . . . . » »

Ou enfin : de payer la somme de . . . . . . pour tenir lieu de la confiscation des objets saisies à son préjudice, ci . . . . » »

3° De payer la somme de . . . . . décime compris, pour tenir lieu de l'amende par lui encourue, ci . . . . » »

4° D'abandonner les moyens de transport ;

Ou bien : de payer la somme de . . . . . qui a été originairement par lui consignée pour obtenir la remise provisoire des moyens de transport, ci » »

Ou bien encore : de payer une somme de . . . .   fr.   c.
pour tenir lieu des moyens de transport qui lui
ont été remis, ci . . . .   »   »

____

En tout la somme de ci   »   »

____

Ces offres, acceptées par le dit sieur . . . . . . receveur, ont été de suite réalisées entre ses mains.

Ou bien : Ces offres n'ayant pu être réalisées de suite, le dit sieur . . . . . a donné pour caution solidaire le nommé . . . cultivateur demeurant à . . . . . qui s'est obligé avec lui en signant avec les parties.

Il est bien entendu qu'en cas de rejet de la présente transaction par l'administration des douanes à qui il en sera référé, les clauses ci-dessus seront considérées comme non avenues, et que l'affaire rentrera dans son état primitif, le tout sous la réserve de tous autres droits et actions.

Fait double à . . . . . le . . . . . . et ont, les parties contractantes, signé après lecture.

S'il s'agit d'une affaire correctionnelle, après les mots : droits et actions, on ajoutera :

Dans ce cas, le dit sieur . . . . . s'oblige, sous les peines de droit, de comparaître devant l'autorité compétente lorsqu'il en sera légalement requis : à cet effet, et pour plus de sûreté, il a présenté pour sa caution, le sieur . . . . . cultivateur demeurant à . . . . . qui se porte en tout garant pour lui.

Fait double, etc.

Nota. Si, par suite de la décision de l'administration, il y a lieu de restituer une partie des sommes offertes, on pourra se servir de la formule n° 19.

Enregistrement des transactions. Ce que nous avons dit dans ce traité sur le droit d'enregistrement des transactions, ne doit être entendu que pour celles qui stipulent des conditions d'arrangement pour la réalisation desquelles il n'est pas exigé de cautionnement (Circ. n° 1579-1713 et 1802). Mais quand il est nécessaire d'assurer les droits de l'administration par la garantie d'un tiers, la transaction tient, alors, lieu de deux actes essentiellement distincts, et elle est, par suite, passible d'un droit égal à celui auquel auraient été soumis ces actes s'ils eussent été présentés séparément pour l'enregistrement (Circ. manus. Paris, le 20 mars 1840).

N° 14.

MISE EN FOURRIÈRE.

Nous soussigné . . . . receveur des douanes à . . . .
déclarons avoir conduit les . . . . . saisis et retenus par le
rapport rédigé en notre bureau, le . . . . par les préposés
de la brigade de . . . . chez le sieur . . . . aubergiste
à l'enseigne de . . . . à . . . . lequel les a pris à sa
garde et à ses risques et périls après qu'ils ont été estimés par
nous de gré-à-gré à la somme de . . . . et s'est chargé de
les bien nourrir, entretenir et héberger, moyennant la somme
de . . . . par chaque jour, prix ordinaire et débattu entre
nous. Il s'est, en outre, engagé à ne livrer les dits animaux qu'à
notre réquisition.

En foi de quoi nous avons signé, après lecture, le présent acte
qui a été fait double à . . . . . le . . . . . à . . . . .
heures du . . . .

N° 15.

REMISE SOUS CAUTION

des moyens de transport lorsque la main-levée en est accordée après la
clôture du rapport.

L'an . . . le . . . à . . heures du . . . pardevant nous . . . . receveur des douanes à . . . . .

s'est présenté le sieur . . . . demeurant à . . . . qui nous a dit être le propriétaire des . . . . saisis comme ayant servi au transport des marchandises comprises au procès-verbal dressé, à son préjudice, le . . . . au bureau de . . . et qu'il venait en demander la remise sous caution.

Et, de fait, le dit comparant nous a présenté pour caution le sieur . . . . négociant, demeurant à . . . . lequel, ici présent, renonçant au bénéfice de division et de discussion, s'est obligé solidairement avec le dit sieur . . . . au paiement de la somme de . . . . valeur estimative des dits . . . . et au remboursement des frais de fourrière faits jusqu'à ce jour et montant à . . . .

Et à l'instant nous avons fait remettre et délivrer les dits . . . au dit sieur . . . . qui reconnaît les avoir reçus et qui en décharge le sieur . . . . et tous autres qu'il appartiendra.

De tout quoi nous avons dressé le présent en notre bureau des douanes à . . . . les an, mois et jour ci-dessus, et avons signé avec les dits sieurs . . . . après lecture.

N° 16.

REMISE SOUS CAUTION

des objets saisis à domicile.

Nous soussignés . . . . des douanes à . . . . y demeurant, avons remis au sieur . . . . prévenu au rapport dressé le présent jour à son préjudice, sous la caution solidaire du sieur . . . . demeurant à . . . . . les objets ci-après dont la consommation n'est pas défendue dans l'intérieur du royaume, et compris et détaillés au prédit rapport, savoir : . . . . le tout évalué de gré-à-gré à la somme totale de . . . . que le dit sieur . . . . et sa caution promettent et s'engagent de payer, à la première réquisition, entre les mains de Mr . . . . receveur des douanes à . . . . et ce, à peine d'y être contraints par toutes voies de droit.

Fait double à . . . . le . . . . et avons signé, après lecture, chacun en ce qui le concerne.

N° 17.

REMISE SOUS CAUTION

des moyens de transport au moment de la rédaction du rapport.

Je soussigné . . . . . . cultivateur demeurant à . . . . .
prévenu au rapport dressé le . . . . . au bureau de . . . . ,
reconnais que M^r . . . . . receveur des douanes au dit bureau ,
m'a remis les chevaux, voitures, etc. . . . . . saisis comme il
est dit au rapport prérappelé, et estimés à la somme de . . . . .
laquelle somme je m'engage et promets , solidairement avec le sieur
. . . . . cultivateur demeurant à . . . , ma caution, de payer,
entre les mains du dit receveur, aussitôt qu'il en sera ainsi ordonné; à quelle fin et pour lequel engagement le dit sieur . . . . .
a signé avec moi.

Fait à . . . . . . le . . . . .

N° 18.

DÉFICIT SUR DES MARCHANDISES SAISIES,

reconnu après la vente.

Au moment de procéder à la livraison d . . . . . adjugés au
sieur . . . . . comme le constate le procès-verbal de vente auquel le

présent sera annexé, il a été reconnu qu'au lieu de . . . . (*peser ou mesurer*) ainsi que l'indique le rapport de saisie du . . . . cette marchandise ne (*pesait ou ne mesurait réellement*) que . . . . d'où il résulte une différence en moins de . . . . . évaluée proportionnellement à la valeur de . . . .

En conséquence, le receveur et le capitaine de brigades soussignés, certifient que cette différence ne doit être attribuée qu'à . . . . (*une erreur de calcul dans la réduction en mètres, etc., etc.*) puisqu'il est constant que . . . . et que d'ailleurs (*si ce sont des tissus*) les . . . . . pièces qui n'ont pas été dépliées pesaient . . . . comme le rapport de saisie l'indique.

Considérant en outre que la diminution que cette différence fait subir à la valeur des marchandises ne saurait être supportée par l'acquéreur, les soussignés, après avoir pris l'avis de M. l'inspecteur, déclarent que l'adjudication faite au sieur . . . . pour les . . . . sera réduite de . . . . et que l'acte de vente ci-joint ne s'élève plus qu'à la somme de . . . .

A . . . . le . . . .

Nota. Le cas que nous supposons dans le modèle ci-dessus doit se présenter très-rarement, parceque les receveurs doivent prendre avec le plus grand soin le poids ou l'aunage des marchandises dont ils ont à se constituer gardiens.

N° 19.

RESTITUTION PAR SUITE DE TRANSACTION.

En conformité de la décision de l'administration des douanes sous la date du . . . . qui réduit la transaction provisoire passée le . . . . sur la saisie de . . . . constatée le . . . par les employés de . . . . au préjudice de . . . . à l'abandon des marchandises, au remboursement des frais et au paiement d'une somme de . . . . au lieu de celle de . . . . y stipulée, je soussigné . . . . dénommé tant au dit rapport que dans la transaction dont il s'agit, reconnais avoir reçu de M^r . . . . receveur des douanes à . . . . . la somme de . . . . . provenant de la réduction précitée. Dont quittance,

A . . . . le . . . . . 18 . .

Nota. *Ces quittances doivent être visées par l'inspecteur.*

N° 20.

PRÉAMBULES DES RAPPORTS.

1° *Douanes.*

L'an . . . . le . . . . du mois de . . . . à la requête de l'administration des douanes dont le bureau central est à Paris, hôtel du ministère des finances, laquelle fait élection de domicile au bureau de Mr . . . . son receveur . . . . à . . . . y demeurant, chargé des poursuites aux fins du présent (*on peut ajouter s'il y a lieu*) et qui délègue pour plaider pardevant le tribunal (*de paix ou correctionnel*) séant à . . . . . Mr . . . . receveur des mêmes douanes au bureau de . . . où il est domicilié, nous soussignés . . . . . (*Noms, prénoms et qualités des saisissans*) de poste et de résidence à . . . . (*ou bien*) de poste à . . . . et détachés à . . . . certifions . . . .

2° *Contributions indirectes.*

L'an . . . . le . . . . à la requête de M. le Conseiller d'Etat, directeur de l'administration des contributions indirectes, dont le bureau central est à Paris, hôtel du ministère des finances, poursuites et diligences de Mr . . . . . directeur des

dites contributions dans le département de . . . . . demeurant
à . . . . . lequel élit domicile, pour la suite du présent, chez
M^r . . . . . directeur des mêmes contributions pour l'arrondissement de . . . . . . demeurant au dit lieu, nous soussignés, etc.

5° *Postes.*

L'an . . . . . le . . . . en vertu de l'arrêté du 27 prairial an 9, et du décret du 2 messidor an 12, nous soussignés, etc.

N° 21.

CONCLUSIONS

à prendre dans les rapports.

1° *Juge de paix.*

Procédant aux fins de notre présent rapport qui a été rédigé de
suite, nous ci-dessus dénommés et soussignés, avons cité et citons
le dit sieur . . . . prévenu | le dit sieur . . . . et un consort
fugitif que nous n'avons pu connaître, à comparaître demain à . . . .
heures du . . . . . pardevant M. le juge de paix du canton
de . . . . . , au lieu ordinaire de ses séances, pour se défendre tant sur l'application de la peine pécuniaire prononcée par
la loi précitée, que sur la liquidation des dépens (*et, s'il y a injures, opposition, etc.*), comme aussi sur l'application de l'amende
de 550 fr., décime compris, par lui encourue pour les injures qu'il
a proférées contre nous.

2° *Tribunal correctionnel.*

Quand le prévenu est connu.

Procédant aux fins de notre rapport qui a été rédigé de suite, nous préposés susdits et soussignés avons déclaré et déclarons au prévenu . . . . . qu'après affirmation du présent acte, il sera conduit dans la maison d'arrêt de . . . . . où il sera cité, dans la forme et les délais voulus, à comparaître pardevant le tribunal correctionnel séant à . . . . . . pour y entendre prononcer la confiscation des marchandises saisies à son préjudice, *ainsi que celle des moyens de transport*, et s'ouïr, en outre, condamner en l'amende de . . . . pour le délit de douane, *en celle de* . . . *pour opposition à nos fonctions*, et aux dépens, sans préjudice des peines corporelles à requérir par le ministère public, le tout par application de la loi précitée et de l'art. 194 du code d'instruction criminelle.

Quand le prévenu est inconnu.

Procédant aux fins de notre présent rapport rédigé de suite, nous préposés ci-dessus dénommés et soussignés, avons déclaré au prévenu fugitif que l'original de notre procès-verbal sera remis entre les mains de M. le procureur du Roi près le tribunal correctionnel séant à . . . . . lequel est chargé d'y donner les suites nécessaires.

Quand le rapport est rédigé à domicile.

Procédant aux fins du présent rédigé de suite, nous préposés ci-dessus dénommés et soussignés, déclarons au prévenu . . . . . . que l'original de notre rapport sera, après affirmation, remis entre

les mains de M. le procureur du Roi, près le tribunal correction‑
nel séant à . . . . . qui, après l'avoir fait assigner dans les for‑
mes et délais voulus, requerra contre lui les peines édictées par
l'art. 41 de la loi du 28 avril 1816 — et que l'administration des
douanes (*s'il y a eu injures*) se portera partie civile pour obtenir,
pour les injures et l'opposition à nos fonctions, la réparation pro‑
noncée par l'art. 14, tit. 15 de la loi du 22 août 1791, et l'art.
2, tit. 4 de celle du 4 germinal an 2.

Quand le prévenu est mineur.

. . . . et de l'art. 194 du code d'instruction criminelle,
réservant à l'administration tous droits et actions contre le sieur . . . .
cultivateur demeurant à . . . . comme civilement responsable du
fait dudit prévenu, son fils mineur habitant avec lui, aux termes des
art. 1384 du code civile, et 20, tit. 15 de la loi du 22 août
1791.

Nota. *Si le rapport est rédigé à la requête des contributions in‑
directes, les conclusions à prendre sont les mêmes que celles ci‑
dessus.*

N° 22.

CLÔTURE DES RAPPORTS.

Prévenu présent.

Nous avons donné lecture de ce procès-verbal au dit sieur . . . . .
avec interpellation de le signer avec nous, ce qu'il a . . . . . .
et il en a reçu de suite une copie après qu'il a été fait et clos
au bureau des douanes à . . . à . . . heures du . . . des
jour, mois et an précités, et nous avons signé chacun pour ce qui
le concerne.

Prévenu absent.

Vu l'absence continuelle du prévenu quoique dûment sommé d'assister aux opérations et description relatées au présent, nous avons de suite affiché une copie de ce rapport à la porte extérieure et principale de cette douane pour lui servir de citation et de notification.

Fait et clos au bureau de la douane de . . . . à . . . . heures du . . . des jour, mois et an ci-dessus, et avons signé, après lecture, chacun en ce qui le concerne.

Quand l'un des prévenus est absent.

Nous avons donné lecture de notre présent rapport au dit s^r . . . prévenu présent, avec interpellation de le signer, ce qu'il a . . . . et il en a reçu de suite une copie, et, vu l'absence continuelle de son consort inconnu et fugitif, nous avons immédiatement affiché une copie de cet acte, etc.

A domicile.

Fait et clos à . . . heures du . . . des jour, mois et an ci-dessus, au domicile du dit sieur . . . à qui nous avons donné lecture de notre procès-verbal avec interpellation de le signer, ce qu'il a . . . et il en a reçu de suite une copie après que nous avons eu signé avec M^r . . . (*maire ou adjoint*) toujours présent.

Postes.

De tout quoi nous avons dressé le présent procès-verbal pour y être donné suite conformément à l'arrêté du 27 prairial an 9, et nous avons signé avec le sieur . . . . *(dire s'il a refusé ou s'il ne sait pas)*, auquel nous en avons donné copie.

N° 23.

RAPPORT DIVISÉ EN PLUSIEURS CONTEXTES.

1er *contexte.* Attendu l'heure tardive, nous avons notifié au prévenu . . . que nous suspendions la rédaction de notre rapport et que nous nous réservions de continuer cet acte, en ce même bureau, demain à . . . heures du matin, et nous l'avons sommé d'avoir à s'y rencontrer pour être présent à la suite de nos opérations. Nous avons ensuite remis les . . . dans leurs enveloppes primitives que nous avons scellées du cachet dont empreinte est en marge du présent, en présence du dit . . . que nous avons invité à les revêtir aussi du sien, ce qu'il a . . . Dont acte, fait et clos au dit bureau des douanes de . . . à . . . heures du . . . le présent contexte que nous avons signé avec M^r . . . receveur des dites douanes au dit bureau, qui s'est constitué *dépositaire des objets saisis*, et dont nous avons donné lecture au dit . . . qui, interpellé de le signer aussi, a dit . . . et en a reçu de suite une copie.

Si *le prévenu était absent, on en ferait mention, et après les mots:* dépositaire des objets saisis, *on ajouterait:*

Après lecture, et attendu l'absence du prévenu, quoique dûment sommé d'assister à nos opérations, nous avons immédiatement affiché copie du présent à la porte principale de cette douane pour lui servir de notification.

2e *contexte.* Et le . . . . . à . . . heures du . . . . mêmes requête et diligence, par continuation de notre procès-verbal commencé le . . . . nous . . . . . susdits et soussignés, après avoir reconnu . . . .

avec M^r. . . . . . receveur, aussi susqualifié et dénommé, et fait reconnaître au sieur . . . . prévenu présent, ... , ... que les cachets apposés hier, ... sains et entiers, nous avons continué à procéder à la description

en l'absence du prévenu, quoique régulièrement sommé d'assister à cette seconde opération, conjointement avec M^r . . . . . receveur susqualifié et dénommé, ... du courant, étaient

des objets saisis, comme il est dit ci-dessus, au préjudice du dit
sieur . . . . . ainsi qu'il suit, savoir : . . . . . (*Terminer
comme dans un procès-verbal ordinaire*).

N° 24.

DÉPÔT EN DOUANE

des marchandises saisies.

Nous soussignés . . . . . dénommés et qualifiés au procès-
verbal ci-dessus, par continuation de ce même acte et à la même
requête, nous sommes immédiatement rendus au bureau de la douane
de . . . . . le plus prochain, avec les marchandises détaillées
au dit rapport et saisies comme il y est dit; y étant arrivés à . . . .
heures du . . . . . nous les avons remises à M^r . . . . . .
receveur des dites douanes au dit bureau de . . . . . y demeurant, qui, de son côté, a reconnu . . . .
en présence du prévenu qui, sur | en l'absence du prévenu, quoique
notre sommation, nous a accom- | régulièrement sommé d'être pré-
pagnés, ... | sent à ce dépôt. . . . . . .
que les cachets par nous apposés sur les . . . . . étaient sains
et entiers, et s'est constitué dépositaire des marchandises y renfermées après s'être assuré qu'elles étaient en tout conformes à celles
décrites en notre rapport, et après que nous les avons eu remises
dans leurs enveloppes primitives.
Nous avons donné lecture de cet | Vu l'absence continuelle du sieur
acte complémentaire au dit . . . | . . . . . nous avons immédia-
qui, interpellé de le signer, | tement affiché une copie de cet
à . . . . . et il en a reçu | acte complémentaire à la porte
de suite une copie . . . . . | principale de cette douane . . .
Fait et clos au bureau des douanes de . . . . . à . . . . .
heures du . . . . . du mois de . . . . de l'année . . .
et avons signé chacun en ce qui le concerne.

N° 25.

CIRCULATION.

Suspicion de fraude.

Certifions que, le présent jour, à . . . . heures du . . . . le sieur . . . . . demeurant à . . . . . s'est présenté en ce bureau et nous a requis de lui délivrer un passavant pour l'obtention duquel il a fait et signé la déclaration suivante qui a été de suite enregistrée sous le n° . . . . . . (*Teneur de la déclaration*).

L'air gêné et les paroles embarrassées de ce particulier ayant fait naître en nous des soupçons, nous nous sommes incontinent rendus avec lui à . . . . . où, d'après ses dires, devaient exister les . . . . . qu'il se propose de mettre en circulation, mais nous n'y avons rien trouvé, fait sur lequel le dit . . . . . n'a pu s'expliquer. Vu sa contravention à l'art. 2 de la loi du 19 vendémiaire an 6, nous lui avons déclaré que nous allions en rédiger rapport au bureau de la douane de . . . . . le plus prochain, et nous l'avons sommé d'assister à la rédaction de cet acte, ce qu'il a . . . . . L'infraction par lui commise donnant lieu aux poursuites et condamnations civiles voulues par l'art. 6 de la loi précitée, nous l'avons cité et le citons à comparaître . . . . . . le . . . . . pardevant M. le juge de paix, etc.

N° 26.

CIRCULATION.

Simulacre.

Certifions que vers les . . . . . heures du . . . . de cejourd'hui, un marchand colporteur, nommé . . . . . demeurant à . . . . . chargé de . . . . . s'est présenté en cette douane pour y faire la déclaration d'un chargement aux fins d'obtenir un passavant. Cette déclaration, ainsi conçue . . . . . . est signée, *ne varietur,* par nous et le prévenu, et annexée au présent.

Voulant procéder, en présence du dit sieur . . . . . à la vérification des marchandises y désignées, nous avons fait ouvrir . . . . . qu'il nous disait renfermer . . . . . mais nous n'y avons trouvé que de la paille. Nous lui avons alors fait observer qu'il venait de tenter de surprendre notre bonne foi en nous présentant un simple simulacre sans valeur aucune, et vu, d'une part, sa contravention à l'art. 15, § 2 de la loi du 7 juin 1820, et attendu, d'autre part, qu'il n'a pu nous fournir une caution, nous l'avons traduit à l'instant même pardevant M. le procureur du Roi près le tribunal correctionnel séant à . . . . . (*ou pardevant M. le juge de paix du canton de* . . . . .) qui le fera conduire devant M. le juge d'instruction près le dit tribunal, lequel décidera s'il a lieu de s'assurer de sa personne et de décerner contre lui un mandat de dépôt pour garantir le paiement de l'amende de 550 fr., décime compris, par lui encourue aux termes de la dite loi.

Nous lui avons donné lecture, etc.

N° 27.

CIRCULATION.

Bestiaux.

Certifions que, le présent jour, étant, pour l'exercice de nos fonctions, à . . . . . distant de l'Etranger de . . . . . kilomètres environ, nous avons vu, vers les . . . heures du . . . . deux individus à nous inconnus qui poussaient devant eux . . . . et qui suivaient un chemin longeant la frontière. Nous étant approchés d'eux en leur déclinant nos qualités, nous leur avons demandé d'où provenaient ces bestiaux, à quel endroit ils les conduisaient et s'ils avaient des expéditions de douane autorisant leur trans-

port. Ils nous ont répondu se nommer, l'un . . . . . l'autre
. . . . . tous deux cultivateurs demeurant à . . . . , que
depuis longtems ces bestiaux étaient à eux, et que, venant de les
faire pâturer, ils n'avaient besoin d'aucune expédition. Ces dires ne
nous paraissant pas véridiques, et attendu leur contravention à l'article 7 de l'ordonnance du 28 juillet 1822, nous leur avons, par
application des art. 15 et 16, tit. 3 de la loi du 22 août 1791,
déclaré la saisie de ces . . . . . pour cause de circulation défendue dans les deux kilomètres et demi de la frontière, et nous
les avons sommés de venir avec nous au bureau des douanes à
. . . . . le plus prochain, où nous allions rédiger notre rapport et
où nous nous proposions, d'ailleurs, de vérifier si ces bestiaux étaient
réellement pris en charge sur leur compte ouvert établi au dit bureau. Ils ont . . . . . à nous suivre. Arrivés à la dite douane
à . . . . . heures du . . . . de ce jour, et ayant, par
suite de vérification, acquis la conviction que ces . . . . . ne
figuraient point sur leur dit compte, nous avons persisté dans notre
saisie, et puis, conjointement avec Mʳ . . . . . receveur des
douanes au dit bureau de . . . . y demeurant, et en la . . .
des deux prévenus, nous avons, ainsi qu'il suit, pris le signalement de ces pièces de bétail : 1ᵒ . . . et après cette description, nous les avons laissées à la charge du dit sieur . . . .
receveur, susdénommé, qui s'en est constitué gardien et qui en
constatera la mise en fourrière par un acte qui sera annexé au
présent.

Procédant, etc.

N° 28.

CIRCULATION

d'objets non prohibés.

Certifions que, ce présent jour, étant de service à l'endroit appelé . . . . . à la distance de l'Étranger d'environ . . . .
kilomètres, nous avons vu, vers les . . . heures du . . . .
un homme qui conduisait une voiture attelée d'un cheval et qui se
dirigeait vers le village de . . . . . Présumant qu'il conduisait

des objets de fraude, nous nous sommes approchés de lui en lui déclinant nos qualités, et nous lui avons demandé de quoi se composait son chargement. Sur ses réponses élusives, nous avons visité sa voiture et nous avons reconnu qu'il transportait . . . . . pour la circulation de laquelle marchandise

il nous a présenté un . . . . . . délivré le . . . . . sous le nº . . . . . à la douane de . . . . . Nous lui avons fait remarquer d'abord qu'il ne suivait pas le chemin tracé, qu'il avait négligé de requérir le visa au bureau de . . . . et que, du reste, le délai porté sur cette expédition, était périmé de . . . . ce qui la rendait inapplicable,   il n'a pu nous représenter aucune expédition de douane . . . .

Vu sa contravention aux art. 6 et 7 de l'arrêté du 22 thermidor an 10, et aux art. 15 et 16, tit. 3 de la loi du 22 août 1791, nous lui avons déclaré la saisie des dites marchandises, pour cause de circulation défendue, et nous l'avons sommé de se rendre de suite avec nous au bureau des douanes à . . . le plus prochain, pour être présent à la description que nous en allions faire, ce à quoi il . . . . . Arrivés au dit bureau à . . . . . heures du . . . . de ce-jourd'hui, nous avons, conjointement avec Mr . . . . receveur des dites douanes demeurant au dit lieu de . . . . . et en présence du prévenu qui nous a dit se nommer . . . . cultivateur demeurant à . . . *ou bien:* et en l'absence du prévenu qui, malgré notre sommation, a refusé de nous suivre, et qui nous a dit être le nommé . . . . . reconnu que l'objet de notre saisie consistait en . . . . . que nous avons laissés à la charge de notre dit sieur . . . . . susqualifié, qui s'en est constitué gardien après que nous les avons eu scellés du cachet dont l'empreinte est en marge du présent : invité à y mettre aussi le sien, le prévenu (*s'il est présent*) à . . . .

Procédant, etc.

Nº 29.

CIRCULATION DE TABAC, POUDRES, CARTES

ou boissons, avec moyens de transport.

(*Contributions indirectes*).

L'an . . . . . le . . . . certifions que, le présent jour, étant en surveillance à . . . . . . à la distance de l'Etranger d'environ . . . . kilomètres, nous avons vu, vers les . . . . . . heures du . . . . le sieur . . . . . journalier demeurant

à . . . . . qui conduisait une voiture attelée d'un cheval et qui
suivait la route de . . . . . à . . . . . Lui ayant aussitôt
exhibé nos commissions, nous lui avons demandé ce qu'il conduisait
et s'il avait une expédition en due forme. Il nous a répondu qu'il
transportait . . . . . mais qu'il avait oublié de se munir du
titre nécessaire pour en autoriser la circulation. Vu sa contravention.

Tabacs.	*Poudre.*	*Cartes.*	*Boissons.*
à l'art. 222 de la loi du 28 avril 1816,	à l'art. 50 de la loi du 13 fructidor an 5,	à l'art. 166 de la loi du 28 avril 1816,	à l'art. 17 de la loi du 28 avril 1816,

nous lui avons déclaré la saisie de la dite marchandise pour cause
de circulation défendue (*et si ce sont des tabacs, de la poudre ou*
des cartes), ainsi que l'arrestation de sa personne, conformément à
la dite loi. Puis, sur notre sommation, il s'est immédiatement rendu
avec nous au bureau de la douane de . . . le plus prochain,
où, arrivés à . . . . . heures du . . . de ce jour, nous
avons, en sa présence, et conjointement avec M^r . . . receveur des dites douanes au dit bureau, y demeurant, reconnu que
l'objet de notre saisie consistait en . . . .

Tabacs, poudres et cartes.	*Boissons.*
lesquelles marchandises nous avons remises en . . . . . que nous avons cacheté du sceau dont l'empreinte est en marge du présent, et laissées, en cet état, à la charge de notre dit sieur . . . . . susqualifié, qui s'en est constitué gardien	nous lui en avons de nouveau déclaré la saisie, et attendu qu'il n'a pu nous fournir de caution solvable pour garantir l'amende par lui encourue . . . .

Nous lui avons également déclaré la saisie du cheval et de la voiture ayant servi au transport, et nous en avons, toujours en sa
présence, pris le signalement ainsi qu'il suit : . . . . . desquels
moyens de transport évalués de gré-à-gré à la somme de . . .
nous lui avons offert main-levée sous caution solvable, ou en en consignant la valeur, ce qu'il a . . . .

S'il accepte :	*Boissons ; s'il refuse :*
et de suite nous lui en avons fait la remise, ce que nous avons constaté par un acte qui sera annexé au présent	et de suite nous avons laissé les dites boissons à la charge de notre dit sieur . . . . . susqualifié, qui s'en est constitué gardien et nous avons mis en fourrière les dits moyens de transport chez le s^r . . . ce que nous avons constaté par acte séparé du présent . . . .
S'il refuse :	
et de suite nous avons mis en fourrière chez le sieur . . . aubergiste à . . . . . les dits moyens de transport, ce que nous avons constaté par acte qui sera annexé au présent	

Procédant, etc.

N° 3o.

des marchandises prohibées.

Certifions que, ce-jourd'hui, étant, pour l'exercice de nos fonctions, au lieu dit . . . . à la distance de l'Etranger d'environ
. . . kilomètres, nous avons vu, vers les . . . . . heures
du . . . . venir de ce côté et se diriger vers l'intérieur du
royaume par des chemins détournés, deux individus que nous avons
arrêtés après leur avoir fait connaitre nos qualités, et qui portaient
chacun une charge de . . . pour lesquels objets ils n'avaient
aucune expédition de douane. Cette marchandise étant prohibée à
l'entrée du royaume (*ou bien : étant prohibée par cette partie de la
frontière*), nous leur en avons déclaré la saisie pour cause d'importation frauduleuse, ainsi que l'arrestation de leurs personnes, en
conformité de l'art. 41 de la loi du 28 avril 1816, et, avec eux,
nous nous sommes de suite rendus au bureau des douanes à . . . .
le plus prochain, où nous avons, conjointement avec M^r . . . . .
receveur des dites douanes au dit bureau de . . . y demeurant,
et en présence des deux prévenus qui nous ont dit se nommer,
l'un . . . . l'autre . . . . tous deux journaliers demeurant à . . . .
reconnu que l'objet de notre saisie consistait en . . . . pesant
net . . . et brut . . . Nous avons remis les dites marchandises dans
leurs enveloppes primitives sur lesquelles nous avons apposé le sceau
dont empreinte est en marge du présent, en invitant les prévenus
à y mettre aussi le leur, ce qu'ils ont . . . et, en cet état, nous
les avons laissées à la charge de notre dit sieur . . . susqualifié,
qui s'en est constitué dépositaire.

Procédant, etc.

S'il y avait des moyens de transport :

. . . . . *qui s'en est constitué dépositaire :* nous avons également
déclaré au dit . . . . la saisie de . . . . comme ayant servi au

transport des dites marchandises, et nous en avons, toujours en sa pré ence, ainsi qu'il suit fait la description . . . Nous lui en avons offert main-levée sous caution solvable, ou en consignant la valeur, ce qu'il a . . . .

et de suite nous lui en avons fait la remise, ainsi qu'il en conste par l'acte annexé au présent, moyennant la somme de . . . . valeur estimative des dits moyens de transport . . . .

et de suite nous les avons mis en fourrière chez le sieur . . . aubergiste à . . . qui s'est obligé, à ses risques et périls, de les représenter lorsqu'il en sera requis par qui de droit, ce que nous avons constaté par acte séparé du présent.

N° 3r.

IMPORTATION

Tentative de fraude à l'aide d'une pièce fausse, altérée ou surchargée.

Certifions que, ce présent jour, à . . . heures du . . . . étant, pour l'exercice de nos fonctions, au lieu dit . . . commune de . . . à la distance de l'Etranger d'environ . . . kilomètres, nous avons vu venir, vers la dite heure, sur la route qui conduit de . . . à . . . un individu que nous avons abordé en lui déclinant nos qualités, et qui, sur nos interpellations, nous a présenté un passavant qu'il nous a dit accompagner la marchandise qu'il portait dans une balle . . . Au vu de cette pièce, nous avons de suite procédé à la vérification de la dite marchandise, et nous avons trouvé qu'elle était la même que celle décrite sur le dit passavant qui lui a été délivré par la douane de . . . . le . . . . à . . . heures du . . . sous le n⁰ . . . et qui est ainsi conçue : . . . Mais examinant ce passavant avec la plus grande attention, nous avons remarqué à la . . . ligne, qu'on avait gratté et effacé quelques mots à la place desquels on en avait adroitement substitué d'autres qui, tracés avec de l'encre un peu moins noire que celle que l'on aperçoit dans tout le corps de cette expédition, nous ont semblé écrits d'une main autre que celle qui avait tracé tout le reste de l'écriture. Voulant éclaircir les doutes qu'une semblable remarque nous avait suggérés, nous nous sommes assurés de la personne

. de ce marchand qui nous a dit se nommer . . . . . négociant demeurant à . . . . . ainsi que l'indique aussi le passavant ci-dessus transcrit, et nous nous sommes immédiatement rendus à la douane de . . . . . bureau le plus prochain, où l'expédition en question a été délivrée et nous avons gardé à vue le dit s^r . . . . Là, confrontant le volant que nous tenions en nos mains avec la souche de laquelle il a été détaché et qui porte ce qui suit : . . . nous avons acquis la conviction que le prévenu avait effectivement altéré le passavant dont il était détenteur, et qu'aux mots . . . qui se trouvent à la . . . . ligne, lesquels il avait fait disparaî-tre, il avait substitué ceux-ci : . . . . . d'où il résulte, avec la plus grande évidence, qu'au crime de faux dont il venait de se ren-dre coupable, le s^r . . . . . tentait d'ajouter le délit d'impor-tation frauduleuse de . . . . . Nous avons fait part à ce parti-culier, présent à nos opérations, du résultat de notre vérification, en le sommant d'avoir à s'expliquer sur ces deux faits, mais il ne nous a répondu que par ces mots : je suis perdu !

Vu, d'une part, sa contravention à l'art. 41 de la loi du 28 avril 1816, nous lui avons déclaré la saisie des . . . . que nous avons reconnu, en sa présence, et conjointement avec M^r . . . receveur des dites douanes au prédit bureau de . . . y demeu-rant, consister en . . . sur lesquels nous avons apposé le ca-chet dont empreinte est en marge du présent, le prévenu ayant refusé d'y mettre aussi le sien, et que nous avons laissés à la charge et garde du dit s^r . . . . . susqualifié : et, attendu, d'autre part, que le dit s^r . . . . . s'est rendu coupable du crime de faux en altérant l'expédition qui lui a été délivrée le . . . par la douane de . . . . . nous lui avons déclaré l'arrestation de sa personne en lui notifiant que nous allions le remettre entre les mains de M. le procureur du Roi près le tribunal correctionnel séant à . . . . . qui dirigera contre lui les poursuites voulues et par l'art. 41 de la loi d'avril précitée, et par l'art. . . . . du code pénal.

Nous avons, toujours en sa présence, signé et paraphé *ne varietur* le susdit passavant que nous avons annexé au présent rapport ré-digé de suite. Sommé de signer avec nous la dite pièce, le pré-venu . . . . .

Nous lui avons donné lecture, etc.

N° 32.

IMPORTATION.

Chevaux introduits dans une maison par des fraudeurs poursuivis.

Certifions que, le jour d'hier, vers les . . . . heures du . . . .
étant en surveillance au lieu dit . . . . . distant de l'Etranger
d'environ . . . . kilomètres, nous avons vu, vers la dite heure,
venir du côté de l'extrême frontière, et se diriger contre l'Intérieur, trois individus conduisant en laisse chacun un cheval. Ne
doutant point qu'ils consommaient une importation en fraude des
droits, nous avons de suite, par des coups de feux, appelé nos
camarades à notre secours, et nous avons suivi, mais en les per-
dant momentanément de vue, ces trois particuliers jusqu'à l'entrée
du village de . . . . . situé dans le rayon, où s'étaient rendus,
par suite de notre appel, les nommés . . . . préposés des mêmes
douanes des poste et de résidence à . . . . lesquels sont arrivés
assez à tems pour voir les chevaux dont il s'agit pénétrer dans les
étables de la maison habitée par le sieur . . . . Nous étant tous
réunis, nous avons gardé les issues de la dite maison, et à . . . .
heures du matin de ce présent jour, assistés de M^r . . . . . .
maire de la commune de . . . . . dont nous avions requis l'assistance, nous sommes entrés au domicile du dit sieur . . . . .
à qui, nos qualités déclinées, nous avons manifesté l'intention d'entrer dans ses écuries pour y reconnaître les chevaux qui, la veille,
y avaient été introduits. De suite il s'est rendu à notre invitation,
et, avec lui et M^r . . . maire, nous avons, en effet, trouvé,
parmi d'autres, les trois chevaux en question, qui, à la vérité,
étaient attachés à la crèche, mais dont les pieds et le ventre, encore humides, étaient couverts de fange et de boue, ce que nous
avons fait remarquer au dit sieur . . . qui, pour toute réponse,
s'est borné à nous dire que ces animaux étaient à lui depuis long-
tems. Tandis que M. le maire et . . . . (*deux préposés*) gar-
daient les issues de l'étable, nous . . . avons de suite remonté
le chemin par où les chevaux étaient arrivés, et nous avons parfaitement reconnu, sur les endroits où le terrain est humide ou mar-

neux, les traces de ces dits chevaux, traces qui nous ont conduit de l'habitation du dit sieur . . . jusqu'à la frontière où nous les avons encore retrouvées au moment même où la limite a été franchie. Certains alors que le sieur . . . avait réellement consommé ou fait consommer l'entrée, en fraude des droits, de ces trois chevaux, nous sommes revenus à son étable, où, conjointement avec nos camarades . . . , nous lui en avons, tous ensemble, déclaré la saisie pour cause d'introduction au mépris des droits, au vœu de la loi du 4 germinal an 2, tit. 3, art. 4 et 5, et de celle du 22 août 1791, tit. 2, art. 1er, et puis, en sa présence, et en celle de Mr . . . maire, nous en avons pris le signalement comme suit : . . . Nous lui avons déclaré que nous allions conduire les dits chevaux au bureau de la douane de . . . le plus prochain, et que Mr . . . receveur des mêmes douanes au dit bureau de . . . y demeurant, les prendrait à sa charge et s'en constituerait gardien après en avoir fait lui-même la reconnaissance. Sommé de nous accompagner à la dite douane pour assister à ce dépôt, le prévenu a . . . comme aussi il a refusé la mainlevée sous caution solvable, ou en consignant la valeur, que nous lui avons offerte des dits chevaux.

Procédant, etc.

Voir, pour l'acte de dépôt, le modèle n° 24.

N° 33.

IMPORTATION.

Saisie hors du rayon sur des fraudeurs poursuivis à vue.

Certifions que, le jour d'hier, à environ les . . . heures du . . . étant, pour l'exercice de nos fonctions, au lieu dit . . . . distant de l'Étranger d'à peu près . . . kilomètres, nous avons vu, vers la dite heure, plusieurs individus qui, venant du côté de la frontière, se dirigeaient vers l'Intérieur, et semblaient chargés chacun d'un ballot. Nous nous sommes dirigés vers eux en leur déclinant nos qualités ; mais, à notre vue, ils ont pris la fuite emportant avec eux les objets dont ils tentaient l'introduction. Alors nous nous sommes mis à leur poursuite, et les avons suivis, sans interruption, et sans divertir à d'autres actes, tantôt à vue, tantôt au bruit qu'ils faisaient en fuyant, jusqu'à la forêt dite . . . située sur la commune de . . . et éloignée du rayon de plus de . . . kilomètres. C'est à ce point seulement, qu'après plus de . . . heures de marche forcée, nous avons pu les joindre. Nous trouvant de nouveau en leur présence, nous leur avons décliné de rechef nos qualités, et nous sommes parvenus a en arrêter . . . et à nous rendre maîtres de . . . ballots de . . . Ces marchandises étant prohibées à l'entrée du royaume et pouvant être saisies à quelque distance qu'elles puissent être arrêtées dans l'Intérieur, d'après les art. 56, tit. 13 de la loi du 22 août 1791, et 59 de celle du 28 avril 1816, nous en avons déclaré la saisie tant aux prévenus fugitifs qu'à ceux restés en notre pouvoir, pour cause d'importation frauduleuse, comme aussi nous avons déclaré à ces derniers l'arrestation de leurs personnes, le tout au vœu de l'art. 41 de la loi d'avril 1816, précitée, et, avec eux et l'objet de notre saisie, nous nous sommes rendus au bureau de la douane de . . . le plus prochain, où, arrivés à . . . heures du . . . de ce jourd'hui, nous avons, en la présence des dits prévenus arrêtés qui nous ont dit se nommer l'un . . . l'autre, etc.

N° 34.

IMPORTATION.

Saisie, hors du rayon, de marchandises introduites dans une maison

par des fraudeurs poursuivis.

Certifions que, ce-jourd'hui, étant en service à . . . distant de l'Etranger d'environ . . . kilomètres, nous avons aperçu, vers les . . . heures du . . . venant du côté de la Suisse et se dirigeant vers l'Intérieur, . . . individus chargés de chacun un . . . et qui ont pris la fuite en nous voyant courir après eux. Les ayant vivement poursuivis sans interruption et sans les perdre de vue, nous les avons suivis en pleine campagne pendant plus de . . . heures, jusqu'au moment où, fatigués de leur course, ils se sont jetés précipitamment dans le village de . . . commune de . . . situé à près de . . . kilomètres, hors du rayon. Y étant arrivés presqu'en même tems qu'eux, nous les avons vus s'introduire, avec leurs charges, dans une des maisons de ce village où nous sommes entrés un instant après eux, accompagnés de M^r . . . maire de la dite commune, dont nous avions requis l'assistance, à l'effet d'y faire la recherche des objets que nous y avions vu introduire. Déclaration faite de nos qualités au maitre de la maison que nous a dit se nommer . . . nous l'avons sommé de nous accompagner dans notre perquisition, ce à quoi il a consenti, et, avec lui et M^r . . . maire, passant dans . . . nous avons trouvé . . . ballots, dont il nous a dit ignorer le contenu et la provenance, et pour lesquels il n'a pu nous représenter d'expédition de douane délivrée dans le jour et autorisant leur transport dans le rayon des frontières. Ne doutant point que ces ballots ne fussent les mêmes que ceux que, tout à l'heure, nous avions vu introduire dans son habitation, nous avons procédé à leur vérification et à la description des objets qu'ils renfermaient, toujours en sa présence et en celle de M^r . . . maire, et nous avons reconnu que le premier marqué . . . contenait . . . et pesait . . . etc., nous avons ensuite évalué. de gré à gré, à la somme totale de . . . la valeur de ces marchandises, et attendu qu'elles sont prohibées à l'entrée, nous en avons déclaré la saisie au dit sieur . . . avec sommation d'avoir à nous accompagner au bureau des douanes de . . . le plus prochain, où nous allions les remettre entre les mains de M^r . . . receveur des dites douanes au dit bureau, y demeurant, qui s'en constituerait gardien, ce à quoi il . . . Nous avons ensuite remis les dites marchandises dans leurs enveloppes primitives que nous avons ficelées et scellées du cachet dont empreinte est en marge du présent: sommé d'apposer aussi son cachet sur les dites enveloppes, le prévenu nous a dit n'en point avoir.

Procédant, etc.

N° 35.

IMPORTATION.

Bêtes à laine.

Certifions que, ce-jourd'hui, nous trouvant, pour l'exercice de nos fonctions, au lieu dit . . . . distant de la frontière d'environ . . . kilomètres, et de . . . kilomètres du bureau de . . . premier bureau d'entrée, nous avons vu, vers les . . . . . heures du . . . du dit jour, venir du côté de l'Etranger et se diriger vers l'Intérieur, un troupeau de bêtes à laine conduit par . . . individus. Ayant remarqué que ce troupeau, au lieu d'être dirigé sur le dit bureau de . . . prenait une direction opposée et ne suivait aucun chemin, et que les conducteurs cherchaient à contourner et contournaient en effet le susdit bureau , ...

| nous nous sommes approchés d'eux , | nous les avons suivis, sans interruption et sans les perdre de vue, jusqu'au lieu dit . . . . où nous les avons arrêtés . . . . |

Et nous leur avons déclaré nos qualités en les interpellant de nous dire leurs noms, professions, demeures, d'où ils venaient, où ils allaient, à qui appartenait le troupeau qu'ils conduisaient , et s'ils avaient l'acquit-à-caution qui doit toujours accompagner les bêtes à laine qui paissent ou qui se trouvent en avant des premiers bureaux du côté de la frontière. Ils nous ont répondu . . . .

| Attendu qu'ils n'ont pu nous représenter aucune expédition . . . . . . | Attendu que l'expédition qu'ils nous ont représentée est valable seulement pour un pacage déterminé et ne les autorise pas à passer du territoire situé en avant des premiers bureaux d'entrée dans l'Intérieur. . . . . |

nous leur avons déclaré la saisie des bêtes à laine qu'ils conduisaient, en les sommant de nous accompagner au bureau de . . . . . le plus prochain, pour y procéder à une vérification détaillée. Y étant arrivés à . . . heures du . . . de ce même jour, nous avons, conjointement avec M^r . . . receveur des mêmes douanes.

au dit bureau de . . . . y demeurant, et en présence des dits . . . . . immédiatement reconnu . . . . béliers . . . . brebis . . . agneaux, dont la laine a moins de . . . mois, de croissance, et tous de race étrangère. Vu l'art. 84, tit. 5 de la loi du 8 floréal an 11, qui étend aux deux myriamètres limitrophes la profondeur du rayon des douanes, vu la contravention à l'art. 2 de l'arrêté du 25 messidor an 5, et aux art. 1 et 2, tit. 2 de la loi du 22 août 1791, 4 et 5, tit. 5 de celle du 4 germinal an 2, nous avons de rechef déclaré aux dits . . . . . la saisie des . . . bêtes à laine suivant le dénombrement et la description mentionnés ci-dessus, et nous leur en avons sur-le-champ offert main-levée sous caution solvable ou en consignant la valeur . . . .

comme ils n'ont pu réaliser la valeur de ces bêtes à laine estimée de gré-à-gré à la somme de . . . ni fournir caution solvable, nous les avons mises, suivant l'acte annexé au présent, en fourrière chez le s^r . . . aubergiste à l'enseigne de . . . demeurant à . . . qui s'en est chargé, à ses risques et périls, moyennant le salaire de . . . . par chaque jour.

ce qu'ils ont accepté, et de suite, ils ont consigné entre les mains du dit sieur . . . receveur, la somme de . . . à laquelle les bêtes à laine ont été évaluées de gré-à-gré, *ou*, ont offert pour caution de la somme de . . . à laquelle le troupeau a été évalué, le sieur . . . . demeurant à . . . reconnu solvable, qui a souscrit un cautionnement qui sera annexé au présent.

Procédant, etc.

N° 36.

Denrées non prohibées.

Certifions que, ce présent jour, étant de surveillance au lieu dit . . . situé entre le bureau des douanes établi à . . . et l'Etranger, nous avons vu, vers les . . . heures du . . . se dirigeant de ce dernier côté, un individu qui suivait un sentier détourné de la route et qui nous a semblé chargé de quelque objet de fraude. L'ayant aussitôt arrêté, nous lui avons exhibé nos commissions, et, procédant à la visite de sa personne, nous avons trouvé, sous son sarrau, . . . pour la sortie de laquelle marchandise il n'a pu nous représenter aucune expédition de douane.

Vu sa contravention à l'art. 5, tit. 2 de la loi du 22 août 1791, et à l'art. 4, tit. 5 de celle du 4 germinal an 2, nous lui en avons déclaré la saisie pour cause d'exportation illicite, et nous l'avons sommé de se rendre avec nous au bureau de la douane de . . . . . le plus prochain, pour assister à la description que nous allions y faire de la marchandise saisie à son préjudice; il s'y est refusé, *ou bien*, il y a consenti, et nous a déclaré, sur nos interpellations, se nommer . . . . . journalier, demeurant à . . . . . Nous étant rendus immédiatement au dit bureau, nous avons, conjointement avec M^r . . . . . receveur susqualifié et dénommé, et en l'absence, *ou*, la présence du dit sieur . . . . . prévenu, que l'objet de notre saisie consistait en . . . . . que nous avons remis dans l'enveloppe qui le contenait, sur laquelle enveloppe nous avons apposé le cachet dont empreinte est en marge du présent, et, en cet état, nous l'avons laissé à la garde de notre dit sieur . . . receveur, qui s'en est constitué dépositaire. Invité à mettre aussi son cachet sur la dite enveloppe, le prévenu a dit n'en point avoir.

Procédant, etc.

N° 37.

EXPORTATION.

Marchandises prohibées. Saisie des moyens de transport.

Certifions que, vers les . . . . . heures du . . . . . de ce-jourd'hui, étant en service en lieu dit . . . . . situé entre le bureau des douanes établi à . . . . . et l'Étranger, nous avons aperçu un individu qui, suivant un chemin détourné, chassait devant lui un cheval attelé à une voiture. Soupçonnant que cet homme tentait d'exporter des marchandises au mépris des lois, nous nous sommes mis à sa poursuite et nous l'avons atteint à l'instant même où il allait franchir la limite. Nos qualités préalablement déclinées, nous avons procédé à la visite de sa voiture sur laquelle nous avons trouvé . . . . pour l'exportation de laquelle marchandise il n'avait aucune expédition de douane. Vu sa contravention.

Ecorces à tan.	*Chiffons.*	*Denrées, etc.*
au décret du 16 nivose an 2, ...	au décret du 5 avril 1793, art. 1er, ...	à la loi du 22 août 1791, tit. 5, art. 3, et à celle du 4 germinal an 2, tit. 2, art. 10,

nous lui en avons déclaré la saisie pour cause d'exportation défendue, en même tems que la confiscation du cheval et de la voiture servant au transport, et nous l'avons sommé de nous suivre au bureau de la douane de . . . . le plus prochain, où nous allions rédiger notre rapport; il y a consenti, et nous a dit se nommer . . . . cultivateur demeurant à . . . . Y étant arrivés à . . . . heures du . . . . de ce présent jour, nous avons, en sa présence, et conjointement avec M^r . . . . receveur, susdénommé, reconnu que l'objet de notre saisie consistait en . . . . que la voiture était à . . . roues, peinte en . . . . usagée, valeur . . . . et que le cheval était hongre, âgé de . . . poil . . . taille de . . . . Nous avoir remis la dite marchandise dans son enveloppe primitive sur laquelle nous avons apposé le cachet dont empreinte est en marge du présent, en invitant le prévenu à y mettre aussi le sien, ce qu'il a refusé de faire, et, en cet état, nous l'avons laissée à la charge de notre dit sieur . . . . . susqualifié, qui s'en est constitué gardien. Nous avons offert au prévenu main-levée, sous caution solvable ou en consignant la valeur, des dits moyens de transport que nous avons évalués de gré-à-gré à la somme de . . . il a accepté, et il a présenté de suite pour caution de la dite somme le sieur . . . . qui a souscrit un engagement dont l'acte sera annexé au présent.

Procédant, etc.

N° 38.

Objets prohibés, dépôt au bureau, injures.

Certifions que, le présent jour, à . . . . heures du . . . . étant informés qu'il existait un entrepôt frauduleux chez le s^r . . . . négociant, demeurant à . . . . . nous avons requis l'assistance de M^r . . . . adjoint au maire de la dite commune de . . . . en l'absence de ce dernier, et nous nous sommes transportés au domicile du dit sieur . . . . . à qui nous avons décliné nos qualités et fait connaître l'intention où nous étions de faire des recherches chez lui. Ce particulier s'est opiniâtrément opposé à nos perquisitions et nous a même injuriés. Mais la loi du 22 août 1791, par son art. 56 du titre 15, et celle du 28 avril 1816, par son art. 60 du tit. 6, nous autorisant à passer outre, nous avons, avec M^r . . . . . . adjoint, pénétré dans . . . . . où nous avons découvert, dans une cache pratiquée dans le mur et recouverte par . . . . qui la masquait, . . . ballots de tissus. Ces marchandises étant prohibées à l'entrée, et leur entrepôt étant interdit par les art. 58 et 59 de la prédite loi de 1816, nous sommes revenus près le dit sieur . . . . qui avait refusé de nous accompagner, et nous lui en avons déclaré la saisie pour cause de détention non autorisée. Alors cet individu s'est répandu contre nous en invectives, et, nous traitant de gueux, de canailles et de voleurs, nous a dit que si nous ne nous dépêchions de sortir de sa maison, il allait nous en faire chasser par ses gens que déjà il appelait à son secours. Ne pouvant rester plus long-tems chez ce particulier, sans compromettre notre propre sûreté, nous lui avons déclaré que nous allions nous retirer au bureau de la douane de . . . . . . le plus prochain, pour y rédiger notre procès-verbal, et nous l'avons sommé d'avoir à s'y trouver avec nous pour assister à la description que nous nous proposions d'y faire des marchandises trouvées chez lui et saisies à son préjudice. A notre sommation il n'a répondu que par ces mots : Vous êtes des fripons et des voleurs, etc. Nous sommes alors partis en lui notifiant que nous prenions acte de ses injures dont nous rédigerions également rapport, et que nous allions déposer l'objet de sa contravention entre les mains de M^r . . . . receveur des douanes au dit bureau de . . . . . . qui s'en constituerait gardien. Sommé une seconde fois de nous suivre, il nous a envoyés à tous les diables.

En conséquence, étant arrivés au dit bureau à . . . . . heures du . . . . . de ce-jourd'hui, nous avons, conjointement avec notre dit sieur . . . . susqualifié, en présence de M^r . . . adjoint, et en l'absence du prévenu . . . . reconnu que les . . . ballots par nous saisis étaient marqués le premier . . . le second, . . . renfermaient l'un . . et pesaient . . . après les avoir recouverts de leurs enveloppes que nous avons scellées du cachet de l'un de nous, nous les avons laissés à la charge du dit sieur . . . qui s'en est constitué dépositaire et gardien.

Procédant, etc.

N° 39.

Objets non prohibés, main-levée.

Certifions que, ce-jourd'hui, vers les . . . heures du . . .
étant accompagnés de M^r . . . maire de la commune de . . .
peuplée de moins de 2000 âmes, et distante de l'Etranger d'environ
. . . kilomètres, nous nous sommes rendus au domicile du sieur
. . . . cultivateur demeurant dans la dite commune où nous
soupçonnions qu'il existait un entrepôt frauduléux. Lui ayant déclaré
nos qualités et l'ayant sommé d'être présent à nos recherches, nous
sommes entrés, avec lui et M^r . . . maire, dans . . . .
où nous avons trouvé . . . pour le transport de laquelle den-
rée il n'a pu nous représenter aucune expédition de douane à lui
délivrée dans le jour. Vu sa contravention aux art. 57, 58 et 59,
tit. 13 de la loi du 22 août 1791, nous avons déclaré au dit sieur
. . . . la saisie des dites marchandises que nous avons reconnu,
en sa présence, comme en celle de M^r . . . maire, consister
en . . . . dont nous lui avons offert main-levée sous caution
solvable, ou en consignant la valeur estimée, de gré-à-gré, à . . .

ce qu'il a refusé, et de suite nous avons mis les | ce qu'il a accepté,
dites denrées dans . . . sur lesquels nous | et de suite il a of-
avons apposé le cachet dont empreinte est en marge | fert pour caution le
du présent : invité à y mettre aussi le sien, le pré- | sieur . . . .
venu a dit ne vouloir. Nous lui avons alors notifié | qui s'est obligé avec
que nous allions transporter ces . . . . au | lui, suivant l'acte
bureau des douanes à . . . . le plus pro- | que nous annexe-
chain, et que M^r . . . . receveur au dit | rons au présent, et
bureau, y demeurant, s'en constituerait gardien : | a reçu les dites . .
sommé de nous accompagner pour assister à ce dé- | . . . . . .
pôt, il a dit . . . | . . . . . .

Procédant, etc.

N° 40.

VISITE DOMICILIAIRE INFRUCTUEUSE.

Certifions que, ce présent jour, vers les . . . heures du . . .
agissant d'après l'art. 60 du tit. 6 de la loi du 28 avril 1816, nous nous
sommes fait accompagner de M^r . . . . maire de la commune
de . . . . à l'effet de faire une visite au domicile du s^r . . .
négociant demeurant au dit lieu de . . . chez lequel nous soupçonnions qu'il existait un entrepôt frauduleux de marchandises prohibées. Arrivés chez ce particulier à qui nous avons représenté nos commissions et fait connaître l'objet de nos démarches, nous avons, toujours
avec M^r . . . . maire, passé, avec le dit sieur . . . . .
successivement dans . . . pièces formant ses magasins et son habitation, et, malgré les recherches les plus minutieuses, nous n'avons pu
découvrir ni marchandises ni papiers se rattachant à des opérations de
contrebande. En foi de quoi nous avons rédigé le présent dont nous avons
donné lecture au dit . . . . . qui en a reçu de suite une copie,
et qui, sur notre interpellation, l'a signé avec nous et M. le maire, après
qu'il a été fait et clos en son domicile à . . . . heures du . . .
des jour, mois et an prédits.

N° 41.

ACTE DE PRÉEMPTION.

Certifions que, le . . . . heures du . . le s^r . . . négociant demeurant à . . . . a fait, en cette douane, pour le paiement des droits
(*d'entrée ou de sortie*) de . . . marchandise imposée à la valeur,
une déclaration signée de lui, qui a été enregistrée le même jour sous le
n° . . . et qui est conçue en ces termes : . . .
En suite de cette déclaration, nous avons, le . . . à . . . .
heures du . . . procédé à la vérification de la marchandise y dési-
gnée : à sa seule inspection, nous avons jugé que le déclarant, présent à
notre opération, l'avait mésestimée en n'en portant la valeur qu'à la

somme de . . . . tandisque, d'après notre estimation, elle doit être réellement de . . . d'où il suit qu'il y a, de sa part, fausse déclaration de la valeur, ce que nous lui avons fait remarquer.

En conséquence, usant du bénéfice de l'art. 1er de la loi du 4 floréal an 4, nous lui avons déclaré que nous retenions, comme, en effet, nous retenons les dites marchandises, à charge, par nous, de lui en payer la valeur déclarée montant à . . . . et le dixième en sus s'élevant à . . . le tout formant la somme de . . . . dans les quinze jours qui suivront la notification du présent acte.

Et, pour constater cette retenue, et y donner les suites nécessaires, nous avons de suite rédigé le présent que nous avons clos dans la dite douane de . . . à . . . heures du . . . des jour, mois et an ci-dessus. Nous en avons donné lecture au dit sieur . . . avec interpellation de le signer, il y a consenti, et il en a reçu de suite une copie.

Au pied d'une copie de la teneur de cet acte, le receveur pourra transcrire l'offre suivante:

Nous soussigné . . . . receveur des douanes au bureau de . . . . . y demeurant,

Vu le procès-verbal ci-dessus rédigé, en ce bureau, le . . . . . au préjudice du sieur . . . . . pour fausse déclaration de valeur sur . . . .

Vu aussi les art. 1 et 2 de la loi du 4 floréal an 4,

Faisons offre au dit sieur . . . . de lui payer, dans les quinze jours qui suivront la notification du dit procès-verbal, 1° la somme de . . . . montant de la valeur par lui portée en sa déclaration du . . . . 2° et celle de . . . . formant le dixième de la prédite somme, en tout . . . francs . . . centimes, comme étant le prix que la loi précitée lui accorde pour les objets retenus à son préjudice.

A . . . . le . . . 18 . . à . . . . heures du . . . .

N° 42.

RÉBELLION.

Certifions que, le jour d'hier, vers les . . . heures du . . . . étant, pour l'exercice de nos fonctions, au lieu dit . . . . à la distance de l'Etranger d'environ . . . . kilomètres, nous avons aperçu une bande composée de plus de . . . individus franchissant la frontière, et tentant d'introduire frauduleusement des marchandises sur le territoire français. Ils étaient tous ou presque tous armés de . . . Nous nous sommes aussîtôt préparés à les attaquer, et, déclinant, à haute et intelligible voix, nos qualités de préposés des douanes, nous nous sommes avancés vers eux dans l'intention de les visiter. Au moment où nous les sommions de nous dire ce que renfermaient les ballots qu'ils portaient, ils se sont précipités sur nous en nous injuriant et nous ont frappé de leurs bâtons avec tant de violence, qu'au premier choc, moi . . . . suis resté sur le carreau, et moi . . . . ai été grièvement blessé à . . . . Nous allions succomber quand, attirés par nos cris et par le tapage de la lutte, les nommés . . . aussi préposés des douanes de poste et de résidence à . . . sont arrivés à notre secours. Pendant qu'ils étaient aux prises avec nos assaillans, moi . . . ai rechargé mon arme que j'avais déchargée en l'air, et, usant du droit de légitime défense, l'ai tirée sur un contrebandier qui venait de m'assèner sur . . . . un violent coup de pierre, et qui tomba blessé. A cette vue, les fraudeurs ont pris la fuite en nous abandonnant quelques ballots; mais nous . . . . les ayant vivement poursuivis, nous sommes parvenus à en arrêter . . . . . que nous avons ramenés sur le lieu de l'attaque. Maîtres alors du champ de bataille, nous y avons ramassé (*les armes, bâtons, etc. des fraudeurs*) et . . . ballots qui y avaient été délaissés par les fuyards à qui nous avons déclaré la saisie de ces ballots en leur signifiant que nous allions nous rendre au bureau des douanes à . . . . le plus prochain, pour y rédiger notre rapport, et en les sommant d'avoir à s'y rencontrer avec nous pour assister à sa rédaction et en recevoir copie.

En conséquence, nous nous sommes rendus au dit bureau à . . . . . heures du . . . . de ce présent jour, avec les objets par nous recueillis et les . . . . prévenus restés entre nos mains, lesquels nous ont dit se nommer . . . . tous journaliers demeurant à . . . . . et nous avons, en leur présence, et en l'absence de leurs consorts fugitifs, procédé de la manière suivante :

D'abord, nous avons fait appeler M^r . . . . . docteur en médecine demeurant à . . . . Il a donné les premiers soins aux sieurs . . . . il a ensuite pansé les plaies et les contusions nombreuses que nous-mêmes avions reçues, et il a constaté le résultat de sa visite par les . . . certificats que nous annexons au présent.

Ces opérations terminées, nous avons reconnu, conjointement avec M^r . . . receveur des dites douanes au dit bureau, y demeurant, et toujours en présence des dits prévenus . . . , 1° que les armes et bâtons abandonnés par les fraudeurs étaient . . . 2° que les . . . ballots par nous saisis renfermaient, savoir : le premier, numéroté . . . mètres de . . . pesant brut . . . et net . . . le second . . . etc. Nous avons de nouveau déclaré la saisie de ces ballots, pour cause d'importation frauduleuse, aux inconnus fugitifs et à leurs consorts . . . . que nous avons arrêtés au vœu de l'art. 41 de la loi du 28 avril 1816, et, après les avoir scellés du cachet de l'un de nous, en sommant les prévenus arrêtés d'y mettre aussi le leur, ce qu'ils ont refusé de faire, nous les avons laissés à la charge de notre dit sieur . . . . . receveur, qui s'en est constitué dépositaire et gardien.

Sur de nouvelles interpellations, les prévenus arrêtés nous ont dit ne connaître aucun de leurs complices et ignorer le nom de l'individu pour le compte duquel ils agissaient.

Procédant aux fins du présent acte qui a été rédigé de suite, nous, sus-dénommés et soussignés, avons déclaré aux dits sieurs . . . . que nous allions les remettre entre les mains de M. le procureur du Roi près le tribunal correctionnel séant à . . . avec les . . . que nous avons aussi scellés du même cachet que celui dont l'empreinte est ci-contre, et qui serviront contre eux de pièces de conviction, les prévenant que ce magistrat, après les avoir assignés dans les formes et délais voulus, exercerait contre eux les poursuites nécessaires, sans préjudice de l'amende de 550 fr., décime compris, qu'ils ont encourue pour opposition à l'exercice de nos fonctions.

Nous avons donné lecture, etc.

N° 43.

Certifions que, ce-jourd'hui, étant, pour l'exercice de nos fonctions, au lieu dit . . . . . nous avons vu, vers les . . . . heures du . . . . . deux individus à nous connus pour être les nommés . . . . . tous deux journaliers demeurant à . . . . . qui de l'Etranger se dirigeaient vers l'Intérieur. Soupçonnant qu'ils portaient des objets de fraude, nous nous sommes approchés d'eux en leur déclinant nos qualités, et nous leur avons fait connaître que nous étions dans l'intention de procéder à la visite de leurs personnes. Ils s'y sont refusés en nous traitant de loups, de gueux, d'assassins et de voleurs de grands chemins. Nous avons d'abord méprisé leurs injures; mais comme nous insistions à les visiter, ils ont recommencé leurs vociférations et nous ont même menacés de nous frapper, ce qu'ils n'ont cependant point fait. Opposant la force à la force, nous sommes parvenus à nous assurer qu'ils ne portaient rien. Nous leur avons fait remarquer qu'ils venaient de contrevenir aux art. 14. tit. 13 de la loi du 22 août 1791, et 2, tit. 4 de celle du 4 germinal an 2, en nous injuriant et en nous troublant dans l'exercice de nos fonctions, et, pour ce motif, nous leur avons déclaré que nous allions nous rendre de suite au bureau de la douane de . . . . le plus prochain, pour y rédiger procès-verbal, en les sommant d'avoir à s'y rencontrer avec nous pour entendre lecture et recevoir copie de cet acte, ce à quoi ils se sont refusés.

En conséquence, nous étant rendus au dit bureau, à . . . . heures du . . . . de ce jour, nous avons, conjointement avec M^r . . . . receveur de la dite douane de . . . . y demeurant, et en l'absence des dits sieurs . . . . . rédigé de suite le présent procès-verbal, et attendu que l'infraction commise à notre égard donne lieu aux poursuites et condamnations civiles édictées par les lois précitées, nous citons les dits prévenus à comparaitre, etc.

N° 44.

ACTE CONSTATANT DES ACCIDENS

arrivés aux employés dans l'exercice de leurs fonctions.

1. L'an . . . le . . . nous soussignés . . . certifions que, le présent jour, vers les . . . heures du . . . étant en service d'observation à . . . nous nous sommes mis à la poursuite d'une bande de fraudeurs qui tentait de pénétrer dans l'Intérieur et que nous avons refoulée à l'Etranger. Pendant que nous courrions après eux dans l'espoir de les arrêter, moi . . . ai glissé sur un endroit humide, et me suis, dans la chute que j'ai faite, fracturé . . . . ainsi qu'il en conste par le certificat de M^r . . . . docteur en médecine à . . . . lequel est annexé au présent.

En foi de quoi nous avons dressé le présent acte, pour servir et valoir ce que de droit, à la douane de . . . les jour, mois et an prédits, et nous avons signé avec M^r . . . . receveur au dit bureau, qui a reçu notre déclaration.

2. L'an . . . . le . . . . nous soussignés, . . . certifions que, ce-jourd'hui, vers les . . . heures du . . . . nous surveillions le chemin qui du village de . . . . conduit à . . . . quand tout-à-coup trois individus à nous inconnus

ont fondu sur nous et nous ont fait, sans nous donner le tems de nous préparer à la défense, avec des bâtons et des pierres dont ils étaient armés, à moi . . . . . une large plaie sur . . . . et à moi . . . . . de fortes contusions sur . . . . . Puis ils se sont enfuis précipitamment sans que nous puissions les atteindre.

Nous nous sommes immédiatement retirés près de M^r . . . . . docteur en médecine demeurant à . . . . . qui a constaté l'état de nos blessures par l'acte que nous annexons au présent.

En foi de quoi nous avons rédigé le présent procès-verbal pour valoir ce que de droit, à la douane de . . . . . etc.

N° 45.

. . . . . Nous soussignés . . . . . agissant d'après l'art. 60, tit. 6 de la loi du 28 avril 1816, certifions que, le présent jour, assistés de M^r . . . . . (*Maire, adjoint ou commissaire de police*) de la commune de . . . . canton de . . . . . arrondissement de . . . . . département de . . . . . . nous nous sommes transportés, à environ les . . . heures du . . . . chez le sieur . . . . négociant demeurant au dit lieu de . . . . . . qui nous avait été signalé . . . . comme recéleur de | comme dépositaire de tissus dépourvus des marques tissus prohibés . . | de nationalité française . . . . Nous avons fait connaitre à ce particulier l'objet de notre présence, et, avec lui et M^r . . . . . . nous avons fait la visite de son domicile. Etant arrivés dans . . . nous avons découvert . . . (*pièces ou ballots de tissus*) dépourvus de marques et de numéros de fabrication.

Aux termes de l'art. 42 de la loi du 21 avril 1818, toute marchandise de l'espèce de celles désignées dans l'art. 59 de la loi de 1816 précitée, devant être saisie par le seul fait qu'elle est trouvée dépourvue de la marque de fabrique ou d'origine, nous avons déclaré au dit sieur . . . . . la saisie de ces (*pièces ou ballots*) de tissus dont nous avons, ainsi qu'il suit, fait la description, en présence et au domicile même du saisi :

1° Un ballot marqué . . . renfermant vingt pièces mousseline-unie mesurant chacune . . . . de longueur sur . . . . .

de largeur, numérotées de 1 à 20, et pesant, net, ensemble . . .

2° Un ballot marqué . . . . . et numéroté . . . renfermant six pièces de . . . . . mesurant chacune . . . . . de longueur, sur . . . . . de largeur, et huit pièces de . . . dont chacune mesure . . . . . de longueur, sur . . . . . de largeur, numérotées de 21 à 34, et pesant, net, ensemble . . .

3° Etc.

Sur chacune des dites pièces nous avons prélevé des échantillons auxquels nous avons donné le même numéro que celui que porte la pièce de laquelle ils ont été détachés et qui pèsent, net, ensemble, . . . kilog. . . . décag. Ensuite nous avons mis ces échantillons qui forment . . . liasses, sous une enveloppe que nous avons revêtue du . . . .
cachet de M^r . . . (*maire* | cachet de M^r . . . (*maire,*
ou commissaire), du nôtre et de | *etc.*) et du nôtre, le prévenu
celui du dit sieur . . . . . | ayant dit n'en pas avoir. . . .

Puis, enfin, nous avons emballé les marchandises par nous saisies et ci-dessus décrites, et nous avons scellé les enveloppes dans lesquelles nous les avons mises, des susdits cachets dont l'empreinte est en marge du présent.

Vu l'impossibilité de lever des échantillons sur . . . nous avons

Procédant aux fins de cet acte que nous rédigeons de suite, nous, préposés ci-dessus dénommés et soussignés, avons déclaré au dit . . . . . prévenu, avec sommation d'avoir à nous suivre, ce qu'il a refusé, que nous allions transporter et déposer l'objet de notre saisie . . . .
au bureau de la douane de . . . | à . . . . chef-lieu d'arrondisse-
le plus prochain, que M^r . . . . | ment, que nous le remettrions
receveur au dit bureau . . . . . | entre les mains de M^r . . . . .
y demeurant, en sera constitué | sous-préfet, qui s'en constituera
gardien, ... | gardien, ...

et que les échantillons par nous prélevés seront adressés à qui de droit, pour, ensuite de la décision des membres du jury établi par l'art. 65 de la loi du 28 avril 1816, les poursuites voulues par l'art. 66 de la dite loi, et les art. 42 et 43 de celle du 21 avril 1818, être dirigées contre lui d'après les formes établies.

Nous lui avons donné lecture de notre rapport avec interpellation de le signer, ce qu'il a . . . . . et il en a reçu de suite une copie après qu'il a été fait et clos en son domicile à . . . . . à . . . . . heures du . . . . . des jour, mois et an ci-dessus.

En cas d'injures et d'empêchement à ce que la rapport soit rédigé à domicile, le modèle n° 38 pourra servir.

N° 46.

EXCÉDANT DE BESTIAUX AUX COMPTES-OUVERTS.

1. *Acte de soumission.*

Ce-jourd'hui . . . . . du mois de . . . . . de l'année
. . . . . s'est présenté devant moi . . . . . . receveur des
douanes à . . . . . étant en mon bureau au dit lieu, le sieur
. . . . . demeurant à . . . . . lequel a dit que reconnais-
sant l'exactitude du recensement fait dans ses étables le . . . . .
à . . . . . heures du . . . . . par les sieurs . . . . .
préposés des douanes de poste et de résidence à . . . . . duquel il résulte la reconnaissance, à son compte-ouvert tenu en ce
bureau d'un excédant de . . . . . et que, voulant éviter les
frais d'un procès-verbal et d'un jugement, il se soumettait libre-
ment et consentait à réaliser volontairement et immédiatement (*ou
sous le cautionnement et la garantie du sieur . . . . . cultivateur demeurant à . . . . . que je tiens pour suffisamment solvable
sous ma propre responsabilité*) le simple et le double droit d'entrée
montant ensemble à . . . . . plus le timbre du présent, renonçant, en conséquence, à tout recours ultérieur, sauf à l'indul-
gence de l'administration, s'il y a lieu, ce que moi, receveur, ai
accepté en ma dite qualité.

Fait double à . . . . . les jour, mois et an susdits, à . . . . .
heures du . . . . . et avons signé (*ainsi que le sieur . . . . .
caution*).

2. *Procès-verbal.*

Certifions que, ce-jourd'hui, vers l'heure de . . . . . nous
étant transportés, avec M^r . . . . . (*maire ou adjoint*) de la
commune de . . . . . au domicile du sieur . . . . . cultivateur demeurant à . . . . . . nous avons préalablement fait

connaître nos qualités à ce particulier (*à sa femme* . . . ou à *son domestique* . . .) et nous l'avons requis de nous représenter les bestiaux portés à son compte-ouvert établi au bureau de la douane de . . . . Il nous a, en conséquence, conduits dans son étable. Là, en sa présence, nous avons reconnu qu'il existait . . . . tandisque la feuille de prise en charge du bétail déclaré et inscrit à la dite douane ne porte que . . . . Il résulte donc de l'existence du troupeau que nous venons de reconnaître au domicile du dit sieur . . . . qu'il y a excédant de . . . . ce qui caractérise l'importation en fraude et l'infraction formelle à l'ordonnance royale du **28 juillet 1822.** Le dit sieur . . . . n'ayant pu, sur notre interpellation, nous justifier d'aucune expédition de douane concernant . . . . nous lui avons déclaré que nous allions nous rendre au bureau des douanes de . . . . le plus prochain, pour y constater, par procès-verbal, l'excédant dont il s'agit, le sommant de s'y rendre avec nous pour y insérer ses dires et réponses, le signer et en recevoir copie, il a . . . . Etant arrivés à ce bureau à . . . . heures du . . . de ce jour, nous avons, en sa présence (*ou en son absence*) conjointement avec M^r . . . . receveur des dites douanes, rédigé ce présent procès-verbal.

L'infraction que nous constatons donnant lieu aux poursuites et condamnations portées par l'art. 4 de la prédite ordonnance, nous, préposés ci-dessus et soussignés, citons le dit sieur, etc.

N° 47.

DÉFICIT

constaté lors d'un recensement de bêtes à laine.

Certifions que, le . . . . à . . . . heures du . . . nous nous sommes rendus au domicile du sieur . . . . cultivateur demeurant à . . . . lieu distant de l'Etranger de . . . kilomètres environ, et situé en avant du bureau de . . . premier bureau d'entrée, pour y procéder au recensement de son troupeau qui fait l'objet de l'acquit-à-caution levé au bureau de . . . le . . . . sous le n° . . . . Ayant trouvé ce particulier

chez lui, nous lui avons fait connaître nos qualités et la cause de
nos démarches, en le sommant de nous exhiber la dite expédition
pour la comparer à la feuille de recensement dont nous étions porteurs. Il nous a répondu que ses bestiaux étaient au pacage, et
que le sieur . . . . son berger à gages, avait l'acquit-à-caution entre ses mains. Nous nous sommes alors dirigés avec le dit
sieur . . . . sur le point désigné. Y étant arrivés à . . .
heures du . . . . . du dit jour, le berger a rassemblé son
troupeau, et, au vu de l'acquit-à-caution qu'il nous a remis et
de la feuille de recensement que nous tenions, nous avons reconnu,
en sa présence et en celle du dit sieur . . . . . qu'au lieu de
 . . . béliers, de . . . brebis, et de . . . qui figurent
sur les dites pièces, ce troupeau ne se composait plus que de . . .
béliers, de . . . brebis, et de . . . , d'où il résulte un
manquant de . . . sur l'existence duquel les dits sieurs . . .
n'ont pu (*ou n'ont pas voulu*) s'expliquer. Attendu que l'acquit-à-
caution dont ils sont détenteurs n'a pas été dûment déchargé, et vu
la contravention aux art. 9, 12 et 13 du tit. 5 de la loi du 22
août 1791, nous avons déclaré aux dits sieurs . . . . . que
nous allions nous rendre au bureau des douanes à . . . . . .
le plus prochain, pour y constater, par procès-verbal, le déficit
dont il s'agit, les sommant de s'y rendre avec nous pour y insérer
leurs dires et réponses et en recevoir copie, ils ont . . . . . .
Étant arrivés à ce bureau à . . . . heures du . . . . .
de ce-jourd'hui, nous avons (*en leur présence ou en leur absence*),
conjointement avec M^r . . . . receveur de la dite douane, y
demeurant, rédigé ce présent rapport.

L'infraction que nous constatons donnant lieu à la délivrance de
la contrainte par corps dont parlent les art. 12 et 13 précités pour
obtenir le paiement du double et du simple droit (*de sortie ou
d'entrée*), nous préposés susdits et soussignés, citons les dits sieurs
 . . . . . à comparaître pardevant M. le juge de paix du canton
de . . . . au lieu ordinaire de ses audiences, à . . . . .
heures du . . . . . pour s'y entendre condamner solidairement
au paiement du double et simple droit de . . . . . sur les dits
 . . . . . lesquels s'élèvent à la somme de . . . . . décime
compris, et aux dépens.

Nous leur avons donné, etc.

*Le rapport, dont le modèle est ci-dessus, ne doit être rédigé que
dans le cas où le détenteur aurait préparé le déficit pour couvrir une
importation frauduleuse.*

*Si ce détenteur refusait absolument, sur la sommation des préposés,
de représenter son acquit-à-caution, il faudrait, ce nous semble,
saisir le troupeau reconnu comme étant introduit frauduleusement,
par application de la loi du 22 août 1791, tit. 2, art. 1er, et de
l'arrêté du 23 messidor an 6.*

N° 48.

PROCÈS-VERBAL DE RETENUE

de marchandises supposées faussement déclarées.

(*Primes, acquittement des droits*).

L'an . . . . . le . . . . . du mois de . . . . . nous soussignés . . . certifions que, ce-jourd'hui, vers les . . . heures du . . . s'est présenté à cette douane le sieur . . . négociant demeurant à . . . rue . . . n° . . . lequel nous a fait une déclaration à l'effet . . . .

de payer les droits d'entrée sur les marchandises à nous présentées.	d'obtenir la prime de sortie pour les marchandises y désignées.

Cette déclaration, enregistrée en ce bureau, le présent jour, sous le n° . . . est ainsi conçue : . . . .

Procédant à la vérification des dites marchandises, nous avons reconnu qu'elles étaient conformes tant dans la largeur (*ou le métrage*) que dans le nombre, mais nous avons cru remarquer . . .

que ces tissus déclarés de pur fil de lin, étaient composées de fil et coton,	*que ces tissus déclarés de pure laine étaient composés de laine et coton,*

ce que nous avons fait observer au dit sieur . . . . . qui nous a répondu : . . . . .

Malgré ces dires, nous avons persisté à penser qu'il avait improprement dénommé les dites marchandises dont, pour ce fait, nous lui avons déclaré la retenue, en lui signifiant que nous allions prélever des échantillons qui seront adressés au jury établi d'après l'art. 63 de la loi du 28 avril 1816, pour, ensuite de sa décision, procès-verbal être rédigé si le cas y échet.

Et, à l'instant même, nous avons, en sa présence, prélevé des échantillons sur chacune des pièces de . . . . nous les avons mis dans un paquet qui pèse net . . . . . et que nous avons ficelé et cacheté du sceau dont l'empreinte est en marge du présent. Nous avons ensuite emballé les marchandises par nous retenues, et après les avoir scellées du dit cachet, nous les avons laissées à la charge de M^r . . . . receveur, qui s'en est constitué gardien et qui les représentera en tems et lieu. Sommé d'apposer aussi son cachet sur les dits échantillons et marchandises, le prévenu a dit n'en point avoir.

Nous lui avons donné lecture de ce présent acte de séquestre, avec interpellation de le signer, ce qu'il a fait, et il en a reçu de suite une copie, après qu'il a été fait et clos à la dite douane de . . . . à . . . . heures du . . . . des jour, mois et an ci-dessus.

N° 49.

PROCÈS-VERBAL

rédigé en suite de l'acte de retenue n° 48 ci-dessus.

L'an . . . . . le . . . . . à la requête, etc., certifions que, le . . . . du mois de . . . . de l'année . . . . , le sieur . . . . négociant demeurant à . . . rue . . . . n° . . . a fait, en ce bureau, une déclaration qui a été enregistrée sous le n° . . . à l'effet . . . . de payer les droits d'entrée sur . . | d'obtenir la prime de sortie pour....

Qu'en suite de cette déclaration, ayant fait, le dit jour, la vérification des marchandises y désignées, nous avons cru reconnaître qu'il les avait mésestimées et faussement déclarées, et que, pour ce fait, nous lui en avons déclaré la retenue par un acte que nous avons rédigé de suite, et que nous annexons au présent.

Nous certifions, en outre, que les experts du gouvernement que nous avons consultés pour éclaircir nos doutes, ont, le . . . . . du dit mois de . . . rendu la décision suivante : . . . . . de laquelle il résulte qu'il y a lieu . . . . de convertir en saisie la dite re- | de donner suite au dit acte de tenue par nous opérée . . . . | retenue . . . .

En conséquence de ce qui précède, nous avons, ce-jourd'hui . . . . de l'année . . . . . fait appeler le dit sieur . . . et nous lui avons donné connaissance de la décision prérappelée, en le sommant d'avoir à être présent aux opérations que nous allions faire, ce à quoi il a consenti.

58

Nous avons d'abord reconnu avec lui que les cachets par nous apposés le dit jour . . . . . sur les colis par nous retenus étaient sains et entiers; puis nous avons fait, ainsi qu'il suit, la description des marchandises y renfermées: 1° Une pièce de . . . . mesurant . . . . . de longueur, sur . . . . . de largeur, et pesant net . . . . . etc. Nous avons ensuite fait remarquer au dit sieur . . . . . que de la comparaison de la reconnaissance que nous venions de faire avec la déclaration qu'il nous avait présentée le . . . . . il résultait une différence de . . . . . sur laquelle il n'a pu s'expliquer.

Marchandises tarifées.	*Marchandises prohibées.*	*Primes.*
Et attendu que le droit auquel il cherchait à se soustraire par sa fausse déclaration, s'élève à plus de 12 fr. nous lui avons, en vertu de l'art. 21, tit. 2 de la loi	Et attendu que, par sa fausse déclaration, il cherchait à introduire dans le royaume des objets dont l'entrée est prohibée, nous lui avons, en vertu de l'art. 1er, tit. 5 de la loi	Et attendu que, par suite de sa fausse déclaration, il lui aurait été alloué une prime de . . . . tandis que celle qui lui est réellement due n'est que de . . . . d'où il résulte un surcroît de . . . . au préjudice du trésor, nous lui avons déclaré que nous allions rédiger rapport de sa contravention, ce que nous avons fait à l'instant même.

du 22 août 1791, déclaré la saisie de la dite marchandise que nous avons remise dans les colis qui la contenaient, et que nous avons laissée à la garde de M^r . . . receveur au dit bureau, qui s'en est constitué dépositaire, après que nous avons eu scellé les dits colis du cachet dont empreinte est en marge du présent. Invité à y mettre aussi le sien, le prévenu a dit n'en point avoir . . . .

Procédant aux fins du présent, nous sus-dénommés et soussignés, citons le dit sieur . . . . . à comparaître, le . . . . à . . . . heures du . . . . . pardevant M. le juge de paix du canton de . . . . . au lieu ordinaire de ses audiences, pour s'y voir condamner . . . .

Marchandises tarifées.	*Marchandises prohibées.*	*Primes.*
en l'amende de cent francs . . . . . et aux dépens, et entendre, en outre, prononcer la confiscation des dites marchandises.	en l'amende de 500 francs	au paiement d'une amende de . . . . égale au triple de la somme que sa fausse déclaration lui aurait fait allouer, et aux dépens,

le tout en conformité de la loi précitée et de l'article 194 du code d'instruction criminelle.

Nous lui avons donné lecture, etc.

N° 50.

SAISIE DE LETTRES ET JOURNAUX.

(*Postes*).

Voir le préambule n° 20. . . . . . étant à . . . . arrondissement de . . . . . département d . . . . . avons interpellé le sieur . . . (*sa profession ou sa résidence*) venant de . . . . et allant à . . . . . de nous déclarer s'il n'était pas chargé de correspondances, lettres ou journaux, en contravention aux lois, et au préjudice des droits du trésor public, le prévenant qu'en cas de refus de déclarer ce dont il était porteur, l'art. 3 de l'arrêté du 27 prairial an 9, autorisait toute perquisition à ce sujet. Il est résulté de la (*visite ou déclaration*) qui a eu lieu, que le dit sieur . . . . importait (*exportait ou transportait*) en fraude les objets dont le détail suit . . . . . . (*indiquer le poids ou l'adresse de chaque lettre, etc.*) Lesquels objets nous avons saisis pour être déposés au bureau des postes de . . . . et être envoyés aussitôt à Paris conformément au décret du 2 messidor an 12.

De tout quoi, etc. *Voir au mot Clôture*, n° 22.

Nota. *Ce modèle doit être suivi en cas de saisie de brochures, libelles ou autres écrits défendus par la police.*

N° 51.

SAISIE

sur des messageries ou voitures publiques.

Nous soussignés, etc., certifions que, le présent jour, étant pour l'exercice de nos fonctions, à . . . . . à la distance de l'ex trême frontière d'environ . . . . kilomètres, nous avons vu , vers les . . . . heures du . . . . venir du côté de . . . . et se diriger sur . . . . par la route qui conduit de . . . . . à . . . . . le sieur . . . . demeurant à . . . . conducteur de la voiture publique qui , tous les jours, fait le service de . . . . à . . . . et qui appartient au sieur . . . . demeurant à . . . . Lui ayant aussitôt décliné nos qualités, nous avons procédé, en sa présence, à la visite de sa voiture, et nous avons reconnu qu'il transportait deux ballots de . . . . qui n'étaient point inscrits sur la feuille de route qu'il nous a représentée, et pour la circulation desquels il n'avait aucune expédition de douane.

Vu, d'une part, son infraction à l'art. 8, tit. 5 de la loi du 4 germinal an 2 , et, de l'autre, sa contravention à l'art. 58 de la loi du 28 avril 1816, nous lui avons déclaré la saisie des dites marchandises pour cause d'importation frauduleuse, ainsi que celle des moyens de transport, et nous l'avons arrêté, en conformité de l'art. 41 de la dite loi de 1816, le sommant de se rendre avec nous au bureau des douanes de . . . . le plus prochain, pour être présent à la rédaction du rapport que nous allions dresser à son préjudice. Arrivés au dit bureau à . . . . heures du . . . . du dit jour, nous avons, conjointement avec M^r . . . . receveur des mêmes douanes au dit bureau de . . . . y demeurant , et en présence du dit sieur . . . . prévenu, reconnu que l'objet de notre saisie consistait en . . . . mesurant . . . de long sur . . . . de large, et pesant . . . kilog. Nous avons remis ces marchandises dans leurs enveloppes primitives, et , après les avoir scellées du cachet dont empreinte est en marge du présent, en invitant le prévenu d'y mettre aussi le sien , ce qu'il a refusé , nous les avons laissées à la garde de notre dit sieur . . . . receveur, qui s'en est constitué dépositaire. Nous avons également pris, ainsi qu'il suit, le signalement des dits moyens de transport 1° un cheval, etc. ; 2° une jument, etc. ; 5° et une voiture usagée, à quatre roues, sur ressorts, train vert, filets rouges, siége devant, la portière et les vitraux garnis en cuivre argenté, intérieur garni en drap bleu, à flèche, estampillée n° . . . valeur . . . estimée de gré-à-gré. Nous lui avons offert main-levée, sous caution solvable, ou en consignant la valeur, des dits moyens de transport, ce qu'il a accepté, etc., *le reste comme au n° 50.*

Procédant aux fins du présent qui a été rédigé de suite, nous sus-dénommés et soussignés, avons déclaré au dit sieur . . . . que nous allions le remettre entre les mains de M. le procureur du Roi près le tribunal correctionnel séant à . . . et qu'il serait cité, dans les formes et délais voulus, à comparaître pardevant le dit tribunal, pour y voir prononcer, à son préjudice, la confiscation des marchandises par nous saisies, ainsi que celle des moyens de transport, et s'entendre condamner solidairement avec le sieur . . . . pour le compte duquel il agit, 1° en l'amende de 550 fr., décime

compris (*ou égale à la valeur de l'objet saisi*) pour délit de contrebande, 2° en celle de 550 fr., décime compris, pour n'avoir pas
porté les dites marchandises sur sa feuille de route, 5° et aux dépens, sans préjudice des peines corporelles à requérir par le ministère public, le tout par application des lois précitées, et des art.
1384 du code civil, 20, tit. 13 de la loi du 22 août 1791, et 194
du code d'instruction criminelle.

Nous lui avons donné lecture, etc.

Fin.

TABLE ALPHABÉTIQUE

DES

MATIÈRES.

A.

B.

C.

Cachets apposés sur les objets saisis, 51.

Capitaines de brigades, n'est pas le chef du receveur subordonné, 9.

Cartes à jouer, leur régime, 93.

Cartes d'échantillons à fournir en cas de saisie de tissus, 50.

Cassation. Voir: *Procédure.*

Cautions. Les receveurs sont responsables de celles qu'ils acceptent, 9, 44 — elles garantissent pendant 4 mois les certificats de décharge, 218 — à exiger pour les transactions, 44, 48.

Cédule en opposition, modèle de-, 236.

Certificats, d'origine pour les marchandises qui circulent, 143 — objets qui en sont exempts, 143, 144 — déclarations qui en tiennent lieu, *idem.* — Les expéditions non visées ne peuvent en tenir lieu, 144 — de besoin, 142 — constatant l'existence des fabriques à l'extrême frontière, 144 — de retard pour le transit, 170 — de décharge des acquits-à-caution, 174 *et suiv.* — défaut de certificat d'origine, 143.

Cessation d'emprisonnement. Voyez: *Contrainte.*

Chales, leur marque de fabrique, 182.

Changement dans les déclarations, 158.

Chemins obliques, donnent lieu à saisir, 142, 147, 150.

Chevaux, de poste, 128 — en laisse, 81 — non employés à l'agriculture, *idem.* — Leur circulation, importation ou exportation, *idem* — leur vente, 56.

Chiffons et drilles, leur régime. 106.

Circulation dans le rayon, 141 — sans expédition, 142 — de nuit, *idem* — suspicion de fraude, *idem* — certificat de besoin, *idem* — certificat d'origine, 143 — défaut de certificat d'origine, *idem* — déclaration, *idem* — délivrance des passavans, 144 — refus des-, *idem* — exemption des-, 143 *et* 144 — forme des passavans, 143 — Nullités des-, *idem* — visa des-, *idem* — Circulation des marchandises prohibées, 146 — défaut d'identité, *idem* — simulacre, *idem* — absence d'une partie de la marchandise déclarée, 147 — des boissons, en ..., tabac, ... voyez ces mots. -- *Modèles de rapports*, 238 à 242.

Citations, voyez: *Assignations.*

Clôture des rapports rédigés en douane, 17 — à domicile, 154 — modèles, 254.

Clouteries établies dans le rayon, 151.

Commissionnaires faisant la fraude, 194.

Communes, doivent fournir des maisons aux douanes, 6 — leur responsabilité en cas de pillage des bureaux, 192, 72.

D.

E.

F.

J.

L.

S.

SOLIDARITÉ, des prévenus, 70 — des assureurs, agens de la fraude, 70.
SOUSTRACTIONS d'objets qui transitent, 166.
SPOLIATION, comment punie, 193.
SUBSTITUTIONS, de bestiaux envoyés au pacage, 83, 84 — de marchandises transférées d'un bureau à un autre pour le paiement des droits, 167 — de marchandises qui transitent, 168.
SURCHARGES, doivent être approuvées, 12.

T.

TABACS, leur régime quant aux contributions indirectes, 101 — quant aux douanes, 103 — de santé ou d'habitude, 104 — Exportation et circulation des tabacs de la régie, *idem.*
TABLEAU des contraventions, 231 — indicatif des bureaux, 7.
TAN (écorces à), leur exportation, 100.
TARIF des droits, chaque bureau doit en être pourvu, 7.
TÉMOINS, leur déposition ne peut être admise contre les rapports qui constatent un trouble sans violences, 188 — peuvent être entendus pour prouver un délit de douane, 157.
TERMES à employer dans les rapports, 12.
TIMBRE des lettres de voiture, 173.
TISSUS, doivent être recherchés dans tout le royaume, 177 — sont saisis s'ils sont dépourvus de la marque de fabrique, 179 — marques qu'ils doivent porter, 180 *et suiv.*
TITRES des acquisitions des biens limitrophes, doivent être déposés au bureau, 122.
TRANSACTIONS, 43 — elles arrêtent les poursuites du ministère public, *idem* — leurs formes, 44 *et suiv.* — leur enregistrement, 39 *et* 246.
TRANSIT. Il est aux risques des soumissionnaires, 170.
TRANSPORT de lettres et journaux, 88.
TRANSPORT rétrograde, est interdit, 150.
TRANSPORT d'un premier bureau d'entrée à un autre, 167.
TRIBUNAUX, voir : *Procédure, Compétence.*
TRICOTS, sont saisissables dans tout le royaume s'ils sont dépourvus de la marque, 177 — leur marque de fabrique, 182.
TULLES. Leur marque de fabrique, 183.

U.

USINES dans le rayon, leur régime, 151.

V.

FIN.

ERRATA.

Pages.	Lignes.			
2	6	au lieu de Belley,	lisez :	Nantua.
18	53	» Prévenus,	»	Préposés.
47	51	» sans consignation,	»	sous consignation.
84	20	» du,	»	ou.
98	29	» tuile,	»	traite.
136	41	» contenant,	»	contestant.
155	52	» sachent,	»	sachant.
154	53	» 1826,	»	1816.
158	4	» quelque,	»	quelques.
162	4	» comtage,	»	courtage.
163	16	» 136,	»	137.
172	14	» Peine,	»	Prime.
174	dernière	» pour,	»	par.
184	19	» saisies,	»	saisis.
191	en titre	» Touble,	»	Trouble.
197	4	» contraventions,	»	conventions.
199	2	» officiers,	»	affaires.
220	13	» emportens,	»	emportent.
»	6 et 7, tableau n° 2	novembre,	»	germinal.
237	dernière	» sont,	»	tout.
243	50	» suisies,	»	saisis.